国家自然科学基金青年项目（72101110）

考虑策略型消费者的企业产品迭代运营策略研究

刘靓晨 著

企业管理出版社
EMPH
ENTERPRISE MANAGEMENT PUBLISHING HOUSE

图书在版编目（CIP）数据

考虑策略型消费者的企业产品迭代运营策略研究/刘靓晨著. —北京：企业管理出版社，2023.6

ISBN 978-7-5164-2835-1

Ⅰ.①考… Ⅱ.①刘… Ⅲ.①企业管理-产品管理-运营管理 Ⅳ.①F273.2

中国国家版本馆 CIP 数据核字（2023）第 067078 号

书　　名：考虑策略型消费者的企业产品迭代运营策略研究
书　　号：ISBN 978-7-5164-2835-1
作　　者：刘靓晨
责任编辑：陈　戈　　田　天
出版发行：企业管理出版社
经　　销：新华书店
地　　址：北京市海淀区紫竹院南路 17 号　　**邮　　编**：100048
网　　址：http://www.emph.cn　　**电子信箱**：emph001@163.com
电　　话：编辑部（010）68701638　　发行部（010）68701816
印　　刷：北京虎彩文化传播有限公司
版　　次：2023 年 6 月第 1 版
印　　次：2023 年 6 月第 1 次印刷
开　　本：710mm×1000mm　1/16
印　　张：17
字　　数：259 千字
定　　价：78.00 元

前言

PREFACE

消费者策略性的日益增强和产品迭代速度的不断加快，导致企业不仅面临来自其他企业产品的外在竞争压力，还受到了自身产品内部竞争加剧的影响。如何通过合理设计产品迭代的运营策略，减少企业自身跨代产品之间的激烈竞争，在缓解消费者策略性购买行为的同时提高企业自身利润，就变得尤为重要。本书系统地梳理并定义了企业产品迭代过程中的运营决策，包括最优产品换代策略、最优产品定价策略、灵活持续时间团购策略、最优产品创新策略、以旧换新策略，以期给企业实际运营提供建议和指导。本书主体研究内容主要分布于第3章至第7章。

第3章研究了面对策略型消费者考虑以旧换新时的最优产品换代策略。在考虑市场异质性和策略型消费者的基础上，通过构建两阶段动态博弈模型，分析企业和策略型消费者之间的子博弈完美纳什均衡，探究企业的以旧换新政策与最优换代、最优定价策略之间的相互影响。研究结果表明以下几点。第一，无论企业采用哪种换代策略，当消费者策略性较弱、老产品残值较低时，企业偏好选择撇脂定价策略；否则，企业偏好选择渗透定价策略。并且，与单品换代方式相比，企业采用共生换代方式时会更倾向于选择渗透定价策略。第二，若企业采用撇脂定价策略，则共生换代退化为单品换代。若企业采用渗透定价策略，则当消费者策略性足够强、老产品残值足够高、新产品创新提升水平比较低时，单品换代策略对于企业而言更优；否则，共生换代策略对于企业而言更优。若不考虑企业选择相同定价策略的限制，单品换代在绝大多数情形下优于共生换代。第三，无论是单品换代方式还是共生换代方式，当新产品创新提升水平不足、老产品残值过低或过高、消费者极度短视时，企业推出以旧换新都会导致利润降低。

第 4 章研究了面对策略型消费者考虑以旧换新时的最优产品定价策略。从博弈论视角出发，构建两阶段动态博弈模型，分析企业和策略型消费者之间的子博弈完美纳什均衡，研究以旧换新时企业的最优定价策略。分析结果表明，无论采用何种定价策略，企业都可以通过新、老两代产品的相对价格来实现不同的消费者划分。第一，当消费者策略性程度较强、老产品残值相对较高时，企业有动机让尚未购买产品的消费者在第二阶段购买降价的老产品；否则，企业有动机让尚未购买产品的消费者在第二阶段购买新产品。第二，当消费者策略性比较弱、新产品创新提升水平和老产品残值足够高时，企业倾向于选择动态定价策略；而当消费者策略性足够强、新产品创新提升水平和老产品残值比较低时，企业倾向于选择预先宣布价格策略。第三，无论企业在产品迭代时采用单品换代方式还是共生换代方式，最优定价策略基本保持不变，并且单品换代方式提高了企业选择预先宣布价格策略的可能性。第四，企业的策略性也会影响最优定价策略，随着企业策略性的增强，预先宣布价格策略的相对优势逐渐降低。

第 5 章研究了面对策略型消费者的灵活持续时间团购策略。结合单品换代与共生换代两种方式的特点，本章提出了一种新的产品迭代机制，即灵活持续时间团购策略。每当团购注册人数达到预先设定的阈值时，企业就会推出该特殊版本的产品。对相同产品质量支付意愿具有差异性的消费者按照泊松过程到达。消费者在做出决策时，需要对各自的等待时间进行理性预期，等待时间取决于他们到达的时间，然后决定是否加入团购。在消费者动态加入团购的过程中，支付意愿不同的消费者群体是在不同时期被团购接纳的，本书将其称作跨时期消费者划分。研究发现，跨时期消费者划分作为灵活持续时间团购的一个独特特征，具有重要的意义。第一，由于等待足够数量的消费者加入团购造成的效率损失有可能会随着经济生产批量的增加反而降低。第二，随着消费者支付意愿异质性的增加，企业最优团购策略的变化可能是非单调的。第三，灵活持续时间团购能使各方利益相关者均受益，形成一个三方共赢的局面。第四，为了验证本书结论的稳健性，并进一步提高团购对于企业的盈利能力，本书考虑了模型的几点扩展，如状态相关定价策略和不可观测团购策略。

第 6 章研究了面对策略型消费者的最优产品创新策略。本章研究了企业的最优产品创新策略及其对企业运营的影响。通过构建两阶段动态博弈模型，分析了企业在渐进式创新与突破式创新两种模式下和策略型消费者之间的定价与购买博弈，并利用数值分析研究了企业和消费者的策略性程度对于最优产品创新策略的影响。研究结果表明，第一，企业的最优产品创新策略受到高创新产品相对于低创新产品的创新提升程度、二者成本差异，以及消费者的策略性程度的共同影响。第二，在考虑策略型消费者购买行为的背景下，当高创新产品的创新程度足够高，或者其与低创新产品的成本差异有限时，突破式创新策略对于企业而言不仅能提供更高的利润，还能占据更大的市场份额。第三，消费者与企业策略性程度的增加，均在一定程度上提高了突破式创新相比渐进式创新的优势。

第 7 章研究了面对竞争者时的企业最优以旧换新策略。企业通过对拥有旧产品的老消费者提供以旧换新补贴能够提升自身销量与利润。然而，面临竞争对手时企业的以旧换新决策是否会受到影响？本章在考虑市场中消费者支付意愿异质性的背景下，通过构建理论模型，求解了先后进入市场的双寡头竞争企业面临的以旧换新与定价博弈均衡，并分析了竞争因素的存在与否对于企业以旧换新策略产生的影响。研究结果表明，第一，面对竞争者时企业的定价决策受到市场中老消费者比例、两家竞争企业各自新产品的创新提升水平、老产品的使用残值等因素的共同影响。第二，当老产品残值相对较低而市场中老消费者数量适中时，两家企业均不提供以旧换新可能成为博弈均衡；而在其他条件下，两家企业均提供以旧换新为博弈均衡。第三，先进入的企业没有动机单独为消费者提供以旧换新补贴。第四，竞争对手的存在对于先进入企业自身的以旧换新决策与相应的定价策略都产生了显著的影响。

目录
CONTENTS

第1章 绪论

1.1 研究背景分析

1.1.1 创新型产品迭代日益频繁

近年来，为了满足与日俱增的消费者需求、在日益激烈的竞争中占据有利地位，越来越多的企业加大研发创新投入，使产品的更迭日趋频繁。无论是服装行业、化妆品行业，还是在以智能手机、笔记本电脑、平板电脑、游戏机、便携音频设备、智能穿戴设备为代表的科技产品领域，产品更迭都日益频繁。譬如，微软公司平均每3年推出一款新的 Windows 操作系统和 Office 办公软件；苹果公司几乎每年都要推出一款升级的 iPhone 手机和 iPad 平板电脑。在这一趋势的影响下，包括三星、华为、小米、OPPO、vivo 等在内的智能手机厂商也明显加快了手机升级换代的速度。

而在软件领域，产品更迭速度加快这一特点尤显突出：Mozilla 公司每六周对 Firefox 浏览器进行一次产品升级；此外，无论是苹果公司的 iPhone 手机的 iOS 操作系统、MacBook 电脑的 macOS 操作系统，还是各大安卓手机的操作系统，甚至是手机上的诸多软件，都在不断迭代升级，并不定期向消费者推送升级版本。与以往不同，现如今消费者的购买力日益提升，产品无法使用后才更换新产品已不再是消费者的购买特点。正如《洛杉矶时报》在评论苹果公司的利润与营销战略时提到，“乔布斯将‘计划性淘汰’推向了一个新的高度，用户会放弃刚购入一年的苹果笔记本电脑、手机或平板电脑，再次排起长龙去购买最新产品”（Hiltzik，2018）。

1.1.2 消费者策略性日益增强

在当今时代，面对未来新产品的推出以及当前产品的价格变化，消费者正在学习如何合理地选择购买时机。Muth（1961）最早从经济学角度提出，策略型消费者（Strategic Consumer）能够通过观察总结商家的经营策略和决策规律，将未来的购买选择纳入考虑，做出合乎理性预期的决策，以实现最大化自身多期总效用的目标。世界上最大的电子产品零售商之一百思买（Best Buy）在一项市场调查中指出，该公司 20%的消费者会策略地选择购买产品的时机，寻找合适的交易，并在最后的销售阶段蜂拥而至。Chevalier 和 Goolsbee（2009）、Li 等（2014）、Saengchote 和 Nakavachara（2018）的研究均证实了消费者能够对企业的决策进行理性预期，其购买行为具有策略性。

消费者购买行为的策略性主要源于以下几个方面：销售季末清理库存导致产品价格的降低、新产品价值的增加和功能的改进、产品价值不确定性的降低。在这些情况下，延迟购买的策略性等待可以提高消费者自身效用。随着电子商务的成熟和大数据分析技术的发展，了解企业的经营策略和定价规律对于消费者来说已不再是难事。消费者可以迅速而又低成本地追踪商品的历史价格变化，并获取未来价格趋势、新产品信息和产品购买建议，这在客观上使消费者的策略性购买行为成为可能。例如，ConsumerReports 网站可以为消费者提供全方位的购买建议（见图 1-1）；Decide 网站则可以为消费者提供购买时机建议等（见图 1-2）；MacRumors 网站在苹果公司发布新产品之前就能够提供有关最新产品的各种预测信息；价格汇总网站可以用来查找价位；Coupons 列出了各商家的优惠信息；在线折扣店可以用邮件发送降价信息。

在此背景下，忽略策略型消费者的潜在等待行为将为企业带来利润上的巨大损失。Nair（2007）在电子游戏产业的背景下，利用实证分析研究了消费者策略性购买行为对于企业定价决策的重要影响，他的研究结果表明，忽视消费

图 1-1　ConsumerReports 网站为消费者提供购买建议

图 1-2　Decide 网站为消费者提供购买时机建议

者的策略性购买行为将给企业带来显著的利润损失。Aviv 和 Pazgal（2008）的研究则进一步表明，如果企业错误地将所有消费者都看作短视型消费者（Myopic Consumer），那么其在动态定价的情况下将遭受大概 20%的收益损失。Besanko 和 Winston（1990）发现，在耐用品定价决策中，忽视策略型消费者的购买行为，会使企业损失高达 50%的利润。Anderson 和 Wilson（2003）发现，当有 10%的消费者预期机票会降价而选择等待时，航空公司至少会损失 1%的利润。

1.1.3　企业自身产品竞争日益激烈

消费者策略性的日益增强和产品迭代速度的不断加快，导致企业不仅面临来自其他企业产品的外在竞争压力，也受到自身产品内部竞争加剧的影响。例如，企业当前产品的销售周期受到了新产品研发是否成功以及企业在产品迭代策略方面的影响；而当前产品的销售价格变化规律也会受到新一代产品质量改进程度、发布时间、未来市场增长以及产品更迭方式等因素的影响。产品更迭速度更快、周期更短，新产品创新水平和质量性能越来越高。面对未来新产品的推出以及当前产品的价格变化，消费者有动机根据产品未来降价或新产品推出的可能性，综合质量、价格和产品的可获得性等因素，推迟购买行为，从而选择更合适的购买时机来获得质量更高的新产品，或者等待当前产品降价以降低购买成本。

对企业而言，虽然降价能够处理当前产品的剩余库存或实现价格歧视（Price Discrimination），新产品的推出能够巩固竞争优势和扩大市场，但是策略型消费者的等待行为会降低当前产品在正常销售周期的利润。因此，在面临策略型消费者的背景下，企业在产品迭代前、中、后三个时间段都需要处理好企业自身产品之间、自身产品与竞争对手产品之间的同期或跨期竞争关系，以及企业与消费者之间的同期或跨期博弈关系。而这需要企业在进行产品迭代的运营管理过程中，必须基于市场中消费者的策略性、两代或多代产品之间的相互关系，审慎做出营销和运营方面的科学决策。

1.1.4 产品迭代运营策略日益重要

基于上述背景，企业在面对更加策略化的消费者群体时，如何通过合理设计产品迭代的运营策略，减少企业自身跨代产品之间的激烈竞争，在缓解消费者策略性购买行为的同时，拓展市场，扩大销量，提高自身利润，保持竞争优势，就变得尤为重要。以智能手机市场为例，当前细分市场寡头竞争的趋势在不断强化。现如今，智能手机的制造品属性越来越弱，而其消费品属性则越来越强。智能手机从标准化转向多样化，细分市场从百花齐放转向品牌集中化。当前高端市场被苹果和三星占据，中低端市场则以小米、OPPO、vivo 等为主。分析智能手机企业的核心竞争力，我们发现：一方面，产品更新换代及时且目标客户定位明确；另一方面，智能手机企业在保持产品竞争力的同时，需要有效地控制成本。对于面临产品迭代的创新型企业而言，其产品创新、营销、供应链管理、产业链整合等策略都需要围绕上述两条核心而展开。与产品迭代过程相关的运营策略包括创新、换代、生产、定价等多方面因素。具体而言，科学合理地运用多种运营策略，譬如产品差异化、产品创新设计、价格歧视、产品换代策略、信息策略、动态定价、价格承诺、产品推出时机、供应链管理等，才能应对好企业面临的各类同期或跨期竞争，以实现自身创新价值的最大化，使企业在产品创新和迭代竞争不断加剧的环境中立于不败之地。

从文献研究角度，尽管有关策略型消费者对企业运营策略的研究已有了比较丰富的理论可供借鉴，但从产业组织理论的研究角度看，现有文献大多关注市场结构和定价等方面，缺少有针对性的产品迭代运营策略研究；而从运营管理领域的文献看，近年来考虑策略型消费者的研究大多针对单代产品，而对企业不断进行新产品迭代的实际背景研究不足。因此，结合国内外企业运营管理理论，从现实需求出发，本书系统地梳理并定义了企业在产品迭代过程中的运营决策，包括：产品创新策略（渐进式创新与突破式创新之间的抉择）、以旧换新（Trade In）策略（是否提供以旧换新项目）、产品定价策略（动态定价与事先价格承诺之间的抉择）、产品更新换代策略（单品换代与共生换代方式之间的抉择），并尝试提出新的产品迭代机制［灵活持续时间团购（Group Buying）策略］。基于考虑策略型消费者的企业产品迭代运营管理在实践中的重要性和在理论研究上的缺乏，本书将对消费者和企业之间的博弈行为进行深入分析，探讨企业产品迭代运营管理过程中的产品创新策略、以旧换新策略、产品定价策略、产品更新换代策略，以期在丰富企业产品迭代管理理论的同时，给企业实际运营提供指导。

1.1.5 商业模式创新层出不穷

近年来，随着全球化、信息化、市场化进程的不断深入，传统商业模式受到了前所未有的挑战，商业模式的创新势在必行。以智能手机产品为例，我们可以发现，互联网时代催生出了丰富的手机行业商业模式创新。苹果公司在最开始默默无闻，在市场上没有任何优势，直到它开始推出 iTunes。消费者不仅可以购买 iPod 产品，还可以在 iTunes 上购买音乐。这种 iPod+iTunes 的商业模式一直延伸到后来的 iPhone+App Store。靠着 App Store 的增值服务，iPhone 给苹果公司带来了巨大的利润。若要论苹果公司的最大创举，就是它的 App

Store，因为 App Store 打破了以往电信商垄断的手机软件市场，让全世界的消费者都可以通过同一个集市购买、下载 App，也让任何软件开发者都可以做全世界人的生意。App Store 不仅给所有开发者提供了一个销售平台，也提供了技术支持。开发者开发，App Store 再帮着营销，从而收取分成。事实上，Apple Store 的营运效率高得惊人，在所有北美重要的零售商里面，苹果是“平效”（每单位大小能够产生营收的效率）最高的通路，而且远远领先同业。而 Apple Store 这个通路，将会是让苹果公司中期甚至是长期立于不败之地的最重要的资产。

小米采用了一种全新而独特的商业模式：硬件+软件+互联网服务。在小米推出之初，它的目标用户定位于发烧友极客圈子，积累了一批忠实的“米粉”。之后，小米才开始进行大规模的量产。在商业模式上，小米最早抢到了“去中间化”的红利。当时大部分传统手机商还是大量依赖渠道，而且手机的品种也非常多。小米的崛起很像当年 Dell（戴尔）在个人电脑上的模式，通过去中间化的渠道让利给用户，并且产品种类相对单一。而随着小米手机的发展，小米建立了一个生态圈，包括但不仅仅包括手机。小米依靠 MIUI 操作系统将人、设备、粉丝联系在了一起，又推出了一系列产品，比如路由器、手环、空气净化器、机顶盒、灯、充电宝、电视，不断完善以小米手机为中心的生态圈。

在大家都开始追随小米进行互联网服务商业模式的时候，中国最赚钱的手机，像一匹黑马冲了出来，这就是 OPPO 和 vivo。根据互联网数据中心（IDC）2021 年的数据，OPPO 和 vivo 的出货量已经超过了华为，成为中国手机市场的老大，两者合计的市场份额超过 30%。① 这两个同由步步高创立的手机品牌，在过去几年深度耕耘线下渠道，特别是互联网接受度不高的二、三线城市和乡村城镇地区，定位于学生和农民消费者群体，通过农村包围城市的方式，成为一个让人意外的中国手机领军品牌。此外，它们的广告营销也做得声势浩大。早在几年前，OPPO 和 vivo 就投放了大量资源进行品牌宣传。在综艺节目广告中，OPPO 和 vivo 的代言是最多的。除了登峰造极的广告宣传和销售渠道，在技术和专利上，OPPO 和 vivo 也不甘落后。它们努力打造自己品牌的核心技

---

① 数据来源：工厂之家。

术，譬如，OPPO 的快充技术——“充电五分钟，通话 2 小时”，OPPO 强大的美颜相机功能，vivo 的音乐功能。由此，OPPO 和 vivo 脱颖而出，抢占了智能手机市场的一片天空。

除此之外，仅针对以旧换新这一项目而言，不同企业所推出的以旧换新项目各有差异，即使同一企业在相同时期针对不同产品线或不同时期针对自身产品特点的变化也可以推出截然不同的以旧换新项目。譬如，2015 年 3 月，苹果公司首次在中国上线了以旧换新项目，官方叫作“Apple 重复使用和循环利用计划”，适用于 iPhone、iPad、iPod、Mac 等多个产品线。而 2016 年 9 月，苹果公司针对 iPhone 推出了一种全新的以旧换新项目，官方叫作“iPhone 年年焕新计划”（Apple，2016b）。与之前推出的“Apple 重复使用和循环利用计划”不同，对于“iPhone 年年焕新计划”，消费者需要在购买 iPhone 7 时就加入该计划，并且可以在来年升级换购 iPhone 8 时抵扣 iPhone 7 售价的 50%作为以旧换新折扣。可以看出，这两种项目的最大区别在于，前者是在新一代产品上市之后才会公布对于老产品的以旧换新折扣，而后者则是在新一代产品发布之前就已经公布了对于当前产品的以旧换新折扣。此外，华为、三星、小米也推出了各自的以旧换新项目。

1.2 研究内容与框架

1.2.1 研究内容

根据本书的研究目标，即考虑策略型消费者背景下的企业产品迭代运营策略研究，基于本书对产品迭代运营策略的定义，可以分为产品迭代前、产品迭代中、产品迭代后这三个时间段的决策（见图 1-3）。具体而言，产品创新策略和以旧换新策略属于产品迭代前的决策，产品定价策略和更新换代策略属于产品迭代中的决策，灵活持续时间团购策略属于产品迭代后的决策。首先，基于近年来创新型企业大多推出了以旧换新项目这一现实，本书研究了考虑以旧换新的创新型企业在面对策略型消费者时，应当如何抉择最优产品换代策略（研究问题一）与最优产品定价策略（研究问题二）。其次，结合单品换代与共生换代两种方式的特点，本书提出了一种新的产品迭代机制，即灵活持续时间团购策略（研究问题三），从而实现企业向市场中推出另一种产品。再次，本书研究了面对策略型消费者的创新型企业应该如何选择最优产品创新策略（研究问题四）。最后，本书考虑了企业在面临竞争的情况下是否有动机提供以旧换新项目（研究问题五），从而揭示现如今越来越多的企业不断推进创新产品并提供以旧换新的内在原因。

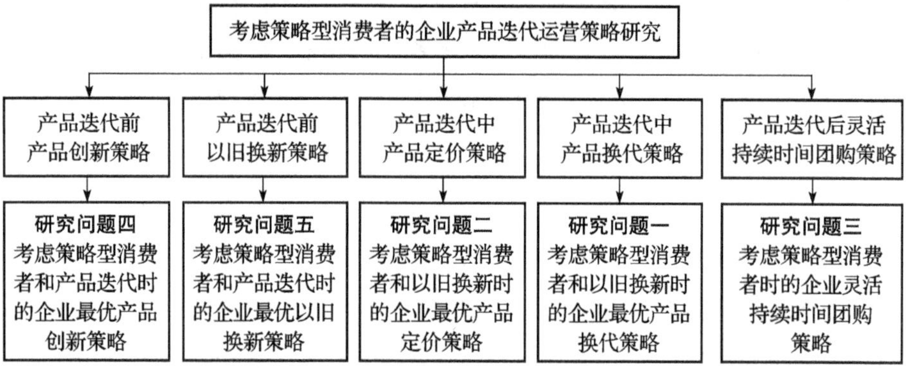

图 1-3 本书研究内容

1.2.2 研究技术路线

本书研究框架和技术路线如图 1-4 所示，各章节的安排如下。

第 1 章为绪论。首先介绍了全书的研究背景和研究动机；其次，概述了本书的研究框架、研究问题与主要研究内容；再次，介绍了本书研究中涉及的研究理论、研究方法与研究工具；最后，讨论了本书研究的理论价值、现实意义及创新之处。

第 2 章为研究综述。首先介绍了本书研究的主要概念，阐述了策略型消费者与理性预期均衡的基本含义；其次，将与本书研究相关的文献划分为八个方面，包括：策略型消费者、产品换代策略、以旧换新策略、产品定价策略、产品创新策略、团购策略、产品线设计、跨时期价格歧视，并分别就这八个方面的研究现状和发展动态进行综述；最后，对国内外研究现状进行了评述与分析，构成后续章节研究的理论基础。

第 3 章研究了面对策略型消费者考虑以旧换新时的最优产品换代策略。为了鼓励消费者重复购买创新型产品，许多企业提供了以旧换新政策，促使老顾客返还老产品并以一定折扣购买新一代产品。当企业向市场推出新产品时，可以选择单品换代策略（Single Rollover Strategy）或者共生换代策略（Dual Rollover Strategy）。而在任何一种换代方式下，企业都可以选择撇脂定价策略（Skimming Price Scheme）或者渗透定价策略（Penetration Pricing Scheme）。本章在考虑市场异质性（Market Heterogeneity）和策略型消费者的基础上，通过构建两阶段动态博弈模型，分析企业和策略型消费者之间的子博弈完美纳什均衡（Subgame Perfectnash Equilibrium），探究企业的以旧换新政策与最优换代、最优定价策略之间的相互影响。研究结果表明以下几点。第一，无论企业采用哪种换代策略，当消费者策略性较弱、老产品残值相对于新产品创新程度较低时，企业偏好选择撇脂定价策略；否则，企业偏好选择渗透定价策略。并且，与单品换代方式相比，企业采用共生换代方式时会更倾向于选择渗透定价策略。第二，若企业采用撇脂定价策略，则共生换代退化为单品换代。若企业采用渗透定价策略，则当消费者策略性足够强、老产品残值足够高、新产品创新提升水平比较低时，单品换代策略对于企业而言更优；否则，共生换代策略对于企业而言更优。若不考虑企业选择相同定价策略的限制，单品换代在绝大多数情形下优于共生换代。第三，无论是单品换代方式还是共生换代方式，当新产品创新提升水平不足、老产品残值过低或过高、消费者极度短视时，企业推出以旧换新都会导致利润降低。本章的研究成果已经发表在 *International Journal of Production Economics* 和《管理学报》上。

第 4 章研究了面对策略型消费者考虑以旧换新时的最优产品定价策略。许多持续推出新产品的创新型企业会通过提供以旧换新来鼓励消费者重复购买不同代的产品。本章从博弈论视角出发，构建两阶段动态博弈模型，分析企业和策略型消费者之间的子博弈完美纳什均衡，研究以旧换新时企业的最优定价策略。分析结果表明，无论采用何种定价策略，企业都可以通过新、老两代产品的相对价格来实现不同的消费者划分（Consumer Segmentation）。第一，当消费者策略性程度较强、老产品残值相对较高时，企业有动机让尚未购买产品的消费者在第二阶段购买降价的老产品；否则，企业有动机让尚未购买产品的消费者在第二阶段购买新产品。第二，当消费者策略性比较弱、新产品创新提升水平和老产品残值足够高时，企业倾向于选择动态定价策略（Dynamic Pricing Strategy）；而当消费者策略性足够强、新产品创新提升水平和老产品残值比较低时，企业倾向于选择预先宣布价格策略（Preannounced Pricing Strategy）。第三，无论企业在产品迭代时采用单品换代方式还是共生换代方式，最优定价策略基本保持不变，并且单品换代方式提高了企业选择预先宣布价格策略的可能性。第四，企业的策略性也会影响最优定价策略，随着企业策略性的增强，预先宣布价格策略的相对优势逐渐降低。本章的研究成果已经发表在 *Omega: The International Journal of Management Science* 和《营销科学学报》上。

第 5 章研究了面对策略型消费者的灵活持续时间团购（Group Buying with Flexible Duration）策略。本章结合单品换代与共生换代两种方式的特点，提出了一种新的产品迭代机制，即灵活持续时间团购策略。与传统的团购不同，企业在销售常规产品（Regular Product）之外，还有可能推出一种特殊版本的产品。每当团购注册人数达到预先设定的阈值时，企业就会推出该特殊版本的产品。最重要的是，团购的截止时间没有限制，是灵活的。对相同产品质量支付意愿具有差异性的消费者按照泊松过程到达。消费者在做出决策时，需要对各自的等待时间进行理性预期，等待时间取决于他们到达的时间，然后决定是否加入团购。值得注意的是，在消费者动态加入团购的过程中，支付意愿不同的消费者群体是在不同时期被团购接纳的，本书将其称作跨时期消费者划分（Intertemporal Consumer Segmentation）。研究发现，跨时期消费者划分作为灵活持续时间团购的一个独特特征，具有重要的意义。第一，由于等待足够数量的消费者加入团购造成的效率损失（Efficiency Loss）有可能会随着经济生产批量的增加反而降低。第二，随着消费者支付意愿异质性的增加，企业最优团购策略的变化可能是非单调的。第三，灵活持续时间团购能使各方利益相关者均受益，形成一个三方共赢的局面。第四，为了验证本书结论的稳健性，并进一步提高团购对于企业的盈利能力，本书考虑了模型的几点扩展，如状态相关定价策略（Contingent Pricing Strategy）和不可观测团购策略。本章的研究成果已

经发表在 *Manufacturing & Service Operations Management* 上。

第6章研究了面对策略型消费者的最优产品创新策略。本章研究了企业的最优产品创新策略及其对企业运营的影响。通过构建两阶段动态博弈模型，本章分析了企业在渐进式创新与突破式创新两种模式下和策略型消费者之间的定价与购买博弈，并利用数值分析研究了企业和消费者的策略性程度对于最优产品创新策略的影响。研究结果表明，第一，企业的最优产品创新策略受到高创新产品相对于低创新产品的创新提升程度、二者成本差异，以及消费者的策略性程度的共同影响。第二，在考虑策略型消费者购买行为的背景下，当高创新产品的创新程度足够高，或者其与低创新产品的成本差异有限时，突破式创新策略对于企业而言不仅能提供更高的利润，还能占据更大的市场份额。第三，消费者与企业策略性程度的增加，均在一定程度上提高了突破式创新相比渐进式创新的优势。本章的研究成果已经发表在《中国管理科学》上。

第7章研究了面对竞争者时的企业最优以旧换新策略。企业通过对拥有旧产品的老消费者提供以旧换新补贴能够提升自身销量与利润。然而，面临竞争对手时企业的以旧换新决策是否会受到影响？本章在考虑市场中消费者支付意愿异质性的背景下，通过构建理论模型，求解了先后进入市场的双寡头竞争企业面临的以旧换新与定价博弈均衡，并分析了竞争因素的存在与否对于企业以旧换新策略产生的影响。研究结果表明，第一，面对竞争者时企业的定价决策受到市场中老消费者比例、两家竞争企业各自新产品的创新提升水平、老产品的使用残值等因素的共同影响。第二，当老产品残值相对较低而市场中老消费者数量适中时，两家企业均不提供以旧换新可能成为博弈均衡；而在其他条件下，两家企业均提供以旧换新为博弈均衡。第三，先进入的企业没有动机单独为消费者提供以旧换新补贴。第四，竞争对手的存在对于先进入企业自身的以旧换新决策与相应的定价策略都产生了显著的影响。本章的研究成果已经发表在《中国管理科学》上。

第8章为结论与展望。首先简要回顾了本书的研究框架与主要研究问题；其次，分章节依次总结了各研究问题的主要结论与贡献；最后，探讨了本书研究的局限性，并对未来研究的可行方向进行了展望。

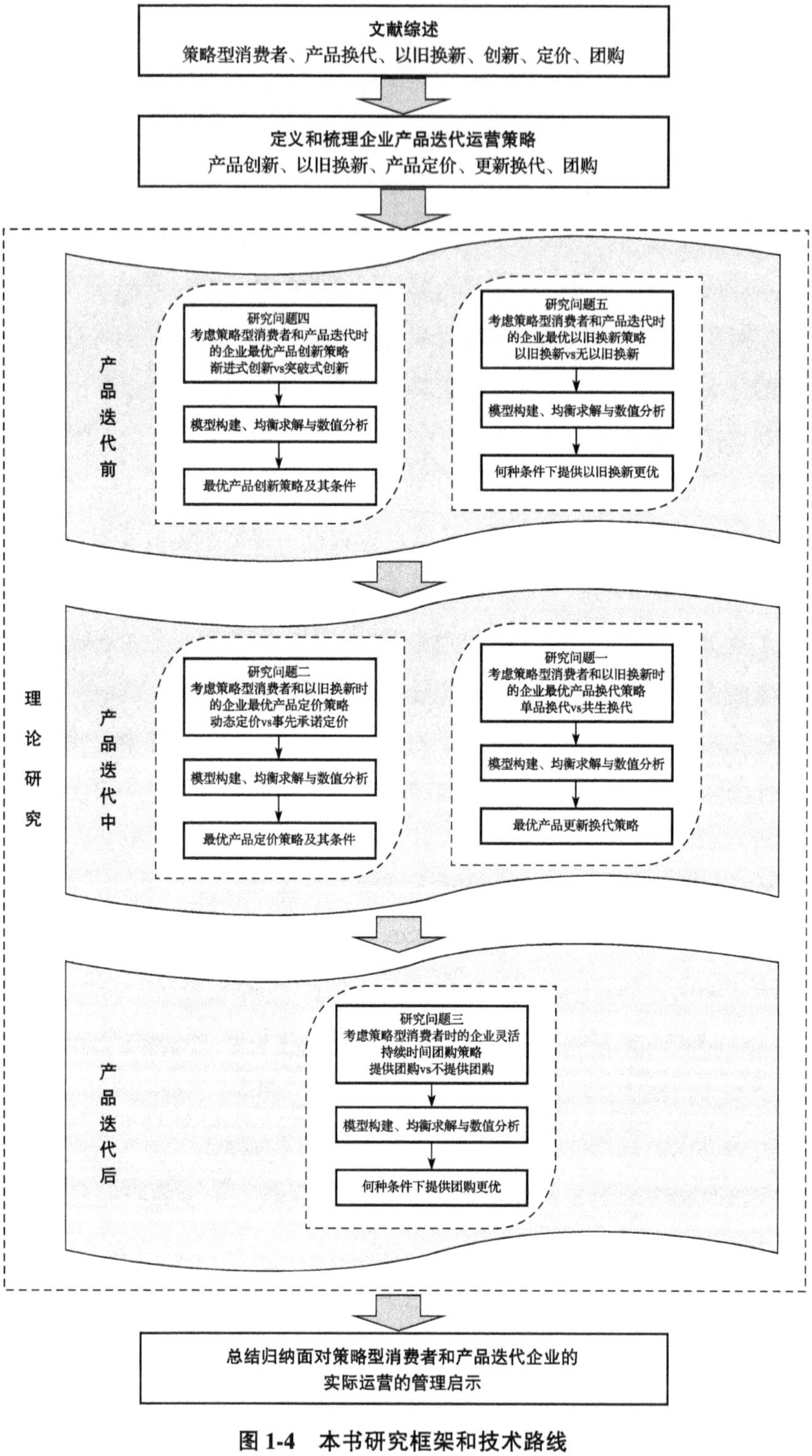

图 1-4　本书研究框架和技术路线

1.3 研究方法与工具

本书综合运用多种研究方法，对五个研究问题分别构建理论模型，求解博弈均衡，并分析企业面对策略型消费者和产品迭代时的最优策略及其应用条件，最后探寻企业运营管理方面的启示和指导。本书综合采用的研究方法包括以下几种。

1.3.1 基于运营管理理论、运筹学理论和博弈论的建模分析法

本书针对五个研究问题，分别构建了五个不同研究背景下的企业产品迭代模型。首先，基于运营管理理论构建企业在产品迭代中创新、定价、换代等决策模型，并分析消费者在企业不同决策下的策略性购买行为。其次，运用运筹学和博弈论的相关原理，基于逆向归纳法（Backward Induction）这一分析思路，求解企业和消费者的博弈均衡（即解析解），进而得到企业在产品迭代中的最优策略。最后，基于模型求解得到的解析解，通过敏感性分析得到各项外生因素对于博弈均衡的影响。博弈论研究的是存在相互外部经济条件下的个人选择问题，不仅适用于分析由寡头企业组成的产业，也适用于分析企业和消费者之间决策的相互影响。利用博弈论分析方法，构建企业和消费者的多阶段博弈模型，求解理性预期均衡（Rational Expectations Equilibrium，REE）下的企业最优策略是本书所采用的一般方法。

1.3.2 基于计算机仿真模拟的数值分析法

本书的五个研究问题，除了通过建模分析法得到解析解之外，在部分情形下，还需通过计算机仿真模拟和数值计算得到数值解。这是因为，为了理论模型的可分析性与可求解性，在模型构建时对现实问题做了一定简化，即基本模型（Base Model）。而为了验证基本模型推导出的结论与规律的稳健型，需要对基本模型中的部分假设进行放松，构建并分析扩展模型（Extensions Model）。与此同时，基于数值分析法，本书利用 Matlab 和 Mathematica 等科学计算软件

求解扩展模型的数值解，通过数值试验以及绘制图形进一步分析，保证了研究的严谨性与完整性。

1.4 研究意义与创新

本书基于策略型消费者这一现实背景，研究了企业在面临产品迭代问题时的最优运营策略与协调运作机制。本书的主要特色与创新之处体现在以下几个方面。

（1）梳理并定义了产品迭代时企业在不同维度的决策。

本书系统地梳理并定义了企业在产品迭代过程中的运营决策，包括：产品创新策略、以旧换新策略、产品定价策略、产品更新换代策略，并提出了一种新的产品迭代机制，即灵活持续时间团购策略。在现有文献研究中，尚未有学者从这一角度出发，系统归纳创新型企业的产品迭代运营策略。首先，本书从产品创新策略和以旧换新策略出发，旨在揭示现如今越来越多的企业不断推进产品创新和提供以旧换新的内在原因。其次，以此为基础，研究提供创新产品迭代和以旧换新项目的企业在面对策略型消费者时应当如何进行产品定价与换代。最后，与以往文献不同，结合单品换代与共生换代两者的特点，本书提出了一种新的产品迭代机制，即灵活持续时间团购策略，以期为企业实际运营管理提供理论指导。

（2）弥补了面对策略型消费者企业运营管理研究的空白。

现有运营管理文献中关于策略型消费者行为及其对企业决策影响的研究，大多集中于提供单一产品的企业或供应链。而本书将研究拓展到考虑提供多个产品并且面临产品迭代问题的企业。现如今，由于时代的发展，为了满足消费者对产品日益提升的要求，企业产品迭代速度与日俱增。然而，国内外现有文献中，鲜少有人系统地、全面地考虑面对策略型消费者时企业应如何应对产品迭代问题。本书系统而全面地考虑了企业面对策略型消费者的产品迭代决策，弥补了该领域的研究空白。

（3）研究框架的系统性与模型构建的全面性。

本书构建了一个系统性的研究框架，通过五个研究问题层层递进地分析了企业面对策略型消费者时的产品迭代相关决策。此外，本书在研究中全面地考虑了影响企业产品迭代的各项因素。通过消费者决策时同时考虑当期与未来收益，本书将消费者策略性纳入研究框架；通过企业选择以旧换新与否，本书将产品迭代决策与企业缓解消费者策略性等待行为的手段联系在一起。本书全面地探究了企业面临产品迭代时的诸多策略，从战略层面上考虑了消费者策略性对企业运营决策的影响。

（4）为企业管理者的实际运营提供了理论支持与现实决策建议。

从理论角度，本书丰富了策略型消费者、产品换代、定价、创新、以旧换新等领域的研究，分析了消费者的策略性等待购买行为对企业运营决策诸多方面的影响，进一步拓展了企业产品迭代运营管理的相关理论。从实践角度看，本书抓住现实情况中消费者做出购买决策时日趋策略性这一现状，并结合企业产品迭代速度相比以往日趋加快这一特点，为企业管理者提供理论支持与决策借鉴。本书结合消费者和企业博弈的微观角度，以及市场均衡的宏观角度，其研究成果对相关管理理论的发展和企业实际运营都有一定的借鉴意义。

第 2 章
研究综述

2.1 基本概念

2.1.1 策略型消费者

本书的研究均基于策略型消费者这一假设，也可以叫作理性消费者（Rational Consumer）或前瞻型消费者（Forward-Looking Consumer）。在经济学、营销科学和运营管理领域的文献中，常用“策略型消费者”一词来描述那些能够通过观察总结商家的经营策略和决策规律、将未来的购买选择纳入考虑、以实现最大化自身多期总效用为目标的消费者（Muth，1961）。与之相反，那些仅考虑当前支付意愿、产品价格、购买选择与效用的消费者则称为短视型消费者（Myopic Consumer）。Shen 和 Su（2007）认为，尽管广义上的策略型消费者可以包含更多的含义，但遵循近年来经济学、营销科学和运营管理领域文献的传统，策略型消费者主要是指那些有可能出现跨期替代行为的消费者。从这一视角出发，消费者的“策略性”主要体现在两个方面。一方面，消费者具有远视的眼光，会对未来的产品定价、质量及可获得性等进行合理预期，从而选择合适的购买时机。另一方面，企业和消费者之间形成了一种跨期的博弈关系。

随着经济的飞速发展与网络技术的不断进步，考虑策略型消费者行为在当今时代尤为重要。Chevalier 和 Goolsbee（2009）以耐用品为研究背景，通过实证分析证实了消费者能够对企业的决策进行理性预期，并且其购买行为具有策略性。Li 等（2014）利用航空行业的数据，再次为消费者的策略性提供了实证证据，此外他们还发现，消费者的策略性程度是不同的，存在极度远视（Forward-Looking）和远视程度比较弱的不同类型的消费者。Saengchote和Nakavachara（2018）以旧iPhone手机市场为背景，研究了计划性淘汰（Planned Obsolescence）对于智能手机二手市场销售的影响，证实了消费者是在做出购买决策时是理性的和远视的。忽略策略型消费者的潜在等待行为将为企业带来利润上的巨大损失。Nair（2007）则在电子游戏产业的背景下，利用实证分析研究了消费者策略性购买行为对于企业定价决策的重要影响，他的研究结果表明，忽视消费者的策略性购买行为将给企业带来显著的利润损失。Aviv和Pazgal（2008）的研究则进一步表明，如果企业错误地将所有消费者都看作短视型消费者，那么其在动态定价的情况下将遭受大概20%的收益损失。Besanko和Winston（1990）发现，在耐用品定价决策中，忽视策略型消费者的购买行为，会使企业损失高达50%的利润。Anderson和Wilson（2003）发现，当有10%的消费者预期机票会降价而选择等待时，航空公司至少会损失1%的利润。

2.1.2 理性预期均衡

理性预期（Rational Expectations），或者叫作理性预期假说（Rational Expectation Hypothesis），是一个经济学的假说，是指人们针对某个经济现象（例如市场价格）进行的预期是理性的。理性预期的思想最初由美国经济学家J. F. 穆斯在《合理预期和价格变动理论》一文中针对适应性预期（Adaptive Expectations）中的非最优特性而提出（Muth，1961）。20世纪70年代，芝加哥大学的R. E. 卢卡斯首次将理性预期理论应用到一个动态博弈模型中（Lucas Jr，1972）。随后，R. E. 卢卡斯同T. J. 萨金特和N. 华莱士等人对理性预期理论做了进一步研究，逐渐形成了理性预期学派（Sargent和Wallace，1975；Sargent和Wallace，1976；Sargent，1981）。值得一提的是，R. E. 卢卡斯还为此获得了1995年的诺贝尔经济学奖，T. J. 萨金特则获得了2011年的诺贝尔经济学奖。理性预期假说认为，人们会最大限度地充分利用所得到的信息来做出行动而不会犯系统性的错误，所有的错误都会是随机的，所以人的理性预期会等于统计上的期望值。因此，理性预期的结果与市场均衡结果之间不会出现系统性或是可预测的偏差。在经济模型上，理性预期通常会假定某个单一变数的期望值将会等于由经济模型预测出的期望值。

无论是在经济学、营销科学还是运营管理领域，考虑策略型消费者的理论模型在建模后的求解思路都是大体相似的，即采用逆向归纳法求解企业和消费者的博弈。考虑到现实中的决策顺序，一般将企业作为博弈问题的先行者，而将消费者作为后行者。消费者的策略性通常通过两个方面来体现：一方面是由每一个消费者进行个体选择（Self Selection），从而产生加总后的需求函数；另一方面是要在理性预期这一框架下进行均衡分析。理性预期假设是这一类研究的前提，具体而言是指，消费者能够对企业未来的运营决策进行合理预期，与此同时，企业也能够对消费者的购买决策进行合理预期，并且他们的预期总是能完全准确地符合未来的实际情况。基于理性预期假设，策略型消费者根据企业给出的产品换代方式、当前产品价格等可观测到的决策，对产品库存、未来价格等不可观测的决策进行合理预期，以效用最大化为目标，决定在购买哪一种产品以及是在当期购买还是等待；而企业则根据可观测到的市场结构以及对策略型消费者购买行为的合理预期，以自身或整个供应链的利润或收益最大化为目标，决定产品价格、订货量、库存、换代方式等运营策略。

基于上述分析思路求解得到的均衡称为理性预期均衡。理性预期均衡一般由一个描述消费者预期的条件和一个描述企业最优策略的条件共同构成，从而使：给定消费者的预期和购买行为，企业最大化自身总利润；消费者根据预期决定购买行为，并且该预期最终会在均衡路径上实现（Stokey，1981）。理性预期均衡只能保证理性预期在均衡路径上的实现，一旦外生的冲击影响到企业或消费者的最初策略，企业就有动机偏离原先的决策路径，在给定当前状态和消费者预期的情况下重新选择最大化后续利润的策略，从而导致理性预期未必能够实现。为此，Stokey（1981）还讨论了完美理性预期均衡（Perfect Rational Expectations Equilibrium）的概念，即企业要在各种可能的后续情况下最优化自身的利润。此外，在考虑消费者策略性购买行为时，马尔可夫完美均衡

(Markov Perfect Equilibrium)，即马尔可夫策略下的子博弈完美均衡也经常被用到，此时各博弈方的决策只基于当前的状态变量。在有限期博弈中，消费者和企业轮流行动，均衡的存在性和唯一性很容易保证。但对于无限期博弈，则较难保证存在性和唯一性（Mantena，等，2012）。

2.2 文献综述

与本书相关的文献主要涉及以下八个方面：策略型消费者、产品换代策略、以旧换新策略、产品定价策略、产品创新策略、团购策略、产品线设计、跨时期价格歧视。因此，本节分别就这八个方面的研究现状和发展动态进行综述。

2.2.1 关于策略型消费者的研究

"策略型消费者"一词描述了消费者在销售季中以最大化自身效用为目的决策购买与否与购买时间的特点，已经被广泛应用在经济学、市场营销和运营管理文献中。与短视型消费者不同，策略型消费者在预期了未来产品降价与新产品发布的情况下，有可能选择延迟购买。以 Su（2007）、Aviv 和 Pazgal（2008）、Su 和 Zhang（2008）的开创性研究为基础，越来越多的学者开始关注策略型消费者以及其对企业定价、库存、新产品发布等决策的影响。此外，Shen 和 Su（2007）对策略型消费者在收益管理领域的文献进行了回顾，并指出了未来的研究方向。Wei 和 Zhang（2018）对近年来策略型消费者在管理科学和运营管理领域的研究和发展进行了回顾，总结了能够有效抵制消费者策略型购买行为带来的负面影响的运营手段，并将之分类为定价、库存和信息这三个方面的策略。

在定价相关决策方面，Aviv 和 Pazgal（2008）、Su 和 Zhang（2009）、Dasu 和 Tong（2010）、Cachon 和 Feldman（2015）在考虑策略型消费者的背景下，分别研究了不同定价策略，即动态定价策略与预先承诺定价策略，对于企业利润的影响。Su（2007）探讨了企业允许产品未来价格自由升降时，消费者策略性购买行为对动态定价策略的影响，并对消费者根据支付意愿的高低和耐心程度的高低两个维度进行划分。Aviv 和 Pazgal（2008）假设企业的初始库存量是有限的，策略型消费者的到达过程服从泊松分布，他们发现，预先给定折扣价格的策略优于根据库存进行价格调整的策略。Swinney（2011）、Papanastasiou 和 Savva（2017）和 Yu 等（2016）在考虑策略型消费者的背景下，分别研究了当产品质量事先不能确定，并且消费者可以通过社会学习对产品质量进行了解时，企业应该如何进行最优定价。他们的研究揭示了事先价格承诺的有效性，尤其是在社会学习效应比较显著时。Mersereau 和 Zhang（2012）研究了当企业面临的策略型消费者比例未知时应如何进行定价。Chen 等（2018c）研究了面对策略型消费者的垄断企业在有限的销售季内同时销售多个差异化的产品，并分别决策各产品价格时，应该如何进行最优定价。他们发现，静态定价策略（Static Pricing Strategy）在此多产品背景下可以实现渐进最优（Asymptotically Optimal）。然而，静态定价策略在企业销售单产品给策略型消费者的背景下却无法实现最优。

在库存相关决策方面，Liu 和 van Ryzin（2008）研究了面对策略型消费者时企业的最优库存决策问题。他们指出，在预先给定产品降价时，企业可以通过控制库存水平来激励策略型消费者提早购买产品，从而降低其策略性等待行为的负面影响，以增加企业收益。Lai 等（2010）考虑在策略型消费者和短视型消费者并存的市场环境中，通过构建企业和消费者之间的两周期动态博弈模型，研究了企业的最优定价策略和库存策略，并进一步探讨了价格返还机制对策略性消费行为和企业自身收益的影响。Yin 等（2009）关注在向消费者销售有限库存的产品时，呈现库存信息的方式是如何影响消费者策略性购买行为的。他们考虑了两种库存显示策略，一种是显示库存数量，另一种是显示有无库存。其研究结果表明，与显示库存数量策略相比，显示有无库存策略能够让策略型消费者增加等待风险，削弱其延迟购买的动机，缓解消费者购买行为的策略性，从而提高企业利润。

在产品设计相关决策方面，Cachon 和 Swinney（2009，2011）以快速时尚产业为背景，研究了企业在面临不确定需求时，其快速响应能力和强化产品设计能力对于企业收益的影响。他们研究发现，这两种能力均能在一定程度上缓解消费者的策略性等待行为并提高企业利润。Besbes 和 Lobel（2015），Lobel 等（2016）在考虑策略型消费者的背景下，研究了当企业选择新产品发布的事先承诺策略或无事先承诺策略时，应当如何进行新产品的研发和推出。他们的研究结果表明，当企业选择新产品发布的事先承诺策略时，企业偏好以重大技术提升、微小技术提升交替形式进行的新产品研发和推出方式。Feldman 等（2019）在考虑了策略型消费者可能会等待观察其他消费者购买产品后对产品进行评论，即社会学习（Social Learning），从而进一步更新对产品质量认知的背景下，研究企业的最优产品质量和定价决策。他们发现，企业的最优策略受到产品质量不确定性的影响十分显著，具体而言，当产品质量不确定性较低时，企业偏好选择质量较低的产品以及更低的价格（相对没有社会学习这一现象时）；而当产品质量不确定性较高时，企业偏好选择质量较高的产品以及更高的价格。

Cachon 和 Feldman（2017）在考虑策略型消费者的背景下，研究了当企业面对竞争因素时，预售（Advance Selling）策略是否仍旧能够提高企业利润。出人意料的是，他们发现，无论企业面临的是预售阶段的竞争还是现货阶段的竞争，竞争的存在都明显地限制了预售策略的有效盈利能力，这与前人在垄断企业背景下对预售策略的研究形成了显著对比。Wei 和 Zhang（2018）提出了一种全新的预售策略——基于预定状态而定的生产策略（Preorder Contingent Production Strategy），即企业的生产决策取决于预售目标的高低。他们发现，与其他预售策略相比，譬如，传统预售策略和容量分配策略（Capacity Rationing Strategy），基于预定状态而定的生产策略能更有效地缓解消费者的策略性购买行为，并且能显著地提高企业利润。Cui 等（2018）关注旅游行业中近年来新兴的有条件升级策略（Conditional Upgrade Strategy），即企业在消费者预订酒店或机票等产品时，给那些预定了常规产品的消费者提供一个以折扣价格升级为高端产品（Premium Product）的机会，该机会只有在销售季末高端产品尚未预定完成时才有可能兑现。他们研究了企业面对策略型消费者时应如何对有条件升级策略进行定价发现，企业使用有条件升级策略能更好地匹配需求和供给，更灵活地分配自身产能，并且能有效地提高企业利润。

从供应链整体角度，Su 和 Zhang（2008）将策略型消费者这一概念引入供应链管理研究领域，探讨了消费者的策略性消费行为对供应链绩效的影响。他们发现，由于策略性消费行为的存在，在批发价合同下，分散式供应链的总体利润高于集中式供应链；而回购合同不能实现供应链的总体利润在各成员间的任意分配。Lin 等（2018）考虑了一个由制造商、零售商和消费者构成的供应链，以探究策略型消费者的存在对于供应链整体的影响。他们的研究表明，制造商恒能够受益于消费者的策略性购买行为，而零售商以及整个供应链在某些情况下也能够受益于策略型消费者的存在。在以往文献中，策略型消费者与分散化（Decentralization）通常都认为是对供应链有害的。而 Lin 等（2018）的研究最重要的意义在于揭示了二者的结合并非恒对供应链有更加不好的影响，反而在消费者足够有耐心（策略性程度足够高）时，一个分散化管理的供应链表现甚至优于集中化管理的供应链。

除了国外的研究，国内的学者在近几年也开始关注消费者的策略性等待行为对企业定价、库存与供应链管理等多方面的影响（李娟，等，2007；刘晓峰和黄沛，2009；刘晓峰和徐贤浩，2011；李贺，等，2012；官振中和李伟，2015；李四杰和邵灵芝，2018）。刘晓峰和黄沛（2009）基于机制设计（Mechanism Design）理论，通过构建 Stackelberg 博弈模型，研究了企业面对策略型消费者如何进行价格和库存决策的问题。他们发现，企业可以根据市场中消费者支付意愿高低的构成，设定最优的库存数量和定价，从而增加消费者买不到产品的概率，以缓解其策略性等待的行为。刘晓峰和徐贤浩（2011）研究了企业面对策略型消费者时，应该如何对短生命周期的产品进行定价和收益管理。他们的研究表明，消费者对风险的厌恶可以在一定程度上缓解其策略性消费行为对企业利润的负面影响。李娟等（2007）考虑了一个由供应商、零售商和策略型消费者构成的供应链。零售商在第一阶段向供应商订购产品，供应商在第二阶段可以回购零售商的剩余库存，并在二级市场（Secondary Market）销售，策略型消费者可以选择在一级市场上购买，也可以选择在二级市场上购买。他们发现，顾客策略性购买行为对于供应链系统的订购量以及系统总收益是否有负面影响，取决于顾客对二级市场上的产品的接受程度。

尽管目前关于策略型消费者及其影响的研究已涉及运营管理和供应链管理的方方面面，但尚未有学者在考虑策略型消费者的背景下，探究企业以旧换新政策与最优换代方式、定价策略之间的相互影响。可以猜想，以旧换新和最优换代方式、定价策略之间的交互作用，会进一步增强消费者策略性对于自身购买行为与企业运营策略的影响。因此，这也是本书亟待解决的研究问题。

2.2.2 关于产品换代策略的研究

大约从 10 年前开始，运营管理领域的学者开始密切关注与产品更新换代策略相关的研究问题。最为常见的产品换代策略有两种：单品换代策略，即在推出新产品时逐步淘汰老产品；共生换代策略，即在推出新产品后继续降价销售老产品。然而，据我们所知，只有为数不多的几篇文献利用解析模型对不同换代策略的优劣进行对比，并得出各自的最优条件。Levinthal 和 Purohit（1989）以耐用品为背景，通过构建一个两阶段博弈模型分析了企业的最优换代和定价策略，并且首次提出新产品在市场中的推出会导致竞食效应（Cannibalization Effect），即新老产品之间的竞争关系导致新产品市场被老产品侵蚀，以及延迟效应（Postponement Effect），即消费者等待新产品推出后才购买降价的老产品。

Arslan 等（2008）分别在企业采用单品换代和共生换代的情况下，研究了其最优产品推出时间与最优定价联合决策。但值得注意的是，Arslan 等（2008）并没有真正对两种换代策略孰优孰劣进行对比。Lim 和 Tang（2006）同时研究了新老产品定价决策、新产品推出时间决策，以及老产品退出市场时间决策。他们发现，当新老产品边际成本较近时，共生换代策略优于单品换代策略；此外，当共生换代策略更优时，新老产品的最优共生持续时间由顾客忠诚度因素决定。Koca 等（2010）在企业采用动态定价策略并且同时要做出库存决策的背景下，研究了企业的最优产品换代策略。他们的研究指出，当市场风险比较低（创新扩散比较快）、新产品表现提升程度比较高时，企业应该选择单品换代方式。以上几篇文章的共同点在于均未考虑消费者的策略性购买与等待行为，并且均以耐用品为研究对象。关于产品换代策略的相关文献大多采用纵向差异化（Vertical Differentiation）的模型假设，即两代产品的差异体现在单一质量维度上，而消费者的差异体现在对单位质量的支付意愿上，大多文章假设消费者对单位质量的支付意愿服从某一随机分布（例如，某一范围内的均匀分布）。

Liang 等（2014）研究了不同换代策略与消费者策略性购买行为之间的相互作用。他们假设市场中同时存在三种类型的消费者：短视型消费者、策略型消费者和投机商（Bargain Hunter），并且假设短视型消费者和策略型消费者的支付意愿是相同的，均高于生产成本，而投机商的支付意愿低于产品成本，仅在产品降价处理时才会考虑购买。他们指出，当企业采用共生换代方式时，策略型消费者在第一阶段的等待动机源于两个方面：一方面是企业以低价清理剩余库存给投机商，导致策略型消费者有动机等待老产品的降价；另一方面，如果第一期销量较高，企业有动机降低新产品售价从而销售给已持有老产品的消费者，导致策略型消费者有动机等待相对低价的新产品。他们还指出，单品换代方式只能消除策略型消费者等待老产品降价的动机，但无法消除他们等待新产品的动机。他们分析了新产品创新水平和策略型消费者数量对企业利润的影响，总结出以下结论：单品换代方式仅在新产品创新水平较低、策略型消费者比例较高时能为企业带来更高利润，这是因为此时单品换代方式可以避免新老两代产品的互相侵蚀；而当新产品创新水平足够高时，共生换代方式的表现更为突出。值得注意的是，上述文章均以耐用品为研究对象，消费者在销售季内至多可购买一单位产品。Zhou 等（2015）则以时尚产品为研究对象（譬如服装产业），虽然对于同一代产品消费者至多只能购买一个，但可以购买不同代的产品。此外，Liang 等（2014）并未考虑日益常见的以旧换新现象，其假设市场中存在无穷多数量的投机商也不符合现实。同样在考虑策略型消费者的情况下，巩天啸等（2015）以持续创新的垄断企业为背景，研究了企业的最优创新换代策略。他们的研究表明，当高端消费者较多、社会技术进步速度较慢时，企业应采用渗透定价策略和共生换代策略，否则应采用撇脂定价策略和单品换代策略。然而，巩天啸等（2015）同样未考虑以旧换新因素的影响。

而本书与上述研究不同的是，不仅考虑了策略型消费者的影响，同时也将以旧换新项目纳入研究范围，分析消费者可在不同代产品之间进行重复购买时，企业的最优产品换代策略，以及以旧换新对于最优换代策略的影响。

2.2.3 关于以旧换新策略的研究

随着以旧换新项目在现实生活中日趋常见，越来越多的学者开始研究以旧换新对于企业运营层面决策的影响，譬如定价决策、库存决策、新产品推出的时间与信息决策等。Ray 等（2005）利用单阶段博弈模型分析了垄断企业通过提供以旧换新折扣对于首次购买消费者和以旧换新消费者进行价格歧视，并对比了三种不同的定价方式，分别是：对两类消费者统一定价（Uniform Pricing）、对两类消费者实行与持有产品时间无关的差别定价、对两类消费者实行与持有产品时间有关的差别定价。Van Ackere 和 Reyniers（1995）通过构建两阶段动态博弈模型，在消费者理性程度为短视型和策略型的不同假设背景下，研究了垄断企业若在两阶段销售同一产品应如何定价以及以旧换新策略的影响。上述两篇文章的共同之处在于，企业仅在市场中销售同一产品（即耐用品），以旧换新也是基于同一产品之间的。

接下来要介绍的文献则是以企业在市场中销售两代不同产品为背景，即老产品和新产品，并且新产品在创新程度或质量水平上要优于老产品（Fudenberg 和 Tirole，1998）。Fudenberg 和 Tirole（1998）通过构建两阶段博弈模型，同时考虑跨时期的价格歧视和静态产品质量歧视，研究了企业对消费者历史购买信息的掌握程度如何影响其定价、以旧换新折扣和换代相关决策。他们假设企业在第一阶段仅销售老产品，在第二阶段引入新产品，并可以决策是否继续销售老产品。Fudenberg 和 Tirole（1998）重点关注了三种信息结构，即企业是否了解消费者是否持有老产品取决于消费者是匿名的（Anonymous），半匿名的（Semi-anonymous），还是完全可鉴别的（Identified）。Bala 和 Carr（2009）以软件产业为背景，在考虑消费者决策策略性的前提下，研究了新产品质量提升以及用户升级成本对于企业定价决策的影响。他们发现，当老用户产品升级成本足够大时，产品升级定价这一方式能够在新产品质量提升程度比较低和比较高时有效提高企业利润；而当新产品质量提升居中时，这一定价方式并不能实现最优。Heese 等（2005）、Ferrer 和 Swaminathan（2006）则分别以垄断企业、双寡头企业竞争为背景，研究了企业对回收产品再制造并与新产品一同销售时应如何定价。他们考虑了企业在第一阶段销售新产品，在第二阶段回购消费者手中的产品并用关键部件生产再制造产品，再同新产品一同在之后的销售季进行销售这一场景。Ferrer 和 Swaminathan（2006）的研究发现，如果再制造的盈利能力足够强，那么企业可能会降低第一阶段产品价格，从而在市场中销售足够多的产品以供第二阶段进行回收再制造。此外，他们发现，随着竞争的加剧，市场中所有回收的产品均会被再利用，并且企业会降低再制造产品的价格。

Yin 和 Tang（2014）以及 Yin 等（2015）在考虑了市场异质性和消费者策略性的背景下，构建了两阶段动态博弈模型，研究以旧换新策略对于垄断企业最优定价策略的影响。Yin 等（2015）考虑了新产品价值增量的不确定性，研究以旧换新是如何影响企业两个换代产品的最优定价决策。他们的研究结果表明，以旧换新使消费者愿意付出高于自身支付意愿的价格来购买老产品；并且，随着老产品耐久性的增加、市场异质性的降低、新产品不确定性的增加，企业通过提供以旧换新获得的收益也会增加。Yin 和 Tang（2014）考虑了消费者需要在第一阶段支付一个不可退款的以旧换新预订费用，使其可以在第二阶段享受以旧换新折扣的场景。他们的研究发现，企业通过提供以旧换新总是能够获得更高的收益，尤其是在一代产品残值足够高、二代产品的期望提升价值足够高，以及消费者对二代产品的评价不确定性足够高时。

而国内学者在近年来也逐渐将以旧换新这一研究话题纳入考虑。吴鹏（2014）探究了企业应如何在以旧换新定价策略与单一定价策略中进行选择，并指出，以旧换新对销量和企业利润的影响取决于企业的成本结构、新老产品的价值差异，以及市场中不同类型消费者的比例。马卫民和赵璋（2014）研究了新、老消费者比例不同时以旧换新对于闭环供应链的影响。他们发现，随着以旧换新消费者比例的增加，正向供应链的规模逐渐减小，而逆向供应链的规模从无到有逐渐增加，直到与正向供应链的规模等同，在此过程中，企业的利润也逐渐增加。马卫民和赵璋（2012，2013）、汪欣和赵林（2015）均探究了以旧换新补贴对于闭环供应链的影响。吴鹏等（2014）以同时进入市场的两个销售耐用品的竞争企业为背景，研究了双寡头竞争环境下企业的以旧换新策略。

此外，值得一提的是，上述涉及以旧换新项目的文献均是以单品换代为假设，这与现实中大多数创新型企业选择共生换代方式的现象是不相符的，而本书则弥补了这一缺陷，进一步探索两种换代方式的差异。众所周知，很多企业在推出新产品之后不仅会提供老产品的以旧换新以吸引老消费者重复购买，还会选择继续降价销售老产品以面向低端市场。因此，本书在策略型消费者的背景下，研究以旧换新因素存在时企业在不同换代策略之间的抉择。这也是现实中亟待解决的研究问题。

2.2.4 关于产品定价策略的研究

在策略型消费者行为被广泛关注之前，运营管理领域的文献研究大多基于动态定价策略。然而，消费者的策略性日益增强，并越来越多地将未来的购买选择与降价可能纳入当期决策中，继续采用动态定价策略可能导致消费者延迟购买的倾向更加明显（Aviv 和 Pazgal，2008；Correa，等，2016）。因此，近年来，学者们开始考虑不同定价策略的对比与选择，这也是运营管理与市场营销领域最重要的决策之一。其中，部分学者指出预先宣布价格策略能有效缓解策略型消费者的延迟购买与等待行为，在一定条件下比动态定价策略更能提高企业整体收益（Aviv 和 Pazgal，2008；Elmaghraby，等，2008，2009；Dasu 和 Tong，2010；Haruvy，等，2012；Cachon 和 Feldman，2015；Papanastasiou 和 Savva，2017）。然而，在预先宣布价格策略下，无法根据需求和产品的信息更新来调整定价，有可能导致企业短期收益的损失（Cachon 和 Feldman，2015）。Aviv 和 Pazgal（2008）研究了一个在两阶段内销售有限库存产品给策略型消费者的垄断厂商，对比了动态定价策略和预先宣布价格策略。他们的研究结果表明，当初始库存较高和消费者评价异质性较大时，预先宣布价格策略表现更优。Papanastasiou 和 Savva（2017）研究了面对产品质量不确定性和社会学习效应的企业与策略型消费者之间的博弈，并分析了动态定价策略和预先宣布价格策略的有效性。

Shum 等（2017）考虑消费者的策略性，在产品生产成本由于生产性学习和技术提升会不断降低的情况下，研究了三种定价策略：动态定价策略、预先宣布价格策略和价格匹配策略（Price Matching Strategy）各自的最优条件，并分别分析了生产性学习和技术提升会对最优定价策略的影响。Correa 等（2016）提出了预先宣布价格策略的一种特殊情形，即响应式事先价格承诺策略。在该策略下，企业对不同库存水平对应的价格菜单做出事先承诺，并证实了该策略与其他定价策略相比的优势。Haruvy 等（2012）分析了预先宣布价格策略对定制产品的影响。Su 和 Zhang（2008），Liu 和 Van Ryzin（2008），Cachon 和 Feldman（2015）分别在考虑了库存容量、订货量的联合决策下，分析了价格承诺的影响。他们的研究结果表明，当产品未来的可获得性取决于库存和其他消费者的购买策略时，事先对价格路径进行承诺可以缓解消费者的策略性等待行为。Aviv 等（2018）考虑了垄断企业向策略型消费者销售季节性时尚产品的场景。这类产品的显著特点是在销售季开始阶段的需求不确定性很高，而随着时间的推移，企业可以通过早期的销售情况更新对于需求的认知。Aviv 等（2018）发现，与固定价格策略（Fixed-Pricing Strategy）相比，响应式定价的优势受到消费者策略性的显著影响；并且，随着企业学习需求的潜在能力的增强，响应式定价的优势减弱。除此之外，以下文献分别探讨并对比了其他定价策略，包括有无预定的降价策略（Elmaghraby，2009）、订阅定价与单位使用定价（Cachon 和 Swinney，2011）、供应商和零售商之间的固定利润合同与价格保护合同（Liu，等，2009）、价格匹配与否（Lai，等，2010）等。

以上关于不同定价策略的研究都是基于单代产品，在单阶段或多阶段背景下进行的对比。而本书和现有文献的主要区别是，基于创新产品进行多代产品迭代的背景，研究企业为刺激消费者的重复购买而推出了以旧换新项目的情况下，企业应该如何进行定价策略的权衡。

2.2.5 关于产品创新策略的研究

技术创新理论源于熊彼特的创新理论（熊彼特，2009）。1912 年，熊彼特在其经典著作《经济发展理论》中首次提出“创新”这一概念，并指出，创新就是“建立一种新的生产函数”，即把一种从来没有过的生产要素和生产条件的“新的组合”引入生产体系中。这种“新的组合”包括：引进新产品、采用一种新的生产方法、开辟新的市场、控制原材料或半制成品的某种新的供给来源、实现任何一种工业的新的组织（熊彼特，2009）。技术创新是企业获得竞争力与利润增长、扩大市场份额的必要手段，是企业实现可持续发展的重要因素，是企业在竞争中生存发展的关键之一（Frambach 和 Schillewaert，2012；盛光华和张志远，2015）。Christensen（1997）根据创新程度的高低把技术创新分为两种：突破式技术创新（Radical Innovation）和渐进式技术创新（Incremental Innovation）。突破式技术创新是对现有主流市场进行颠覆的创新，体现了企业的重大技术创造，可以为企业带来更大的收益，然而同时也面临风险高、投资周期长、市场不确定性大等问题；而渐进式技术创新则是对现有主流市场产品性能的提升做出贡献的创新，体现了现有产品在功能、质量上的改进，成本与风险都相对较低（De Van，1986；Christensen，1997；Esteve，2010）。

Battigalli 等（2007）通过构建零售商与上游供应商之间的博弈模型，分析了不同来源的买方势力对上游供应商产品质量提升投资决策的影响。其研究发现，买方势力的增强不仅会导致产品质量的降低以及消费者的福利损失，还会导致零售商自身和上游供应商利润的共同降低，造成“双输”的结果。Wang 和 Shin（2012）讨论了不同的交易价格决定机制中，下游企业之间的竞争程度对上游企业产品质量创新水平的影响。当交易价格由上游企业决定时（上游企业更具市场势力），下游竞争不会影响上游创新；当交易价格由下游企业决定时（下游企业更具市场势力），下游竞争程度增强有利于上游创新；而当交易价格由双方谈判决定时，下游竞争对上游创新的影响则是不确定的。在研发投入用于降低单位生产成本的背景下，Kamien 等（1992）通过构建两阶段博弈模型，分析了四种不同的研发竞合模式如何影响企业的研发行为以及社会福利。Atallah（2002）在 Kamien 等（1992）的基础上，将企业间的水平合作扩展到垂直合作，在双寡头企业竞争背景下，研究了垂直溢出系数和水平溢出系数对企业研发支出以及社会福利的影响。Tanrısever 等（2012）通过构建两阶段博弈模型，研究了垄断的初创企业如何进行降低成本的研发投资。研究结果表明，市场需求的不确定性改变了企业在第一阶段的产量决策。具体而言，当破产概率较高时，企业将扩大第一阶段的产量而减少研发投资；反之，企业将减少第一阶段的产量而增加研发投资。Liang 等（2018）通过考虑一个在两阶段分别推出老产品、新产品，并决策新产品创新水平的垄断企业，研究了消费者的策略性购买行为是否能够加速企业产品创新。他们发现，当企业采用共生换代方式时，消费者的策略性购买行为可以促使企业提供更高创新水平的产品，但与此同时，也会损害企业的利润；然而，当企业采用单品换代方式时，消费者的策略性购买行为并不会对企业的利润和产品创新程度产生影响。

2.2.6 关于团购策略的研究

团购是指只有当参与的消费者数量达到一定的下限时，购买才会成功的一种商业模式。最早将团购视为提供购买数量折扣（Quantity Discount）的文献可以追溯到 Anand 和 Aron（2003），他们的研究表明，团购的数量折扣只会在市场需求足够高时才会被提供，因此团购是根据市场状态进行最优反应的有效手段，能为企业带来更高的收益。Chen 和 Zhang（2015）假设团购提供折扣的条件，不仅存在参加人数的下限还存在上限时的情况，并称之为捆绑销售（Interpersonal Bundling），研究了其最优定价以及该策略的盈利能力。Chen 等（2007）考虑了在经济生产批量的情况下，企业若存在风险偏好时团购决策会如何发生改变。之后，关于团购折扣的研究，学者又分别从竞争因素（Chen 和 Roma，2011；Yan，等，2017）和库存因素（Chen，等，2012）的角度进行了拓展。Edelman 等（2016）将企业提供在线折扣的潜在盈利能力分解为价格歧视和广告效应（Advertising Effect）两部分。Wu 和 Chiu（2016）也有类似的发现。除此之外，Jing 和 Xie（2011）结合社会互动（Social Interaction）因素的影响研究团购的作用，发现团购可以激励已经了解这一情况的消费者，其为了让团购容易成功，会像销售代理商（Sales Agent）一样将团购信息告诉其他不了解该情况的消费者，因此，在此背景下，团购优于传统的个人销售策略（Individual Selling Strategy）和推荐奖励策略（Referral Rewards Strategy）。Zhang 等（2016）分析了正向与负向网络效应（Network Effect）对于团购策略的影响。在考虑策略型消费者的背景下，Marinesi 等（2018）发现，企业可以利用团购成功与否对供应与需求进行更好的匹配，例如，在市场需求不足时停止销售。本书对于文献的贡献体现在，指出企业通过团购可以更好地对市场进行划分，尤其是通过跨时期消费者划分这一形式。

以上文献对于团购的盈利能力进行了广泛研究，然而却忽视了消费者动态加入团购这一微观行为。部分学者聚焦于消费者加入团购行为的动态特征，本书的研究也是从这一角度出发。从信息角度入手，对比研究了两种不同类型的团购策略，即同时团购（Simultaneous Group Buying）策略与序贯团购（Sequential Group Buying）策略。他们的研究表明，企业披露已经加入团购的消费者累积数量信息给消费者，既能提高团购的成功率，也能提高消费者的期望福利。Liang 等（2014）在 Hu 等（2013）研究的基础上，进一步证明了在团购背景下企业对消费者进行团购状态信息披露的重要意义，也证实了所披露信息的质量对于团购成功率和消费者期望福利的重要影响。Surasvadi 等（2017）提出了一种状态相关价格折扣机制，当团购人数达到要求或者在销售季末到来时，企业会为所有加入团购的消费者提供价格折扣。

与前人的研究相比，本书最大区别体现在团购的截止时间限制之上。截至目前，关于团购的研究都基于存在特定截止时间的假设，只有在到达预设的截止时间时，参加团购的人数达到或超过下限（或满足某些范围条件），团购才视作成功。而本书研究的团购策略是没有截止时间限制的，也就是说，每当参与团购的人数到达指定数量时，团购即视为成功。值得一提的是，在前人的研究中，每一个成功的团购的参加人数不少于预设的下限，但大多没有上限要求。而本书的研究中，每一次成功的团购参加人数都刚好等于参加人数下限。除此之外，本书假设市场中的消费者对于单位产品质量的支付意愿是存在异质性的。消费者的到达服从泊松分布，后到达的消费者可以观察到已经加入团购的消费者数量，而先到达的消费者在做出自身决策时需要基于对之后到达的消费者行为的理性预期。本书不仅研究了消费者的动态决策过程，还分析了企业的最优团购策略以及对应的最优消费者划分，并首次提出了跨时期消费者划分这一概念。据我们所知，这是首部研究没有截止时间限制的团购策略以及如何对其进行最优设计的书籍。此外，本书还在这种团购背景下，揭示了企业根据团购状态差别定价以及不披露团购状态信息对于获得更高利润的重要意义，这与前人的研究也是不同的。

除了消费者端的合作之外，本书的研究对于企业端的合作也有一定指导意义，例如，企业通过团购方式向上游的供应商进行采购获得更高的折扣或是特别版产品，或者是供应商向下游企业进行组团销售（Group Selling）来应对订单违约风险（Huang，等，2016）或是消费者的策略性（He，等，2016）。此外，本书对其他与线上平台相关的商业模式也能够提供借鉴（Chen，等，2018b），包括众筹（Crowd-Funding）（Hu，等，2015）、集体投票（Crowd-Voting）（Araman 和 Caldentey，2016；Marinesi 和 Girotra，2013）。截至目前，大多数众筹、众包与集体投票的平台采用的是有确定截止时间的方式。本书的研究可以为这些商业模型提供一个新的实施角度，即灵活的持续时间。

2.2.7 关于产品线设计的研究

本书的研究也与产品线设计（Product Line Design）的文献密切相关，尤其是产品之间具有纵向差异性（Vertical Differentiation）的产品线设计。这是因为本书研究中所涉及的团购产品（Group Buying Product）与常规产品在质量上具有差异性。与以往文献不同，本书假设不同质量的产品是在不同的时间以不同的方式提供的，即一个是常规销售途径，另一个是团购销售途径。然而，关于产品线设计的研究通常假设同时以同样的销售方式提供两种质量有差异的产品，起始于 Moorthy（1984）的文章，其在假设市场中的消费者对于相同质量产品存在支付意愿的异质性（Heterogeneity）的背景下，研究了基于消费者自我选择（Self-Selection）的最优市场划分（Market Segmentation）。产品线设计问题的本质在于如何对具有不同支付意愿的消费者实施二阶价格歧视（Second-Degree Price Discrimination），即根据产品质量的不同进行差异化定价（Contingent Pricing），从而实现不同的消费者划分。在此之后，诸多学者从双寡头竞争（Moorthy，1988；Desai，2001）、产品引入时间决策（Moorthy 和 Png，1992）、消费者交流成本（Villas-Boas，2004）、策略型消费者（Parlaktürk，2012），以及消费者保留效用异质性（Qi，等，2016）等角度，通过构建理论模型，进一步探索了产品质量具有纵向差异性时的产品线设计问题。

Parlaktürk（2012）考虑企业在两阶段同时销售两种不同的产品给策略型消费者，并采用动态定价方式在各阶段分别决策两种产品的价格。消费者策略性地抉择在哪一阶段购买哪一种产品，或者始终不购买任何产品。Parlaktürk（2012）发现，与在两阶段中都只销售同一种产品相比，企业同时销售两种差异化的产品能够在一定程度上缓解由于消费者策略性带来的利润损失，这意味着产品多样性可以作为应对策略型消费者的工具。Qi 等（2016）则假设消费者不仅具有单位质量支付意愿的异质性，他们在保留效用上也具有差异。以往只考虑消费者支付意愿的异质性的文献显示，两种产品之间的同型竞食效应会促使企业在产品线设计时，降低原本面向低端消费者的产品质量。而 Qi 等（2016）的研究结果表明，当消费者同时具有支付意愿和保留效用这两个方面的差异性时，两种产品之间的同型竞食效应有可能会促使企业提供更高质量的产品。Bellos 等（2017）在共享汽车的背景下，研究了原始设备制造商（Original Equipment Manufacturer，OEM）的商业模式选择和产品线设计这两类决策之间的交互作用。在 Bellos 等（2017）的模型中，原始设备制造商需要同时权衡汽车驾驶表现与燃油效率；消费者对相同驾驶表现汽车的支付意愿具有异质性，每个消费者需要决策购买汽车、加入汽车共享平台，还是选择外部选项。他们的研究结果表明，与用于销售的汽车相比，原始设备制造商更有动机提高汽车共享平台中的汽车的燃油效率（降低其驾驶表现），由此，企业可以提高用于销售的汽车定价，从而增加利润。

尽管以往文献已经从多个角度探索了消费者支付意愿异质性对于产品线设计的影响，但本书研究的灵活持续时间团购提供了一种新的视角考虑消费者划分的问题，即提出一种新的“跨时期消费者划分”。与本书研究最为相关的文章是 Netessine 和 Taylor 于 2007 年发表的 *Product Line Design and Production Technology*，它们都在综合考虑供应端与需求端特征的情况下，研究了由两种产品带来的最优市场划分。Netessine 和 Taylor（2007）重点关注企业生产技术的高低对于最优产品线设计策略的影响。基于经济订货批量（Economic Order Quantity，EOQ）模型，他们假设企业在平衡生产准备成本与库存持有成本的情况下，同时优化产品线设计决策和生产决策。他们指出，采用更昂贵的生产技术总能导致企业降低产品的价格，与此同时生产并销售更多的产品。此外，他们还发现，当同时考虑生产技术的影响时，两类产品之间的同型竞争反而可能会导致企业生产更高质量的产品，或者提供更多种类的产品，这一结论与以往文献形成的结论具有显著区别。然而，与他们的 EOQ 模型不同，本书利用产品的经济生产批量（团购最低人数要求）来表征供应端的特点，用市场中消费者的异质性来表征需求端的特点。另外，本书将团购视作企业提供差异化产品的方式，这与 Netessine 和 Taylor（2007）研究中同时提供两种产品也是不同的。

2.2.8 关于跨时期价格歧视的研究

本书的研究和另一个新兴的研究领域也密切相关，叫作跨时期价格歧视（Intertemporal Price Discrimination），即企业通过跨时期的差异化定价实现对不同支付意愿类型的消费者的价格歧视。与之相关的研究包括：Su（2007），Besbes 和 Lobel（2015），Garrett（2016），Öry（2017），Chen 等（2018a）。

Su（2007）考虑垄断企业在有限时长销售期内销售有限库存产品给策略型消费者的场景，消费者在此阶段陆续到达，而企业通过动态定价来最大化自身期望收益。他假设消费者从两个维度均具有异质性，即支付意愿的高低和耐心程度（等待成本）的高低。Su（2007）的研究结果表明，当支付意愿高的消费者相对没那么耐心时，降价定价方式（Markdown Pricing Policy）是最优的，因为此时支付意愿高的消费者会倾向于在到达时直接购买（即使是高价），而支付意愿低的消费者会倾向于等待价格降低；而当支付意愿高的消费者相对更加耐心时，企业的最优定价方式是让价格逐渐升高，从而缓解消费者策略性等待而带来的利润损失。Besbes 和 Lobel（2015）的模型假设和 Su（2007）类似，均假设消费者是策略性的，且具有支付意愿和耐心程度两个维度上的异质性。Besbes 和 Lobel（2015）重点研究了企业采用循环定价方式（Cyclic Pricing Policy），并指出最优的循环定价方式是，在每一个循环定价的周期过程中不断提供小的折扣，在周期中间提供一次大的折扣，并保留该折扣直到该周期期末。Garrett（2016）同样表明，不断重复提供降价折扣对于企业而言是最优的。Chen 等（2018a）则提出了一种新的定价策略，叫作随机定价（Randomized Pricing），即企业并不决定每一时间点的具体价格，而是从某一事先决定的价格分布中随机抽取某个价格作为该时间点的定价。Chen 等（2018a）同样考虑消费者陆续到达的情景，假设消费者是策略性的，且具有支付意愿和耐心程度两个维度上的异质性。Chen 等（2018a）的研究表明，相比静态定价策略和循环定价策略，他们提出的随机定价策略能够给企业带来更高的收益，尤其是当支付意愿低的消费者有足够耐心时。

然而，值得注意的是，本书提出的跨时期消费者划分与前人研究的跨时期的价格歧视存在以下显著区别。

第一，关于市场划分，以上学者研究的共同之处在于，所有的高端消费者选择立即购买产品，所有的低端消费者选择等待。而与之相比，在本书的研究中，如果企业提供的是高端产品的团购，那么所有的高端消费者都会选择等待，而低端消费者的选择会随着团购的进程发生变化，即在团购前期选择理性购买，在团购后期选择等待。这也是我们称之为跨时期价格歧视的原因，因为企业对消费者的价格歧视不仅体现在高端消费者与低端消费者上，也体现在团购的不同时期上。此外，如果企业提供的是低端产品（Inferior Product）的团购，那么所有的低端消费者都会选择等待，而高端消费者的选择会随着团购的进程发生变化，即在团购前期选择理性购买，在团购后期选择等待。这与以往文献研究也是不同的。

第二，以上学者均假设企业只销售一种产品，并且产品定价随时间发生改变。而本书考虑的是企业通过不同途径销售两种产品，并且产品定价不随时间发生改变。因此，消费者选择等待的动机是不同的。在以上学者的研究中，消费者等待产品降价。而在本书的研究中，消费者等待团购成功，以得到一个区别于常规产品的特别版产品。此外，值得注意的是，无论是在基本模型研究的统一定价中，还是在扩展模型研究的状态相关定价中，跨时期消费者划分均存在。

第三，在以上学者的研究中，选择等待的消费者群体恒为低端消费者。而在本书的研究中，正如在上页第一点中介绍的，高端消费者和低端消费者都有可能选择等待。

第四，在以上学者的研究中，尽管出于跨时期价格歧视的考量，但是企业仍会因为更多消费者选择等待而遭受损失。然而，本书的研究表明，在一定情况下，企业有动机让更多的消费者选择等待，即跨时期消费者划分，并由此获利。

第五，本书的研究表明，低端消费者加入等待也可以让高端消费者获益，这是因为缩短了高端消费者等待团购成功的时间，本书称之为跨时期的消费者协作。然而，在以往关于跨时期价格歧视的研究中，这一跨时期协作现象并不存在，低端消费者加入等待不会对高端消费者产生正面影响。

2.3 国内外研究现状评述

综合上述文献对相关领域研究成果的综述，可以发现，这类研究的基本特征可以概括为以下几点。①企业持续进行产品迭代；②消费者的购买行为具有策略性；③企业和消费者之间具有博弈关系。从市场需求的角度看，绝大部分的研究假设市场规模是确定的且规模不随时间发生变化，少数考虑了需求波动和市场规模的变化。从产品信息角度看，绝大部分文章假设新产品信息是公共知识（Common Knowledge），少数研究假设了企业具有私有信息。从市场结构角度看，绝大部分以垄断厂商为研究对象，只有少数研究考虑了寡头市场。从创新速度角度看，针对慢速创新企业策略的研究较多，对快速创新企业策略的研究较少。从产业组织理论角度看，现有文献大多关注市场结构和定价等方面，缺少有针对性的产品迭代运营策略研究。从运营管理角度看，近年来考虑策略型消费者的研究大多针对单代产品，而对企业不断进行新产品迭代的实际背景研究不足。

因此，结合国内外企业运营管理理论，从现实需求出发，本书系统地梳理并定义了企业在产品迭代过程中的运营决策，包括：产品创新策略（渐进式创新与突破式创新之间的抉择）、以旧换新策略（是否提供以旧换新项目）、产品定价策略（动态定价与事先价格承诺之间的抉择）、产品更新换代策略（单品换代与共生换代方式之间的抉择），并尝试提出新的产品迭代机制（灵活持续时间团购策略）。本书新提出的灵活持续时间团购策略是指在主流产品销售季开始的同时，企业为消费者开辟类似于老产品团购的渠道，对老产品情有独钟的消费者既可以选择立刻购买新推出的主流产品，也可以选择等待购买被召回的老产品，当且仅当参与团购的人数达到企业预设的下限时企业会召回老产品。基于考虑策略型消费者的企业产品迭代运营管理在实践中的重要性和在理论研究上的缺乏，本书将对消费者和企业之间的博弈行为深入分析，探讨企业产品迭代运营管理过程中的产品创新策略、以旧换新策略、产品定价策略、更新换代策略，以期在丰富企业产品迭代管理理论的同时，给企业实际运营提供指导。

第 3 章

面对策略型消费者考虑以旧换新时的最优产品换代策略

3.1 引言

随着技术的发展与经济的进步，在当今时代，制造商越来越频繁地发布新产品来扩大各自的市场份额，与其他企业竞争，以增加自身利润。尤其是在高科技、创新型产品行业（Koca，等，2010），譬如智能手机、笔记本电脑、平板电脑、游戏机、便携音频设备、智能穿戴设备、数码相机等。在此背景下，有些企业选择单品换代策略，即在推出新产品时逐步淘汰老产品，譬如 Fitbit、Amazon Kindle 和 Amazon Echo 等。而有些企业则选择共生换代策略，即在推出新产品后继续降价销售老产品，譬如苹果公司、三星、华为、HTC、Dell 和联想等。对企业而言，如何在两种换代策略之间进行决策是一个困难的问题，尤其是在消费者日渐策略性的背景下（Liang，等，2014；Lobel，等，2016）。第一，两种换代策略都有可能抑制消费者购买任意一代产品。具体而言，消费者可能策略性地等待新产品的推出而不购买当期产品（Bala 和 Carr，2009；Yin，等，2015），而拥有老产品的消费者可能不愿意购买新产品（Okada，2001；Yin 和 Tang，2014）。第二，如果选择单品换代策略，企业有可能会丧失产品多样性，以及新产品推出后的市场份额和相应利润（Zhou，等，2015）。第三，如果企业选择共生换代策略，在第一阶段，策略型消费者可能会由于预期到新产品的推出而延迟购买，这叫作延迟效应；在第二阶段，老产品的降价可能会侵蚀新产品的市场，这叫作竞食效应（Liang，等，2014）。然而，尽管现有文献对于不同换代方式的优劣已经在不同条件下做了探讨，但尚未有学者考虑以旧换新项目的影响。

无论采用何种换代方式，企业都需要决策自身的定价策略。撇脂定价策略和渗透定价策略是现实中最为常见的两种策略。过去关于这两种定价策略的研究主要关注于同一代产品的跨时期价格歧视（Swinney，2011；Du 和 Chen，2014；Whang，2015）。在此背景下，撇脂定价策略是指新产品推出后先卖高价，销售一段时间后逐渐降价，而渗透定价策略是指新产品推出后先提供较低的优惠期价格，而后再涨价。然而，Krishnan 和 Ramachandran（2011）将这两种定价策略应用在了一个与前人不同的场景下，即企业持续推出多代创新型产品。他们用这两种定价策略描述了两代产品之间的相对价格定位。具体而言，在撇脂定价策略下，企业对第一代产品定相对高价以吸引高端用户购买，然后对第二代产品定低价以扩大市场；而渗透定价策略则相反，企业对第一代产品定相对低价来拓展市场，然后只针对其中的高端消费者推出第二代产品（Besanko 和 Winston，1990；Krishnan 和 Ramachandran，2011）。在现实中，渗透定价策略很常见，许多智能手机厂商都选择了产品升级同时提高价格的方式，譬如 iPhone 系列、Samsung Galaxy 系列。而关于撇脂定价策略的例子其实也有很多，例如，小米手机 MIX 售价为 3499 元起，而新一代 MIX2 售价为 3299 元起；Sony 游戏机 playstation 4（PS4）售价为 399 美元，而新一代 Sony playstation 4 slim（PS4 slim）售价为 299 美元；Sony 耳机 MDR-1000X 售价为 399 美元，而新一代 Sony MDR-1000XM2 售价为 349 美元；第二代 Amazon echo dot 也比第一代定价更低。

为了鼓励消费者重复购买产品，许多企业提供了以旧换新政策，促使老顾客返还老产品并以一定折扣购买新一代产品，尤其是在高科技、创新型产品行业（Yin，等，2015；Yin 和 Tang，2014）。例如，2015 年 3 月，苹果公司首次在中国上线了以旧换新项目，官方叫作“Apple 重复使用和循环利用计划”。之后，2016 年 2 月，苹果公司重新启动了在中国的以旧换新项目（Apple，2016a）。按理说，以旧换新是一种有效刺激消费者重复购买的方式，然而，出人意料的是，苹果公司的以旧换新项目却并不尽如人意（Lee，2015，2016），其在中国的市场份额在推出以旧换新项目后不升反降（Todayonline，2016）。

此外，其年度财报显示，2015年苹果公司在中国的总收入从第一财季的16144百万元降低到最后一个财季的12518百万元。此外，运动型摄像机制造商GoPro在2017年也推出了以旧换新项目，然而其在新产品推出时运营策略的选择不当，导致其以旧换新并未实现显著效果，甚至在2018年年初处于不得不卖掉整个公司的境地（Niu，2017；Burke，2018）。上述实例均在一定程度上说明了企业综合考虑以旧换新与产品更新换代过程中运营策略的重要意义，然而据我们所知，并未有学者对此做出研究。在未考虑以旧换新的背景下，许多学者发现单品换代倾向优于共生换代（Lim和Tang，2006；Ferguson和Koenigsberg，2007；Arslan，等，2008；Koca，等，2010）。如果企业为消费者提供以旧换新折扣，消费者对于第一代产品的支付意愿将会显著提高，这导致消费者购买得更早也会更多。然而考虑以旧换新之后对企业产品更新换代策略的影响如何，我们尚未得知。

基于上述商业现象，在面临策略型消费者的背景下，本章探究了以下问题。第一，从短期视角来看，给定某种换代策略和以旧换新项目，企业的最优定价策略是什么？第二，从长期视角来看，企业的最优产品换代策略是什么？第三，以旧换新项目是如何影响两种换代方式下的最优定价决策的，其对于企业的价值如何？本章研究的问题适用于高科技、创新型产品行业，譬如智能手机、笔记本电脑、平板电脑、游戏机、便携音频设备、智能穿戴设备、数码相机等。更普遍来讲，本章研究的产品处于消耗品和耐用品之间，也就是说，产品本身的使用价值并不会随时间显著降低，然而，随着具有新功能的新一代产品的发布，老一代产品的相对价值会降低，具体体现在对消费者的吸引力以及给消费者带来效用的降低上。与传统耐用品不同的是，高科技、创新型产品的更新换代策略尤为重要。为了回答上述研究问题，本章提出了一个两阶段动态博弈模型。其中，垄断企业在第一阶段开始前决策其产品换代策略和定价策略，之后在各个阶段决策相应的产品定价和以旧换新折扣。具体而言，在单品换代策略下，老产品会在新产品推出之后逐渐淘汰；而在共生换代策略下，两代产品都会在市场中继续销售。在每种换代策略下，企业都可以选择撇脂定价策略和渗透定价策略。而消费者的策略性体现在，有可能因为预期了未来老产品的降价或新产品的推出而延迟购买。之后，我们求解出企业的最优产品换代策略、最优定价策略及其对应条件，并分析了新产品创新提升水平、老产品残值和消费者策略性程度对于企业利润与最优换代策略的影响。此外，我们量化了企业实施以旧换新项目的价值，并给出了不利于提供以旧换新的条件。

本章的主要研究结论与贡献如下。第一，无论企业采用哪种换代策略，当消费者策略性较弱、老产品残值相对于新产品创新程度较低时，企业偏好选择撇脂定价策略；否则，企业偏好选择渗透定价策略。并且，与单品换代方式相比，企业采用共生换代方式时会更倾向于选择渗透定价策略。第二，企业在换代方式之间应该如何选择受到新产品创新提升水平、老产品残值和消费者策略性程度的共同影响。具体而言，若企业采用撇脂定价策略，则共生换代退化为单品换代。若企业采用渗透定价策略，则当消费者策略性足够强、老产品残值足够高、新产品创新提升水平比较低时，单品换代策略对于企业而言更优；否则，共生换代策略对于企业而言更优。此外，若不考虑企业选择相同定价策略的限制，单品换代策略在绝大多数情形下优于共生换代策略。第三，无论是单品换代方式还是共生换代方式，当新产品创新提升水平不足、老产品残值过低或过高、消费者极度短视时，企业推出以旧换新都会导致利润降低。第四，从管理实践角度，本章对于苹果公司在中国市场实行以旧换新项目效果不佳提供了另一种可能的解释，并为其在发展中国家的销售提供了运营管理方面的建议。众所周知，苹果公司在 iPhone 的销售上一贯采用共生换代策略，即使是推出了以旧换新之后依旧如此。然而，随着发展中国家消费者的策略性与日俱增，且近年来苹果公司新推出产品的创新程度不足一直为人诟病，根据我们的研究结果，在这种背景下选择单品换代策略是其更优选择。

本章的章节安排如下。第 3.2 小节进行模型描述与假设的介绍。之后，第 3.3、3.4 小节分别对单品换代和共生换代策略下消费者的最优购买决策和企业的最优定价决策进行分析，得到基于理性预期的子博弈完美纳什均衡。第 3.5 小节对比了单品换代策略和共生换代策略下的利润，得到了企业的最优产品更新换代策略。第 3.6 小节分析了以旧换新项目对两种换代方式各自的影响，并量化了以旧换新项目对于企业的价值。最后，第 3.7 小节对本章的主要结论进行了总结，并对未来的研究方向进行了展望。

3.2 模型描述与假设

3.2.1 企业

本章研究了一个两阶段动态博弈模型。[①] 持续创新的垄断企业在第一阶段推出产品 V_1，之后在第二阶段推出其升级版产品 V_2。企业为消费者提供了以旧换新项目，即在第一阶段购买了老产品 V_1 的消费者若想在第二阶段购买新产品 V_2，可以通过把老产品退回给企业的方式获得一定的购买折扣 $p_t(0 \leqslant p_t \leqslant p_2)$，这意味着其实际购买新产品 V_2 所支付的价格为 p_2-p_t。企业在第一阶段开始前需要在两种换代策略中进行选择，即单品换代策略与共生换代策略（Liang，等，2014；Zhou，等，2015）。在第一阶段，只有产品 V_1 以零售价 p_1 在市场上进行销售。在第二阶段，如果企业采用单品换代方式，则只有新产品 V_2 以零售价 p_2 在市场上进行销售；如果企业采用共生换代方式，则除了新产品 V_2 以零售价 p_2 在市场上进行销售之外，老产品 V_1 以折扣价格 $p_d(0 \leqslant p_d \leqslant p_1)$ 在市场上继续销售。

本章假设 V_1 和 V_2 边际生产成本相同，均为 $c(0 \leqslant c \leqslant 1)$，这在以高科技产品为背景的研究中非常普遍（Liang，等，2014；Ray，等，2005）。不失一般性，本章假设边际生产成本为零，这并不会影响本章的结论，同时，也符合

① 基于多代产品的研究背景，部分学者采用了多阶段的博弈模型。然而，据我们所知，构建两阶段模型分析企业持续推出多代新产品，以及消费者重复购买等现象的文献在近年来也很常见，譬如 Liang 等（2014）、Zhou 等（2015）、Yin 和 Tang（2014）、Yin 等（2015）。与这些文献类似，我们也考虑了连续推出的两代产品，旨在研究面对策略型消费者并提供以旧换新的企业应该如何进行跨时期的定价决策。一方面，如果考虑多阶段博弈模型的话，问题会变得复杂甚至难以处理。比如，在多阶段的模型中，第二阶段推出的新产品可能在第三阶段进行降价出售，消费者需要在第一阶段购买之前就对第三阶段的降价进行理性预期，这会令问题过于复杂。另一方面，关于两阶段模型的假设在一定程度上也是符合现实的。譬如，苹果公司通常只保留最新的两代产品。在 iPhone 7 推出之后，只有 iPhone 7 和 iPhone 6s 在其官方渠道进行销售。尽管消费者仍然能从其他渠道购买更早版本的产品，例如 eBay、Amazon（亚马逊）、京东商城等，但这不在本章的研究范畴内。

高科技产品的高研发投入而相对低生产成本的特点（Kornish，2001；Ramachandran，2007；Bala 和 Carr，2009）。老产品 V_1 与新产品 V_2 的创新水平分别为 1 和 $1+\theta$，其中 $\theta(0\leqslant\theta\leqslant1)$ 表示新产品相对于老产品的创新提升水平（Liang，等，2014）。在两种换代策略下，企业都需要决策两代产品的零售价 p_1、p_2 以及以旧换新折扣 p_t。除此之外，在共生换代策略下，企业还需要决策在第二阶段继续销售老产品 V_1 的折扣价格 p_d。每一个通过以旧换新回收的老产品 V_1 对于企业具有残值 $s(0\leqslant s\leqslant\theta)$。本章假设 $s\leqslant\theta$，否则已经拥有老产品的消费者将会没有动机购买新产品，而企业将不会对以旧换新消费者收取费用，这与现实是不相符的，同时这一假设也是符合现实情况的。在本章中，我们假设消费者对老产品的支付意愿 v_1 服从［0，1］上的均匀分布，即消费者对老产品支付意愿的最大值被标准化为 1。并且消费者对新产品的支付意愿为 $(1+\theta)v_1$，因此，假设 $s<\theta$ 在本章中的实际含义为：老产品对于企业的残值（s）低于新产品带来的消费者支付意愿增量的最大值（$\theta\cdot1$），而并不是低于新产品的创新水平增加量 θ。换言之，如果消费者对老产品的支付意愿 v_1 最大值为 1000，则该假设应为 $s<\theta\cdot1000$。[①] 企业是风险中性的，并且以最大化两阶段总利润为目标。在本章中，为了着重关注换代策略与定价策略，与 Bala 和 Carr（2009）、Yin 和 Tang（2014）、Yin 等（2015）一样，假设企业对于两代产品均拥有足够的库存。[②]

---

① 一方面，这一假设是符合现实的。在本章中，为了将研究问题核心聚焦到定价策略的对比上，我们没有考虑回收产品翻新再销售的情况。因此，老产品对于企业的残值取决于回收产品的核心零部件以及它们的完好情况。以手机、平板电脑等产品为例，核心零部件主要包括主板、屏幕等，仅占产品本身一部分价值。此外，回收的产品中只有部分产品的零部件工作状况完好，可以直接再次利用，因此从整体上看，回收产品的平均残值远低于新产品的单位生产成本，更是低于新产品在市场上销售时的价值。另一方面，该假设确保了 3.3.2 节命题 1 中均衡价格和均衡销量的非负性与合理性，因此在本章的研究范围内没有办法放松该假设。该假设的存在也是为了排除无意义结果对模型的影响。

② 有限库存和价格不确定性是研究策略型消费者时的两大重要因素。然而，根据 Gönsch 等（2013）对于涉及策略型消费者相关文献的总结，将近 30%的研究中做出了充足库存的假设，其中很多是近年来的研究，譬如 Shum 等（2017）、Papanastasiou 和 Savva（2017）、Yu 等（2016）、Yin 等（2015）、Zhou 等（2015）、Yin 和 Tang（2014）。本章着重研究不同定价策略的影响，因此我们假设两代产品都具有充足库存。该假设与现实在一定程度上也是相符的。对于苹果公司、三星、华为等企业而言，推出新产品后降价销售的老一代产品库存短缺是很少见的。此外，假设库存充足也能使本章模型更易于处理。

3.2.2 消费者

消费者对于单位创新水平产品的支付意愿具有异质性。具体而言，无论是在第一阶段还是在第二阶段，消费者对老产品 V_1 的支付意愿为 v_1，服从 [0，1] 上的均匀分布（Bala 和 Carr，2009；Yin 和 Tang，2014；Zhou，等，2015）；而在第二阶段，消费者对新产品 V_2 的支付意愿为 $(1+\theta)v_1$，所有消费者均在第一阶段开始前到达，潜在市场规模确定为 N，不失一般性，本章将 N 标准化为 1。不同消费者的支付意愿具有异质性，且为个人的私有信息，因此企业面临的市场具有异质性。该假设与表述方式在前人文献中也经常可以见到，如 Bala 和 Carr（2009）、Yin 和 Tang（2014）、Zhou 等（2015）。

消费者是策略性的，体现在消费者在第一阶段做出购买决策时可以对第二阶段的价格（p_2，p_t，p_d）做出理性预期（Dhebar，1994），并且以最大化自身两阶段总消费者剩余（Consumer Surplus），而不仅仅是比较当期消费者剩余是否大于零来决策是否购买。换言之，消费者在做出购买决策时会考虑未来的购买选择和消费者剩余，并且会对未来的消费者剩余以折现因子 $\delta(0\leqslant\delta\leqslant1)$ 进行折现。δ 可以用来衡量消费者的策略性程度，δ 越大表示消费者策略性越强。因此，$\delta=1$ 表示消费者为完全策略型，$\delta=0$ 表示消费者为完全短视型。采用这一方式进行建模的文献有：Cachon 和 Swinney（2011）、Swinney（2011）、Yin 和 Tang（2014）、Yin 等（2015）、Yu 等（2016）、Shum 等（2017）、Papanastasiou 和 Savva（2017）。本章假设每一个消费者在每一阶段至多只能购买一单位产品，但在不同阶段可以选择重复购买。另外，本章假设不存在二手市场。

3.2.3 博弈结构

本章研究了企业和消费者之间的两阶段动态博弈。本章假设博弈为完全信息（Full Information）结构，即上文提到的参数均为企业和消费者的公共知识。[①] 然而，消费者的支付意愿对于企业而言是私有信息，企业只知道消费者支付意愿的分布而不知道每个消费者的支付意愿。因此，企业不能对消费者实行完全价格歧视。图 3-1 所示为本章的博弈顺序。在第一阶段开始之前，企业决策并宣布其换代策略。在第一阶段开始后，企业决策产品 V_1 的零售价格为 p_1，策略型消费者选择购买 V_1 或等待。在第二阶段，企业决策新产品 V_2 的零售价格为 p_2 和以旧换新折扣为 p_t，在共生换代策略下还需要决策老产品 V_1 的折扣价格为 p_d。在第二阶段，消费者分为两类：已经购买 V_1 的消费者选择以旧换新购买 V_2 或继续使用 V_1；尚未购买 V_1 的消费者选择购买 V_1 或 V_2 或什么都不买。

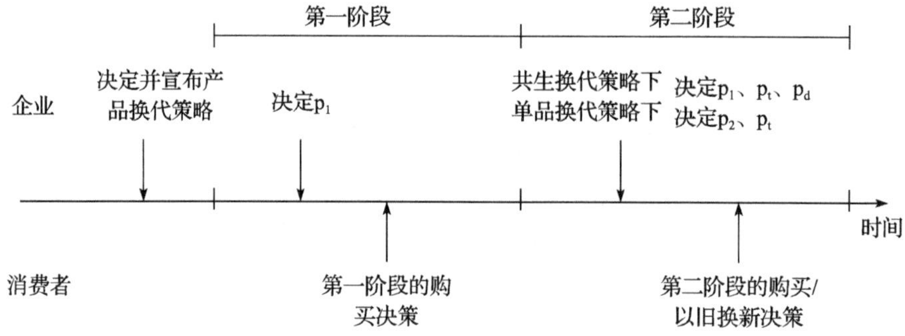

图 3-1　博弈顺序

消费者在第二阶段之前并不知道企业关于第二阶段价格 p_2、p_t 和 p_d 的定价决策，然而，策略型消费者可以对 p_2^e、p_t^e 和 p_d^e 进行理性预期（Dhebar，1994；Liang，等，2014）。本章用 C_1^e 表示基于理性预期 p_2^e、p_t^e 和 p_d^e 选择在第一阶段购买产品 V_1 的消费者集合。基于理性预期的子博弈完美纳什均衡可以表示为

① 关于完全信息假设的合理性体现在三个方面。第一，从现实角度看，随着产品迭代的不断进行，消费者对于新一代产品的创新提升水平已经有了一定的了解。而类似于 MacRumors 和 Decide 的网站也为消费者提供了有关下一代新产品的有效预测信息。譬如，2017 年 9 月 12 日，苹果公司官方发布新一代 iPhone 8 和 iPhone X 之前，MacRumors 网站已经为消费者提供了关于新一代 iPhone 特性与功能的预测，并且绝大部分预测都是准确的。这类现象在其他电子产品上也可以见到，譬如 MacBook、iPod 和 Apple Watch 等。第二，从文献角度，假设新产品创新程度对于消费者而言是公有信息并不罕见，尤其是近年来涉及产品持续创新的研究中，譬如 Liang 等（2014）、Krishnan 和 Ramachandran（2011）。第三，从本章研究问题出发，假设完全信息能够让我们将本章研究重心聚焦于不同定价策略的影响上。

满足下列条件的企业定价策略与消费者购买策略（Liang，等，2014）。

（1）在第一阶段，给定企业第一阶段产品定价为 p_1，消费者基于理性预期（p_2^e，p_t^e，p_d^e），以最大化自身两阶段总消费者剩余为目标，决定第一阶段是否购买产品 V_1。

（2）在第二阶段，给定在第一阶段购买产品 V_1 的消费者集合 C_1^e，企业以最大化第二阶段利润 $\pi_2(p_2, p_t, p_d \mid C_L^e)$ 为目标，决定第二阶段产品定价为 p_2、p_t 和 p_d，即满足下式。

$$(p_2^*, p_t^*, p_d^*) = \text{argmax}\pi_2(p_2, p_t, p_d \mid C_L^e)$$

（3）消费者的理性预期体现在其对企业第二阶段定价决策的预期与企业实际最优定价相符，即满足下式。

$$(p_2^e, p_t^e, p_d^e) = (p_2^*, p_t^*, p_d^*)$$

（4）在第一阶段，企业以最大化两阶段总利润 $\pi(p_1)$ 为目标，决定第一阶段产品定价为 p_1，即满足下式。

$$p_1^* = \text{argmax}\pi(p_1)$$

在下文中，本章利用逆向归纳法分别求解了两种换代策略下基于理性预期的子博弈完美纳什均衡，即企业基于对消费者购买行为的理性预期进行第一阶段的定价决策，而消费者基于对企业第二阶段定价的理性预期决策进行第一阶段的购买决策。表 3-1 所示为本章涉及符号及其含义，总结了本章中涉及的符号及其具体含义，其中，上角标“s”和“p”分别代表撇脂定价策略与渗透定价策略。

表 3-1　本章涉及符号及其含义

符号	含义
c	边际生产成本
θ	新产品创新提升水平
s	老产品残值
δ	消费者策略性程度
N	市场规模

续表

符号	含义
v_1	消费者对于一代产品的支付意愿
p_1^s，p_1^p	一代产品在第一阶段的零售价格
p_d^s，p_d^p	一代产品在第二阶段的零售价格
q_1^s，q_1^p	一代产品在第一阶段的销量
q_d^s，q_d^p	一代产品在第二阶段的销量
p_t^s，p_t^p	第二阶段的以旧换新折扣
p_2^s，p_2^p	二代产品在第二阶段的零售价格
q_2^s，q_2^p	二代产品在第二阶段来自新消费者的销量
q_t^s，q_t^p	二代产品在第二阶段来自以旧换新消费者的销量
π_2^s，π_2^p	企业在第二阶段的利润
π^s，π^p	企业在两阶段的总利润

3.3 考虑以旧换新时单品换代策略下的均衡分析

本节分析了企业考虑以旧换新并采用单品换代策略时，与策略型消费者之间的博弈，并求解了相应的均衡问题：消费者决策是否购买以及购买何种产品，企业决策如何定价。最后，我们分析并得到了单品换代策略下企业的最优定价策略。

3.3.1 消费者购买决策

首先，我们分析策略型消费者在两阶段的最优购买决策。以最大化两阶段消费者剩余为目的，策略型消费者在第一阶段决定购买或等待时会考虑到企业的换代策略以及对于未来价格的理性预期。在单品换代策略下，消费者共有四种购买选择，如表 3-2 所示。

表 3-2　单品换代策略下消费者的购买选择及对应消费者剩余

符号	购买选择	消费者剩余
NN	两阶段均不购买	$u_1=0$
NV_2	第一阶段不购买，第二阶段购买 V_2	$u_2=0+\delta[(1+\theta)v_1-p_2]$
V_1N	第一阶段购买 V_1，第二阶段继续使用	$u_3=(v_1-p_1)+\delta(v_1)$
V_1V_2	第一阶段购买 V_1，第二阶段以旧换新购买 V_2	$u_4=(v_1-p_1)+\delta[(1+\theta)v_1-p_2+p_t]$

对比上述四种购买选择以及对应的消费者剩余，策略型消费者会根据自己对产品的支付意愿，选择使自己的消费者剩余最高的购买决策，即 $u=\max\{u_1, u_2, u_3, u_4\}$，其中用 $u_i(i=1, \cdots, 4)$ 表示不同购买选择下消费者的两阶段消费者剩余总和，各表达式如表 3-2 所示。基于上述分析，我们可以得到不同支付意愿的消费者的最优购买决策，如引理 1 所示。

引理 1　当企业考虑以旧换新并采用单品换代策略时，不同支付意愿 v_1 的消费者的最优购买决策如下：

（1）当企业采用撇脂定价策略时，

（1.1）若 $v_1\in\left[0, \dfrac{p_2^s}{1+\delta}\right]$，则 NN 是最优购买决策；

（1.2）若 $v_1\in\left[\dfrac{p_2^s}{1+\delta}, \dfrac{p_1^s-\delta p_2^s}{1-\delta\theta}\right]$，则 NV_2 是最优购买决策；

（1.3）若 $v_1\in\left[\dfrac{p_1^s-\delta p_2^s}{1-\delta\theta}, \dfrac{p_2^s-p_t^s}{\theta}\right]$，则 V_1N 是最优购买决策；

（1.4）若 $v_1\in\left[\dfrac{p_2^s-p_t^s}{\theta}, 1\right]$，则 V_1V_2 是最优购买决策。

（2）当企业采用渗透定价策略时，

（2.1）若 $v_1\in\left[0, \dfrac{p_1^p}{1+\delta}\right]$，则 NN 是最优购买决策；

（2.2）若 $v_1\in\left[\dfrac{p_1^p}{1+\delta}, \dfrac{p_2^p-p_t^p}{\theta}\right]$，则 V_1N 是最优购买决策；

（2.3）若 $v_1\in\left[\dfrac{p_2^p-p_t^p}{\theta}, 1\right]$，则 V_1V_2 是最优购买决策。

根据引理 1，我们可以得到在单品换代策略下的市场划分，如图 3-2 所示。值得注意的是，两种定价策略下的市场划分有所不同。我们根据两代产品 V_1 和 V_2 的销售价格 p_1 和 p_2 对两种定价策略进行定义。在撇脂定价策略下，$p_1>\delta p_2$；在渗透定价策略下，$p_1 \leqslant \delta p_2$。由于考虑了消费者的策略性，因此对第二阶段支付的价格 p_2 用 δ 进行折现，再与第一阶段支付的价格 p_1 进行比较。当企业采用撇脂定价策略时，上述四种消费者购买决策都会存在；而当企业采用渗透定价策略时，只有三种消费者购买决策存在（V_1 的价格相对 V_2 更低，导致 NV_2 购买决策弱占优于 V_1N 购买决策）。无论企业采取哪种定价策略，高端消费者都会选择购买得更早、更多，而低端消费者则相反。处于支付意愿阈值的消费者对于两种购买决策是无差异的，因此我们可以根据消费者的无差异条件求解出上述阈值。

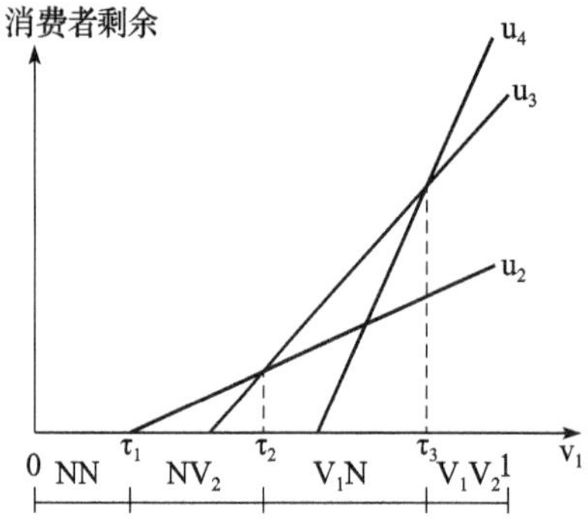

（a）撇脂定价策略（$p_1>\delta p_2$）

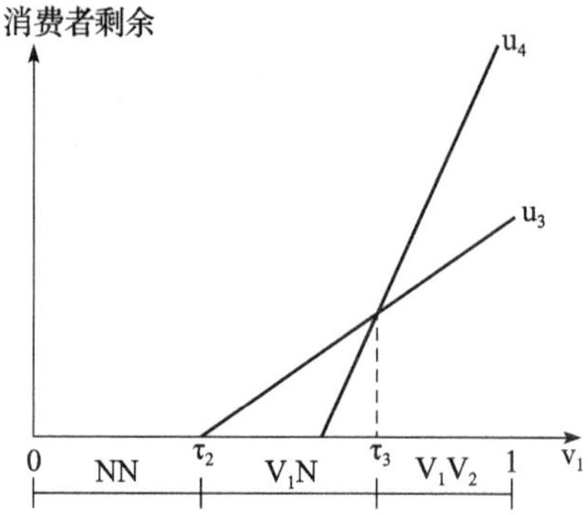

（b）渗透定价策略（$p_1 \leqslant \delta p_2$）

图 3-2 单品换代策略下的市场划分

截至目前，我们已经得到了消费者的最优购买决策和市场划分。因此，我们可以根据支付意愿阈值得到不同定价策略下的消费者需求函数。用 q_1 表示在第一阶段购买 V_1 的消费者数量，用 q_2 表示尚未购买 V_1 并在第二阶段购买 V_2 的消费者数量，用 q_t 表示在第二阶段以旧换新购买 V_2 的消费者数量。接下来，分析企业的最优定价问题。

3.3.2 企业定价决策

为了得到单品换代策略下的子博弈完美纳什均衡，我们首先求解企业在第二阶段的最优化定价问题，其表达式如下所示，我们用 π_2 表示企业在第二阶段的利润。

$$\max_{p_2,p_t}\pi_2=p_2q_2+(p_2-p_t+s)q_t \tag{3-1}$$

$$\text{s.t. } 0\leqslant q_2\leqslant 1-q_1 \tag{3-2}$$

$$0\leqslant q_t\leqslant q_1 \tag{3-3}$$

$$0\leqslant p_t\leqslant p_2 \tag{3-4}$$

$$p_1>\delta p_2 \text{ 或 } p_1\leqslant \delta p_2 \tag{3-5}$$

其中，约束条件（3-2）、（3-3）和（3-4）保证了企业第二阶段定价和销量的非负性与合理性。具体而言，这些约束确保了只有在第一阶段购买了 V_1 的消费者才能在第二阶段以旧换新购买 V_2，只有在第一阶段未购买 V_1 的消费者才会在第二阶段以原价购买 V_2，并且以旧换新折扣 p_t 不可以高于 p_2 也不可以低于零，否则企业或消费者总有一方没有动机参与以旧换新。约束条件（3-5）表示两种不同的定价策略的边界条件。具体而言，$p_1>\delta p_2$ 对应撇脂定价策略，而 $p_1\leqslant\delta p_2$ 对应渗透定价策略。得到企业在第二阶段的最优反应函数之后，企业选择第一阶段定价以最大化两阶段总利润 π，其表达式如下所示。

$$\max_{p_1}\pi=p_1q_1+\pi_2^* \tag{3-6}$$

$$\text{s.t. } 0\leqslant q_1\leqslant 1 \tag{3-7}$$

$$0\leqslant p_1\leqslant 1 \tag{3-8}$$

其中，约束条件（3-7）和（3-8）保证了企业第一阶段定价和销量的非负性与合理性。π_2^* 表示企业在第二阶段的均衡利润。当企业考虑以旧换新并采用单品换代策略时的子博弈完美纳什均衡如命题 1 所示。

命题 1 当企业考虑以旧换新并采用单品换代策略时，每种定价策略下存在唯一的子博弈完美纳什均衡。

（1）当企业采用撇脂定价策略时，子博弈完美纳什均衡如下。

（1.1）当 $\theta\leqslant\frac{1}{1+2\delta}$ 时，$p_1^{s*}=\frac{(\theta-s)(1+\delta)(1-\delta\theta)}{\theta(2+\delta-\delta\theta)}$，$p_2^{s*}=\frac{(\theta-s)(1+\theta)(1-\delta\theta)}{2\theta(2+\delta-\delta\theta)}$，

$p_t^{s*}=\frac{(\theta-s)(1-\theta-2\delta\theta)}{2\theta(2+\delta-\delta\theta)}$，$q_1^{s*}=\frac{s+\theta}{2\theta}$，$q_2^{s*}=\frac{(\theta-s)(1-\delta)}{2\theta(2+\delta-\delta\theta)}$，$q_t^{s*}=\frac{s+\theta}{2\theta}$；

（1.2）当 $\theta>\frac{1}{1+2\delta}$ 时，$p_1^{s*}=\frac{(\theta-s)(1+\delta)(1-\delta\theta)}{\theta(2+\delta-\delta\theta)}$，$p_2^{s*}=\frac{(\theta-s)(1+\theta)(1-\delta\theta)}{2\theta(2+\delta-\delta\theta)}$，$p_t^{s*}=0, q_1^{s*}=\frac{s+\theta}{2\theta}$，$q_2^{s*}=\frac{(\theta-s)(1-\delta)}{2\theta(2+\delta-\delta\theta)}$，$q_t^{s*}=\frac{s+\theta}{2\theta}$。

（2）当企业采用渗透定价策略时，子博弈完美纳什均衡为

$p_1^{p*}=\frac{(\theta-s)(1+\delta)}{2\theta}$，$p_2^{p*}=\frac{(\theta-s)(1+\delta)}{2\delta\theta}$，$p_t^{p*}=\frac{(\theta-s)(1+\delta-\delta\theta)}{2\delta\theta}$，$q_1^{p*}=\frac{s+\theta}{2\theta}$，$q_2^{p*}=0$，$q_t^{p*}=\frac{s+\theta}{2\theta}$。

从命题 1 中我们可以看出，无论企业采用哪种定价策略，所有在第一阶段购买 V_1 的消费者都会选择在第二阶段以旧换新购买 V_2。两种定价策略的不同主要体现在未购买 V_1 的消费者在第二阶段的选择上。若企业采用撇脂定价策略，则对于 V_1 的定价会相对高于 V_2，其目的是在第一阶段把 V_1 卖给高端消费者以获取高的边际利润，之后再在第二阶段把 V_2 面向更多的也相对低端的消费者。然而，若企业采用渗透定价策略，则对于 V_1 的定价会相对低于 V_2，其目的是在第一阶段就利用 V_1 占领市场，之后再在第二阶段把 V_2 面向高端消费人群，但由于 V_2 定价较高，只有以旧换新的消费者会在第二阶段购买 V_2。对比两种定价策略下的均衡价格与销量，可以得到如下结论。其中，上角标“s”表示撇脂定价策略，上角标“p”表示渗透定价策略。

推论 1

（1）$p_1^{s*}<p_1^{p*}$，$p_2^{s*}<p_2^{p*}$，$p_t^{s*}<p_t^{p*}$。

（2）$q_1^{s*}=q_1^{p*}$，$q_2^{s*}>q_2^{p*}$，$q_t^{s*}=q_t^{p*}$。

从推论 1 中我们可以发现，无论企业采取何种定价策略，第一阶段购买老产品 V_1 和第二阶段以旧换新购买新产品 V_2 的消费者数量是分别相同的，然而定价却是不同的：在渗透定价策略下的所有价格都相对高于撇脂定价策略。原因如下：当企业采用撇脂定价策略时，V_2 价格相对低于 V_1，低端消费者有动机选择等待购买 V_2；然而，当企业采用渗透定价策略时，V_2 价格相对更高，低端消费者没有动机等待购买 V_2。因此，企业在渗透定价策略下可以通过收取更高的费用来进一步“榨取”消费者剩余。

如果企业可以自由地选择任何一种定价策略，那么企业又会如何抉择呢？因此，我们对比两种定价策略下企业的最优利润，并得到了在企业采用以旧换新与单品换代策略时的最优定价策略，如命题 2 所示。

命题 2　当企业考虑以旧换新并采用单品换代策略时，存在老产品残值的阈值 $\tilde{s}$，当 $s<\tilde{s}$ 时，企业会选择撇脂定价策略；当 $s>\tilde{s}$ 时，企业会选择渗透定价策略。其中，当 $\theta \leqslant \frac{1}{1+2\delta}$ 时，$\tilde{s}=\tilde{s}_1$；当 $\theta > \frac{1}{1+2\delta}$ 时，$\tilde{s}=\tilde{s}_2$。[①]

从命题 2 中我们可以看出，对于一个给定的新产品创新提升水平 θ，一方面，当老产品的残值 s 相对较低时，撇脂定价策略下对于新产品 V_2 的需求相对较高。即便在渗透定价策略下的所有价格都相对较高，撇脂定价由于其“薄利多销”也能够赢得更高的利润。而另一方面，当老产品的残值 s 相对较高时，两种定价策略下的需求差异不大，因此渗透定价由于其边际利润较高而能够赢得更高的利润。除此之外，我们利用数值分析研究了其他两个参数对于企业最优定价策略的影响。如图 3-3 所示，随着消费者策略性程度 δ 的不同，企业的最优定价策略也会发生变化。当消费者策略性相对较弱时（δ = 0. 2），

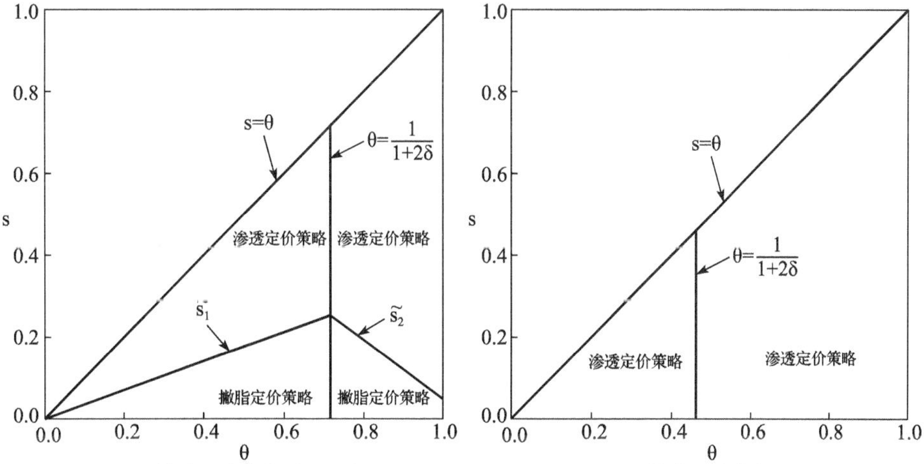

（a）弱策略型消费者（δ=0.2）　　（b）强策略型消费者（δ=0.6）

图 3-3　考虑以旧换新时单品换代策略下的最优定价策略

---

① $\tilde{s}_1 \equiv \frac{\theta-2\delta\theta-\delta^2\theta-\delta\theta^2+\delta^2\theta^2}{(1+\delta)(1+\delta-\delta\theta)}$，$\tilde{s}_2 \equiv \frac{-\theta(3-3\delta^2-\delta^3-\theta-8\delta\theta-5\delta^2\theta+2\delta^2\theta^2+\delta^3\theta^2)}{1-2\delta-3\delta^2-\delta^3-3\theta-8\delta\theta-3\delta^2\theta+2\delta\theta^2+4\delta^2\theta^2+\delta^3\theta^2}$。

撇脂定价与渗透定价均会作为最优定价策略存在；而当消费者策略性足够强时（$\delta=0.6$），最优定价策略恒为渗透定价策略。总而言之，在企业考虑以旧换新并采用单品换代策略的背景下，当消费者策略性较弱、老产品残值相对于新产品创新程度较低时，企业偏好选择撇脂定价策略；否则，企业偏好选择渗透定价策略。

3.4 考虑以旧换新时共生换代策略下的均衡分析

与单品换代不同的是，在共生换代策略下，消费者在第二阶段也可以购买 V_1，并且是以一个较低的价格。在这种情形下，消费者的策略性等待不仅出于新产品 V_2 的发布，还有老产品 V_1 的降价。本节分析了企业考虑以旧换新并采用共生换代策略时，与策略型消费者之间的博弈，并求解了相应的均衡问题：消费者决策是否购买以及购买何种产品，企业决策如何定价。最后，我们分析并得到了共生换代策略下企业的最优定价策略。

3.4.1 消费者购买决策

与第 3.3 小节的求解步骤类似，我们首先分析策略型消费者在两阶段的最优购买决策。以最大化两阶段消费者剩余为目的，策略型消费者在第一阶段决定购买或等待时会考虑到企业的换代策略以及对于未来价格的理性预期。在共生换代策略下，消费者共有五种购买选择，如表 3-3 所示。

表 3-3 共生换代策略下消费者的购买选择及对应消费者剩余

符号	购买选择	消费者剩余
NN	两阶段均不购买	$u_1=0$
NV_1	第一阶段不购买，第二阶段购买 V_1	$u_2=0+\delta(v_1-p_d)$
NV_2	第一阶段不购买，第二阶段购买 V_2	$u_3=0+\delta[(1+\theta)v_1-p_2]$
V_1N	第一阶段购买 V_1，第二阶段继续使用	$u_4=(v_1-p_1)+\delta(v_1)$
V_1V_2	第一阶段购买 V_1，第二阶段以旧换新购买 V_2	$u_5=(v_1-p_1)+\delta[(1+\theta)v_1-p_2+p_t]$

对比上述五种购买选择以及对应的消费者剩余，策略型消费者会根据自己对产品的支付意愿，选择使自己的消费者剩余最高的购买决策，即 $u=\max\{u_1, u_2, u_3, u_4, u_5\}$，其中用 $u_i(i=1, \cdots, 5)$ 表示不同购买选择下消费者的两阶段消费者剩余总和，各表达式如表 3-3 所示。基于上述分析，我们可以得到不同支付意愿的消费者的最优购买决策，如引理 2 所示。

引理 2 当企业考虑以旧换新并采用共生换代策略时，不同支付意愿 v_1 的消费者的最优购买决策如下。

(1) 当企业采用撇脂定价策略时，

(1.1) 若 $v_1 \in [0, p_d^s]$，则 NN 是最优购买决策；

(1.2) 若 $v_1 \in \left[p_d^s, \dfrac{p_2^s - p_d^s}{\theta}\right]$，则 NV_1 是最优购买决策；

(1.3) 若 $v_1 \in \left[\dfrac{p_2^s - p_d^s}{\theta}, \dfrac{p_1^s - \delta p_2^s}{1-\delta\theta}\right]$，则 NV_2 是最优购买决策；

(1.4) 若 $v_1 \in \left[\dfrac{p_1^s - \delta p_2^s}{1-\delta\theta}, \dfrac{p_2^s - p_t^s}{\theta}\right]$，则 V_1N 是最优购买决策；

(1.5) 若 $v_1 \in \left[\dfrac{p_2^s - p_t^s}{\theta}, 1\right]$，则 V_1V_2 是最优购买决策。

(2) 当企业采用渗透定价策略时，

(2.1) 若 $v_1 \in [0, p_d^p]$，则 NN 是最优购买决策；

(2.2) 若 $v_1 \in [p_d^p, p_1^p - \delta p_d^p]$，则 NV_1 是最优购买决策；

(2.3) 若 $v_1 \in \left[p_1^p - \delta p_d^p, \dfrac{p_2^p - p_t^p}{\theta}\right]$，则 V_1N 是最优购买决策；

(2.4) 若 $v_1 \in \left[\dfrac{p_2^p - p_t^p}{\theta}, 1\right]$，则 V_1V_2 是最优购买决策。

根据引理 2，我们可以得到在共生换代策略下的市场划分，如图 3-4 所示。当企业采用撇脂定价策略时，上述五种消费者购买决策都会存在；而当企业采用渗透定价策略时，只有四种消费者购买决策存在（V_1 的价格相对 V_2 更低，导致 NV_2 购买决策弱占优于 V_1N 购买决策）。无论企业采取哪种定价策略，高端消费者都会选择购买得更早、更多，而低端消费者则相反。处于支付意愿阈值的消费者对于两种购买决策是无差异的，因此我们可以根据消费者的无差异条件求解出上述阈值。

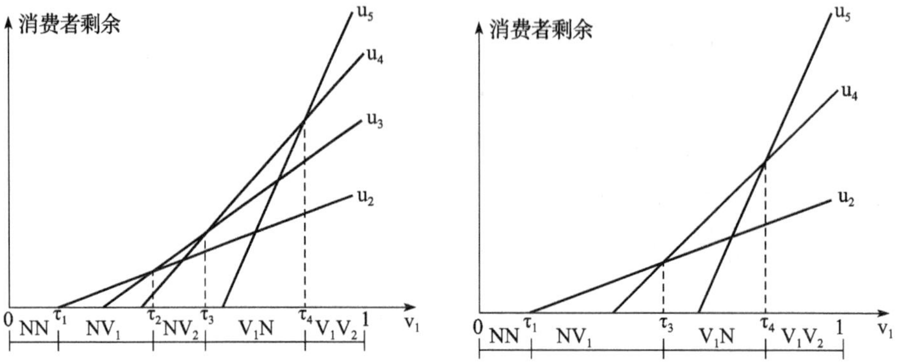

（a）撇脂定价策略（$p_1>\delta p_2$）　　（b）渗透定价策略（$p_1\leqslant\delta p_2$）

图 3-4　共生换代策略下的市场划分

截至目前，我们已经得到了消费者的最优购买决策和市场划分。根据支付意愿阈值得到不同定价策略下的消费者需求函数。用 q_1 表示在第一阶段购买 V_1 的消费者数量，用 q_2 表示尚未购买 V_1 并在第二阶段购买 V_2 的消费者数量，用 q_t 表示在第二阶段以旧换新购买 V_2 的消费者数量，用 q_d 表示尚未购买 V_1 并在第二阶段降价购买 V_1 的消费者数量。接下来，分析企业的最优定价问题。

3.4.2　企业定价决策

为了得到共生换代策略下的子博弈完美纳什均衡，我们首先求解企业在第二阶段的最优化定价问题，其表达式如下所示，我们用 π_2 表示企业在第二阶段的利润。

$$\max_{p_2,p_t,p_d}\pi_2=p_2q_2+(p_2-p_t+s)q_t+p_dq_d \tag{3-9}$$

$$\text{s. t. } 0\leqslant q_2\leqslant 1-q_1 \tag{3-10}$$

$$0\leqslant q_d\leqslant 1-q_1 \tag{3-11}$$

$$q_2+q_d\leqslant 1-q_1 \tag{3-12}$$

$$0\leqslant q_t\leqslant q_1 \tag{3-13}$$

$$0\leqslant p_t\leqslant p_2 \tag{3-14}$$

$$0 \leqslant p_d \leqslant p_1 \tag{3-15}$$

$$p_1 > \delta p_2 \text{ 或 } p_1 \leqslant \delta p_2 \tag{3-16}$$

其中，约束条件（3-10）~（3-15）保证了企业第二阶段定价和销量的非负性与合理性。除了和第3.3小节中相同的约束条件外，约束条件（3-11）和（3-12）保证了只有在第一阶段未购买 V_1 的消费者才能在第二阶段以原价购买 V_2 或降价购买 V_1，约束条件（3-15）保证了降价后的 p_d 不可以高于 p_1 也不可以低于零。约束条件（3-16）表示两种不同的定价策略的边界条件。具体而言，$p_1>\delta p_2$ 对应撇脂定价策略，而 $p_1 \leqslant \delta p_2$ 对应渗透定价策略。得到企业在第二阶段的最优反应函数之后，企业选择第一阶段定价以最大化两阶段总利润 π，其表达式如下所示。

$$\max_{p_1} \pi = p_1 q_1 + \pi_2^* \tag{3-17}$$

$$\text{s.t. } 0 \leqslant q_1 \leqslant 1 \tag{3-18}$$

$$0 \leqslant p_1 \leqslant 1 \tag{3-19}$$

其中，约束条件（3-18）和（3-19）保证了第一阶段定价和销量的非负性与合理性。π_2^* 表示企业在第二阶段的均衡利润。当企业考虑以旧换新并采用共生换代策略时的子博弈完美纳什均衡如命题3所示。

命题3 当企业考虑以旧换新并采用共生换代策略时，每种定价策略下存在唯一的子博弈完美纳什均衡。

（1）当企业采用撇脂定价策略时，子博弈完美纳什均衡如下。

（1.1）当 $\theta \leqslant \frac{1}{1+2\delta}$ 时，$p_1^{s*}=\frac{(\theta-s)(1+\delta)(1-\delta\theta)}{\theta(2+\delta-\delta\theta)}$，$p_2^{s*}=\frac{(\theta-s)(1+\theta)(1-\delta\theta)}{2\theta(2+\delta-\delta\theta)}$，$p_t^{s*}=\frac{(\theta-s)(1-\theta-2\delta\theta)}{2\theta(2+\delta-\delta\theta)}$，$p_d^{s*}=\frac{(\theta-s)(1-\delta\theta)}{2\theta(2+\delta-\delta\theta)}$，$q_1^{s*}=\frac{s+\theta}{2\theta}$，$q_2^{s*}=\frac{(\theta-s)(1-\delta)}{2\theta(2+\delta-\delta\theta)}$，$q_t^{s*}=\frac{s+\theta}{2\theta}$，$q_d^{s*}=0$；

（1.2）当 $\theta>\frac{1}{1+2\delta}$ 时，$p_1^{s*}=\frac{(\theta-s)(1+\delta)(1-\delta\theta)}{\theta(2+\delta-\delta\theta)}$，$p_2^{s*}=\frac{(\theta-s)(1+\theta)(1-\delta\theta)}{2\theta(2+\delta-\delta\theta)}$，$p_t^{s*}=0$，$p_d^{s*}=\frac{(\theta-s)(1-\delta\theta)}{2\theta(2+\delta-\delta\theta)}$，$q_1^{s*}=\frac{s+\theta}{2\theta}$，$q_2^{s*}=\frac{(\theta-s)(1-\delta)}{2\theta(2+\delta-\delta\theta)}$，$q_t^{s*}=\frac{s+\theta}{2\theta}$，$q_d^{s*}=0$。

（2）当企业采用渗透定价策略时，子博弈完美纳什均衡为

$$p_1^{p*}=\frac{(\theta-s)(1+\delta)}{\theta(2+\delta)},\ p_2^{p*}=\frac{(\theta-s)(1+\delta)}{\delta\theta(2+\delta)},\ p_t^{p*}=\frac{(\theta-s)(2+2\delta-2\delta\theta-\delta^2\theta)}{2\delta\theta(2+\delta)},$$

$$p_d^{p*}=\frac{\theta-s}{2\theta(2+\delta)},\ q_1^{p*}=\frac{s+\theta}{2\theta},\ q_2^{p*}=0,\ q_t^{p*}=\frac{s+\theta}{2\theta},\ q_d^{p*}=\frac{(\theta-s)(1+\delta)}{2\theta(2+\delta)}。$$

从命题3中我们可以看出，与第3.3小节中单品换代情形类似的是，无论企业采用哪种定价策略，所有在第一阶段购买 V_1 的消费者都会选择在第二阶段以旧换新购买 V_2。此外，若企业采用撇脂定价策略，即便企业提供了让消费者在第二阶段降价购买 V_1 的选项，也没有消费者选择降价购买 V_1，即共生换代将会退化为单品换代。然而，若企业采用渗透定价策略，则两种换代策略会导致完全不同的均衡。两种定价策略的不同主要体现在未购买 V_1 的消费者在第二阶段的选择上。若企业采用撇脂定价策略，则对于 V_1 的定价会相对高于 V_2，其目的是在第一阶段把 V_1 卖给高端消费者以获取高的边际利润，之后再在第二阶段把 V_2 面向更多的也相对低端的消费者。然而，若企业采用渗透定价策略，则对于 V_1 的定价会相对低于 V_2，其目的是在第一阶段就利用 V_1 占领市场，之后再在第二阶段把 V_2 面向高端消费人群，但由于 V_2 定价较高，只有以旧换新的消费者会在第二阶段购买 V_2。

对比两种定价策略下的均衡价格与销量，可以得到如下结论。其中，上角标“s”表示撇脂定价策略，上角标“p”表示渗透定价策略。

推论2

（1）$p_1^{s*}<p_1^{p*}$，$p_2^{s*}<p_2^{p*}$，$p_t^{s*}<p_t^{p*}$，$p_d^{s*}<p_d^{p*}$。

（2）$q_1^{s*}=q_1^{p*}$，$q_2^{s*}>q_2^{p*}$，$q_t^{s*}=q_t^{p*}$，$q_d^{s*}<q_d^{p*}$。

从推论2中我们可以发现，与第3.3小节中单品换代情形类似，无论企业采取何种定价策略，第一阶段购买老产品 V_1 和第二阶段以旧换新购买新产品 V_2 的消费者数量是分别相同的。而与单品换代情形不同的是，若企业采用撇脂定价策略，则第二阶段降价购买老产品 V_1 的消费者数量更低，而第二阶段原价购买新产品 V_2 的消费者数量更高。原因如下：当企业采用渗透定价策略时，低端消费者有动机选择等待降价购买 V_1，而不是 V_2。因此，

企业在渗透定价策略下可以通过收取更高的费用来进一步“榨取”消费者剩余。

与第 3.3 小节类似，我们对比两种定价策略下企业的最优利润，并得到了在企业采用以旧换新与共生换代策略时的最优定价策略，如命题 4 所示。

命题 4　当企业考虑以旧换新并采用共生换代策略时，存在老产品残值的阈值 $\tilde{s}$，当 $s<\tilde{s}$ 时，企业会选择撇脂定价策略；当 $s>\tilde{s}$ 时，企业会选择渗透定价策略。其中，当 $\theta\leqslant\frac{1}{1+2\delta}$ 时，$\tilde{s}=\tilde{s}_3$；当 $\theta>\frac{1}{1+2\delta}$ 时，$\tilde{s}=\tilde{s}_4$。①

从命题 4 中我们可以看出，企业在共生换代下的最优定价策略和单品换代下是类似的。对于一个给定的新产品创新提升水平 θ，一方面，当老产品的残值 s 相对较低时，撇脂定价策略下对于新产品 V_2 的需求相对较高。即便在渗透定价策略下的所有价格都相对较高，撇脂定价由于其“薄利多销”也能够赢得更高的利润。而另一方面，当老产品的残值 s 相对较高时，两种定价策略下的需求差异不大，因此渗透定价由于其边际利润较高而能够赢得更高的利润。除此之外，我们利用数值分析研究了其他两个参数对于企业最优定价策略的影响。如图 3-5 所示，随着消费者策略性程度 δ 的不同，企业的最优定价策略也会发生变化。当消费者策略性相对较弱时（$\delta=0.2$），撇脂定价与渗透定价均会作为最优定价策略存在；而当消费者策略性足够强时（$\delta=0.6$），最优定价策略恒为渗透定价策略。总而言之，在企业考虑以旧换新并采用共生换代策略的背景下，当消费者策略性较弱、老产品残值相对于新产品创新程度较低时，企业偏好选择撇脂定价策略；否则，企业偏好选择渗透定价策略。

然而，换代方式的不同决定了最优定价策略边界的差异。如表 3-4 所示，在不同换代方式下老产品残值的阈值 $\tilde{s}$ 的具体表达式不同，可以看出，共生换代方式下的阈值 $\tilde{s}$ 更低。换言之，当采用共生换代方式时，企业会更倾向于选择渗透定价策略。

---

① $\tilde{s}_3\equiv\frac{\theta(4-8\delta-9\delta^2-2\delta^3-4\delta\theta+3\delta^2\theta+2\delta^3\theta)}{4+8\delta+7\delta^2+2\delta^3-4\delta\theta-5\delta^2\theta-2\delta^3\theta}$，$\tilde{s}_4\equiv\frac{-\theta(3-3\delta^2-\delta^3-\theta-8\delta\theta-5\delta^2\theta+2\delta^2\theta^2+\delta^3\theta^2)}{1-2\delta-3\delta^2-\delta^3-3\theta-8\delta\theta-3\delta^2\theta+2\delta\theta^2+4\delta^2\theta^2+\delta^3\theta^2}$。

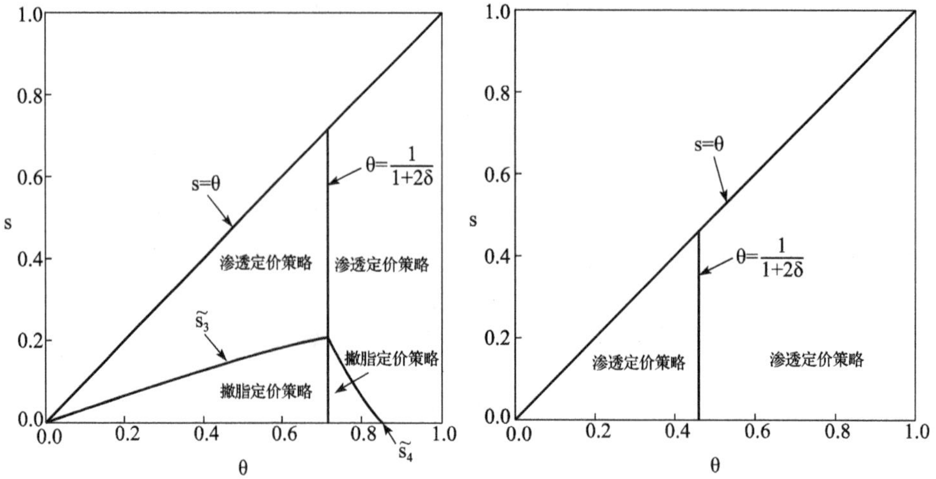

（a）弱策略型消费者（δ=0.2）　　（b）强策略型消费者（δ=0.6）

图 3-5　考虑以旧换新时共生换代策略下的最优定价策略

表 3-4　不同换代方式下的最优定价策略

参数范围		单品换代	共生换代
$\theta \leqslant \frac{1}{1+2\delta}$	$s \leqslant \tilde{s}_3$	撇脂定价策略	撇脂定价策略
	$\tilde{s}_3 < s \leqslant \tilde{s}_1$	撇脂定价策略	渗透定价策略
	$s > \tilde{s}_1$	渗透定价策略	渗透定价策略
$\theta > \frac{1}{1+2\delta}$	$s \leqslant \tilde{s}_4$	撇脂定价策略	撇脂定价策略
	$\tilde{s}_4 < s \leqslant \tilde{s}_2$	撇脂定价策略	渗透定价策略
	$s > \tilde{s}_2$	渗透定价策略	渗透定价策略

3.5 最优产品更新换代策略

截至目前，我们已经得到了考虑以旧换新时两种换代方式下企业的最优定价策略。接下来，我们需要分析企业在考虑以旧换新项目时的最优产品更新换代策略及其条件。命题 5 阐述了企业采用撇脂定价策略与渗透定价策略时，企业的最优产品更新换代策略。为了使对比更清晰，我们将部分结果［命题 5（2）］利用图 3-6 进行呈现，其中，横轴 θ 表示新产品 V_2 相对于老产品 V_1 的创新提升水平，而纵轴 s 表示老产品 V_1 的残值。

命题 5　当考虑以旧换新项目时，企业的最优产品更新换代策略如下。

（1）若企业采用撇脂定价策略，则共生换代和单品换代的利润相同。

（2）若企业采用渗透定价策略，

（2.1）当 δ=0 时，企业选择共生换代更优；

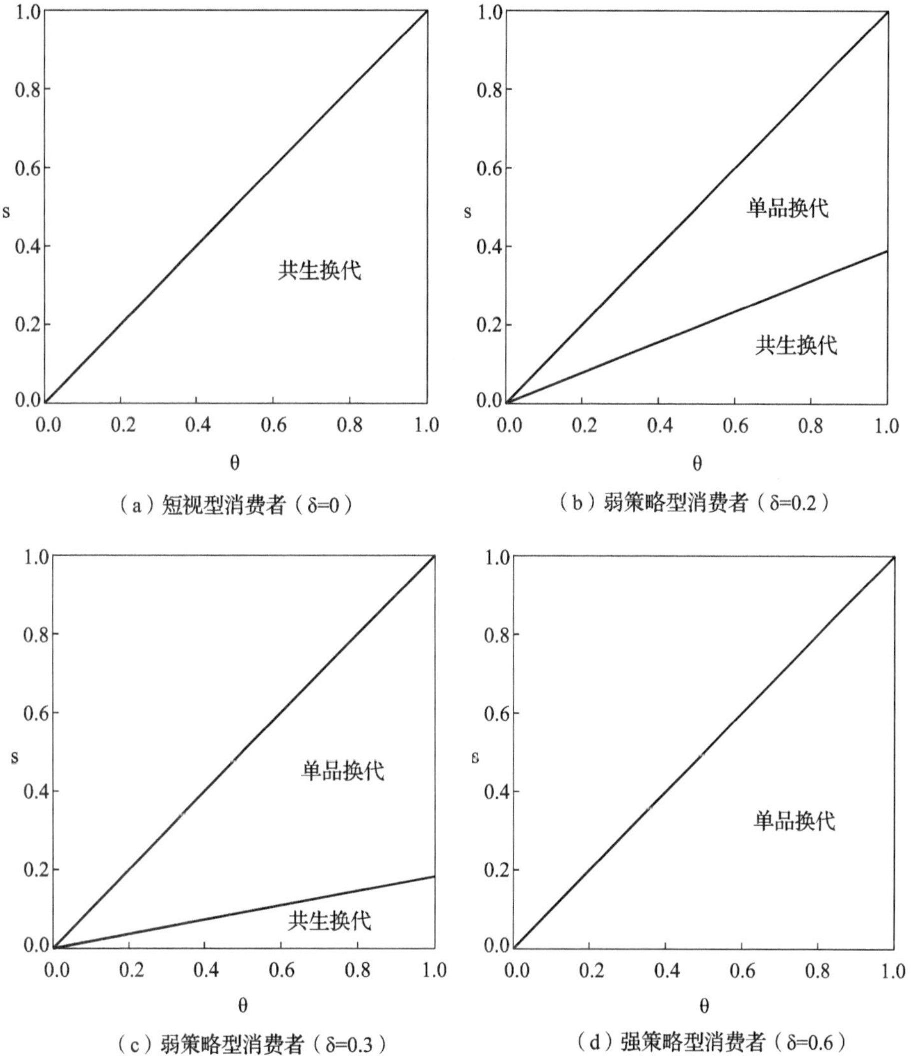

（a）短视型消费者（δ=0）　（b）弱策略型消费者（δ=0.2）

（c）弱策略型消费者（δ=0.3）　（d）强策略型消费者（δ=0.6）

图 3-6　渗透定价下的最优产品换代策略

（2.2）当 $0<\delta<\sqrt{2}-1$ 时，存在关于新产品创新提升水平的阈值 $\widetilde{\theta}=\frac{s(1+\delta)^2}{1-2\delta-\delta^2}>0$，当 $\theta\leqslant\widetilde{\theta}$ 时，企业选择单品换代更优，否则企业选择共生换代更优；

（2.3）当 $\sqrt{2}-1\leqslant\delta\leqslant1$ 时，企业选择单品换代更优。

接下来，我们在推论3中对比了当企业考虑以旧换新并采用单品换代和共生换代这两种换代方式时，在均衡时的企业定价与市场需求方面的差异，其中，上角标“S”表示单品换代方式，上角标“D”表示共生换代方式。

推论3 当企业考虑以旧换新时，则采用单品换代与共生换代在均衡时的企业定价与市场需求方面的差异如下。

（1）$p_1^S>p_1^D$，$p_2^S>p_2^D$，$p_t^S>p_t^D$，$p_d^S<p_d^D$。

（2）$q_1^S=q_1^D$，$q_2^S=q_2^D$，$q_t^S=q_t^D$，$q_d^S<q_d^D$。

从命题5中我们可以看出，当企业采用撇脂定价策略时，即使企业选择共生换代，为消费者提供了降价购买 V_1 的可能，也没有消费者会等待在第二阶段购买老产品 V_1。因此，在考虑以旧换新的背景下，当企业采用撇脂定价策略时更偏好单品换代方式，这与巩天啸等（2015）的结论有相似之处：在不考虑以旧换新的背景下，企业在选择撇脂定价策略时会更偏好单品换代策略。这是因为当企业采用撇脂定价策略时，在第二阶段，老产品 V_1 的价格比新产品 V_2 的价格更高，消费者的策略性等待源于新产品 V_2 的发布而不是老产品 V_1 的降价。从命题5中我们还可以看出，当企业采用渗透定价策略时，最优产品换代方式的选择取决于新产品创新提升水平 θ、老产品残值 s 和消费者策略性程度 δ 这三个重要参数之间的关系。当消费者短视时（$\delta=0$），不会存在延迟购买行为，使均衡时渗透定价策略下单品换代与共生换代方式之间的价格差距相比撇脂定价策略将会缩短，因此共生换代策略更优。当消费者具有一定策略性时（$0<\delta<\sqrt{2}-1$），如果老产品残值 s 相比新产品创新提升水平 θ 足够低，则共生换代策略更优。这是因为，此时在第二阶段销售老产品 V_1 为新产品 V_2 带来的竞食效应并不显著。然而，随着消费者策略性的增强，竞食效应逐渐变得明显，因而共生换代的最优区域也逐渐变小（见图3-7）。而当消费者策略性足够强时（$\sqrt{2}-1\leqslant\delta\leqslant1$），单品换代会完全占优于共生换代。

在前文中，我们分析了当企业采用相同的定价策略的条件下，应该如何选择换代策略。这是有指导意义的，因为从现实角度看，无论企业采用何种换代方式，定价策略一般是保持不变的。尤其是在高科技产业，经常可以见到升级版本的新产品定价不低于老产品定价的现象，也就是本章中的渗透定价策略。然而，为了让本章的研究结果更加完整，我们去除相同定价策略的限制，利用数值分析方法得到了企业在采用最优定价策略的条件下的最优产品更新换代策略，并分析了新产品创新提升水平 θ、老产品残值 s 和消费者策略性程度 δ 这三个重要参数对于企业最优产品更新换代策略与企业利润的影响，如图 3-7~图 3-9 所示。我们用“ST”表示考虑以旧换新的单品换代方式，用“DT”表示考虑以旧换新的共生换代方式。在模型参数设置上，$\delta=0.6$、$\delta=0.3$、$\delta=0$ 分别代表消费者具有较强的策略性、较弱的策略性、不具有策略性（短视）三种情况；$\theta=0.8$、$\theta=0.3$ 分别代表新产品相比老产品的创新提升水平较高、较低两种情况；为了使数值分析具有实际意义，我们令 $s=0.2$，以满足假设条件 $s\leqslant\theta$。

图 3-7~图 3-9 分别呈现了在采用最优定价策略的条件下，新产品创新提升水平 θ、老产品残值 s 和消费者策略性程度 δ 这三个参数对于企业每种换代方式下的最优利润、最优产品更新换代策略的交互影响。出人意料的是，在绝大多数参数取值情形中，单品换代方式的表现均不劣于共生换代方式。如图 3-7 所示，①企业在两种换代方式下的总利润均随着新产品创新提升水平 θ 的增大而提高。②随着新产品创新提升水平 θ 的增大，企业在单品换代和共生换代方式下的利润差也增加。③企业在两种换代方式下的边际利润增加程度均随着新产品创新提升水平 θ 的增大而减小。其中第①点与 Yin 等（2015）的研究结论有相似之处，他们认为，企业在考虑以旧换新时若采用单品换代策略，则企业的总利润会随着新产品创新程度的提高而增加。然而，在不考虑以旧换新项目的背景下，Liang 等（2014）发现，在新产品创新水平较低时，单品换代方式能为企业带来更高的利润，这与我们的结论也是类似的，虽然我们的研究是基于考虑以旧换新项目的背景，而 Liang 等（2014）并未考虑以旧换新因素的影响。值得一提的是，Liang 等（2014）模型设定与我们是不同的，他们假设

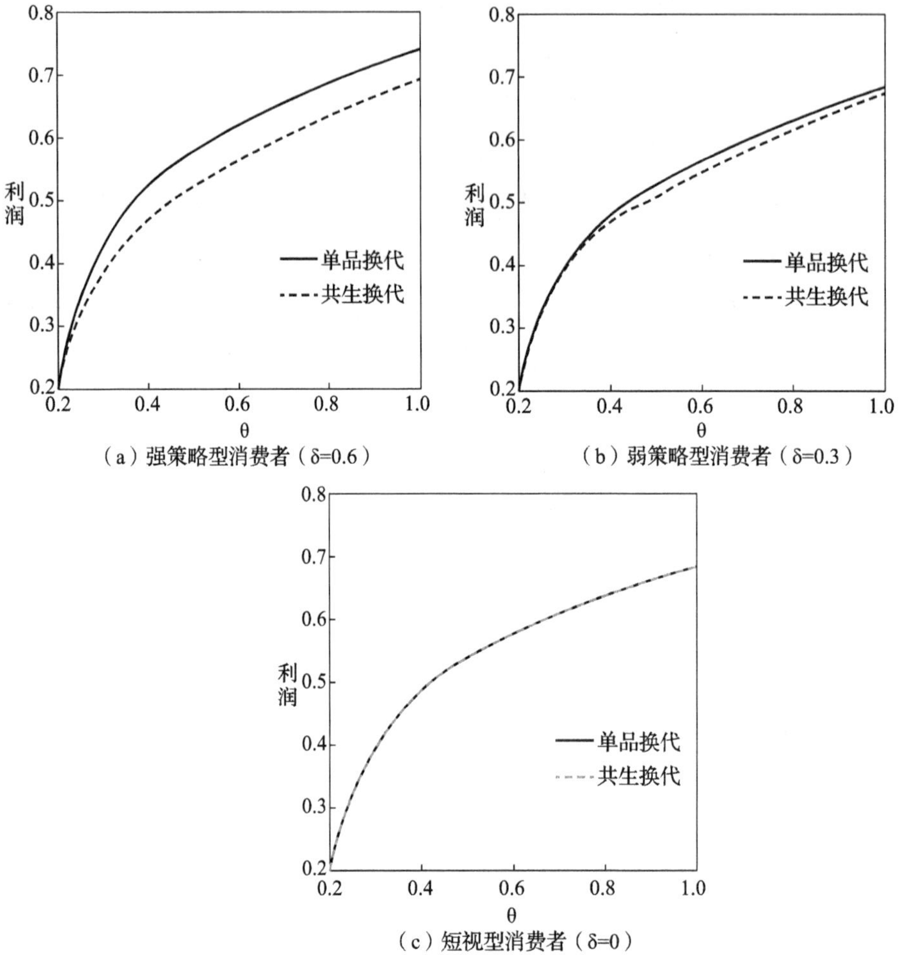

（a）强策略型消费者（δ=0.6）　（b）弱策略型消费者（δ=0.3）

（c）短视型消费者（δ=0）

图 3-7　新产品创新提升水平对于企业利润的影响（s=0.2）

市场规模是随机变量，市场中同时存在高端、低端消费者与策略型、短视型消费者，每种类型消费者的支付意愿是相同且确定的。此外，如图 3-8 所示，新产品创新提升水平 θ 和老产品残值 s 之间存在交互作用。具体而言，无论企业采取何种换代方式，当新产品的创新提升水平比较高时，老产品的残值越大，企业利润越高；而当新产品的创新提升水平比较低时，老产品的残值越大，企业利润越低。这一发现与 Liang 等（2014）的结论略有出入，即在不考虑以旧换新项目的背景下，更高的老产品残值总是为企业带来更低的总利润。最后，图 3-9 揭示了消费者策略性程度对于企业利润的影响：无论企业采取何种换代策略，随着消费者策略性程度的增加，企业利润先减少而后增加。此外，从图 3-7~图 3-9 中我们均可发现，随着消费者策略性程度的增加，企业在单品换代和共生换代方式下的利润差也增加。这与 Liang 等（2014）的研究发现也是类似的，只不过他们的结论是，随着策略性消费者在总消费者人群中的占比增加，单品换代方式的优势变得更为明显。

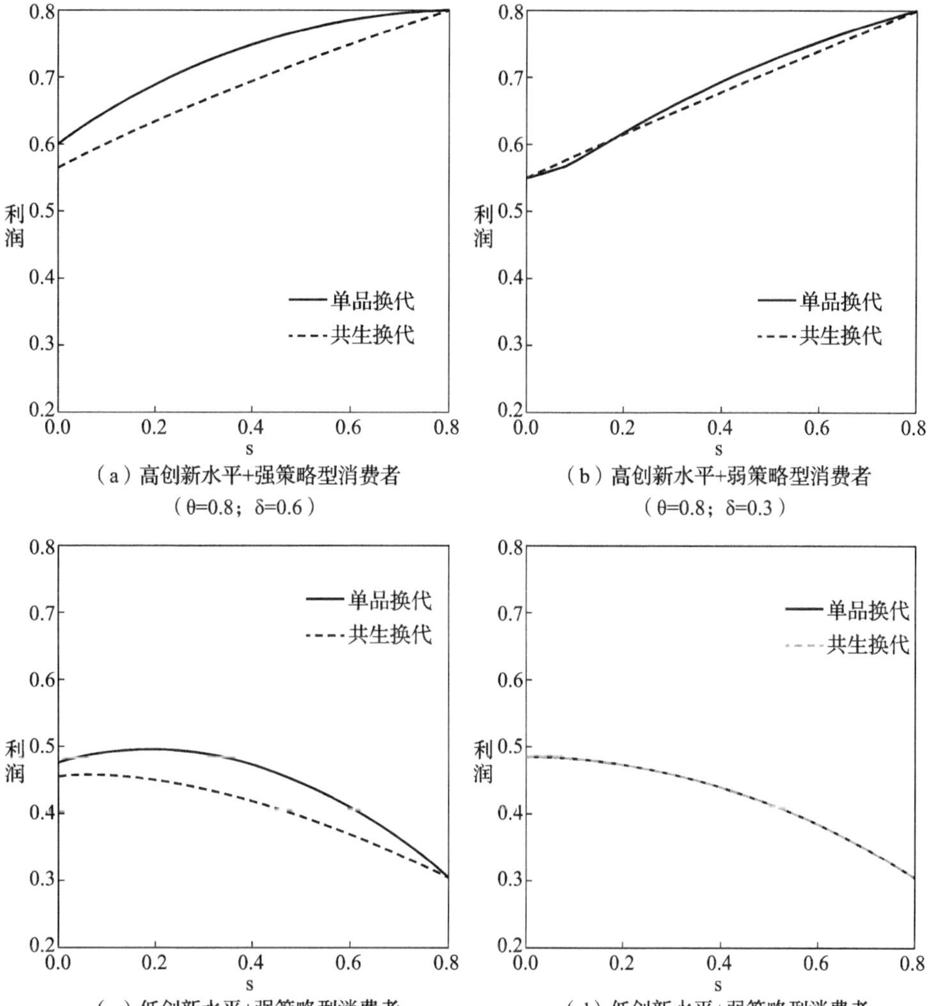

（a）高创新水平+强策略型消费者（θ=0.8；δ=0.6）

（b）高创新水平+弱策略型消费者（θ=0.8；δ=0.3）

（c）低创新水平+强策略型消费者（θ=0.3；δ=0.6）

（d）低创新水平+弱策略型消费者（θ=0.3；δ=0.3）

图 3-8　老产品残值对于企业利润的影响

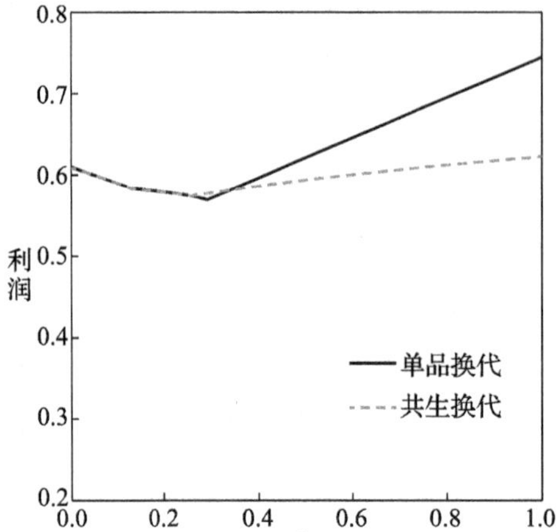

（a）高创新水平（θ=0.8）

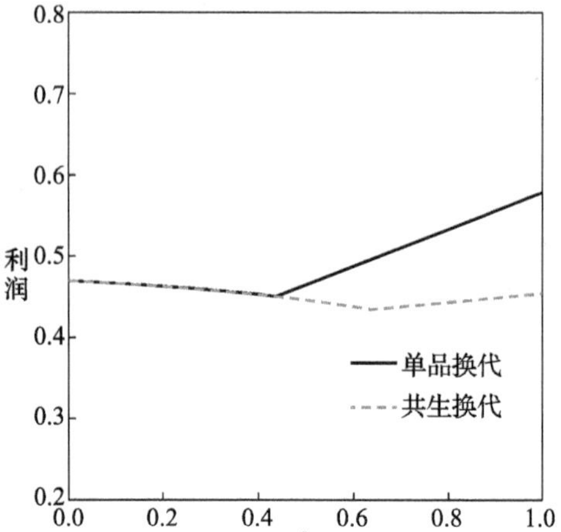

（b）低创新水平（θ=0.3）

图 3-9　消费者策略性程度对于企业利润的影响（s=0.2）

3.6 以旧换新的影响

在本节中，我们分析采用以旧换新对于两种换代方式的影响。首先，我们分别求解了不考虑以旧换新项目时，在单品换代与共生换代策略下的子博弈完美纳什均衡。其次，我们量化了以旧换新项目的价值，并研究了新产品创新提升水平 θ、老产品残值 s 和消费者策略性程度 δ 这三个参数是如何影响以旧换新项目的价值的，目的在于得出在何种条件下企业推出以旧换新是有利的。由于本节的模型设定（除不提供以旧换新之外）与均衡求解与第 3.3、3.4 小节基本一致，故简化分析过程。

3.6.1　不考虑以旧换新时单品换代策略下的均衡分析

当企业不考虑以旧换新并采用单品换代策略时的子博弈完美纳什均衡如命题 6 所示。

命题 6　当企业不考虑以旧换新并采用单品换代策略时，每种定价策略下存在唯一的子博弈完美纳什均衡。

（1）当企业采用撇脂定价策略时，存在新产品创新提升水平的两个阈值

$\widetilde{\theta}_1$、$\widetilde{\theta}_2$，使子博弈完美纳什均衡如下。①

（1.1）当 $\theta \geqslant \widetilde{\theta}_1$ 时，$p_1^{s*}=\hat{p}_1^{s*}$，$p_2^{s*}=\hat{p}_2^{s*}$，$q_1^{s*}=0$，$q_2^{s*}=\hat{q}_2^{s*}$，$q_t^{s*}=0$。

（1.2）当 $\widetilde{\theta}_2 \leqslant \theta < \widetilde{\theta}_1$ 时，$p_1^{s*}=\hat{p}_1^{s*}$，$p_2^{s*}=\hat{p}_2^{s*}$，$q_1^{s*}=\hat{q}_1^{s*}$，$q_2^{s*}=\hat{q}_2^{s*}$，$q_t^{s*}=\hat{q}_1^{s*}$。

（1.3）当 $\theta<\widetilde{\theta}_2$ 时，$p_1^{s*}=\hat{p}_1^{s*}$，$p_2^{s*}=\hat{p}_2^{s*}$，$q_1^{s*}=\hat{q}_1^{s*}$，$q_2^{s*}=\hat{q}_2^{s*}$，$q_t^{s*}=\hat{q}_t^{s*}$。

其中，$$\hat{p}_1^{s*}=\frac{(1-\delta\theta)[2+(5+\delta)\theta+(1-\delta)\theta^2]}{4+(7-2\delta)\theta-(1+6\delta)\theta^2},$$

$$\hat{p}_2^{s*}=\frac{\theta(1+\theta)(1-\delta\theta)[6+(12-\delta)\theta-7\delta\theta^2]}{2(1+2\theta-\delta\theta^2)[4+(7-2\delta)\theta-(1+6\delta)\theta^2]},$$

$$\hat{q}_1^{s*}=\frac{4+12\theta+(4-8\delta-\delta^2)\theta^2-2(4+6\delta+\delta^2)\theta^3+\delta(4+3\delta)\theta^4}{2(1+2\theta-\delta\theta^2)[4+(7-2\delta)\theta-(1+6\delta)\theta^2]},$$

$$\hat{q}_t^{s*}=1-\frac{(1+\theta)(1-\delta\theta)[6+(12-\delta)\theta+7\delta\theta^2]}{2(1+2\theta-\delta\theta^2)[4+(7-2\delta)\theta-(1+6\delta)\theta^2]},$$

$$\hat{q}_2^{s*}=\frac{4+4(3-\delta)\theta+(10-13\delta+\delta^2)\theta^2+(4-7\delta+5\delta^2)\theta^3+2(1-\delta)\delta\theta^4}{2(1+2\theta-\delta\theta^2)[4+(7-2\delta)\theta+(1+6\delta)\theta^2]}。$$

（2）当企业采用渗透定价策略时，子博弈完美纳什均衡为

$$p_1^{p*}=\frac{\delta\theta}{2},\ p_2^{p*}=\frac{\theta}{2},\ q_1^{p*}=1-\frac{\delta\theta}{2(1+\delta)},\ q_2^{p*}=0,\ q_t^{p*}=\frac{1}{2}。$$

从上述命题中我们可以看出，当企业不考虑以旧换新时，只有部分在第一阶段购买了老产品 V_1 的消费者会选择在第二阶段购买新产品 V_2，这与企业提供以旧换新的结果截然不同。这说明以旧换新可以显著地提高企业新产品的销量。另一个发现是，在撇脂定价策略下，企业销售产品 V_1 和 V_2 的价格均高于渗透定价策略。而第 3.4 小节的推论 2 则显示了相反的结论，即渗透定价策略下企业销售产品 V_1 和 V_2 的价格更高。这说明以旧换新同样显著影响了企业的最优定价。之后，我们对比两种定价策略下企业的最优利润，并得到了在企业不采用以旧换新时单品换代策略下的最优定价策略，如命题 7 与图 3-10 所示。

① $\widetilde{\theta}_1$ 满足 $4+12\widetilde{\theta}_1+\delta(4+3\delta)\widetilde{\theta}_1^4=\widetilde{\theta}_1^2[-4+8\delta+\delta^2+2(4+6\delta+\delta^2)\widetilde{\theta}_1]$，$\widetilde{\theta}_2$ 满足 $2-\delta\widetilde{\theta}_2(3+6\widetilde{\theta}_2-7\widetilde{\theta}_2^2-2\widetilde{\theta}_2^3)=2\widetilde{\theta}_2^2[5+2\widetilde{\theta}_2-\delta^2(1-\widetilde{\theta}_2)\widetilde{\theta}_2]$。

命题 7 当企业不考虑以旧换新并采用单品换代策略时，存在新产品创新提升水平的阈值 $\widetilde{\theta}_1$，当 $\theta<\widetilde{\theta}_1$ 时，企业会选择撇脂定价策略；当 $\theta\geqslant\widetilde{\theta}_1$ 时，企业会选择渗透定价策略。[①]

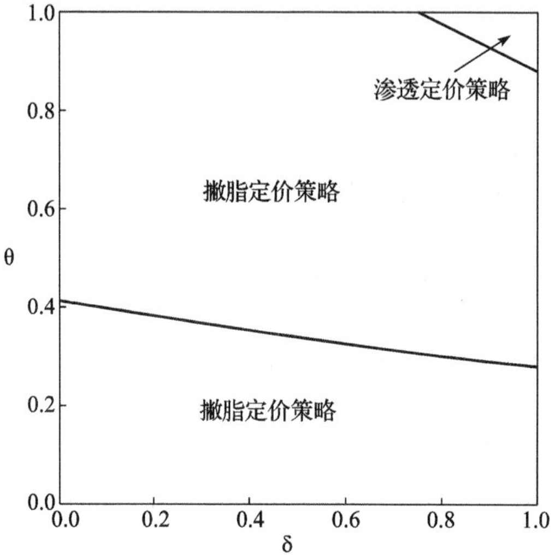

图 3-10 不考虑以旧换新时单品换代策略下的最优定价策略

3.6.2 不考虑以旧换新时共生换代策略下的均衡分析

当企业不考虑以旧换新并采用共生换代策略时的子博弈完美纳什均衡如命题 8 所示。

命题 8 当企业不考虑以旧换新并采用共生换代策略时，每种定价策略下存在唯一的子博弈完美纳什均衡。

（1）当企业采用撇脂定价策略时，存在新产品创新提升水平的两个阈值 $\widetilde{\theta}_1$、$\widetilde{\theta}_2$，使子博弈完美纳什均衡如下。[②]

（1.1）当 $\theta\geqslant\widetilde{\theta}_1$ 时，$p_1^{s*}=\overline{p}_1^{s*}$，$p_2^{s*}=\overline{p}_2^{s*}$，$p_d^{s*}=\overline{p}_d^{s*}$，$q_1^{s*}=0$，$q_2^{s*}=\overline{q}_2^{s*}$，$q_t^{s*}=0$，$q_d^{s*}=0$。

---

① $\widetilde{\theta}_1$ 满足 $4+12\widetilde{\theta}_1+\delta(4+3\delta)\widetilde{\theta}_1^4=\widetilde{\theta}_1^2[-4+8\delta+\delta^2+2(4+6\delta+\delta^2)\widetilde{\theta}_1]$。

② $\widetilde{\theta}_1$ 满足 $4+12\widetilde{\theta}_1+\delta(4+3\delta)\widetilde{\theta}_1^4=\widetilde{\theta}_1^2[-4+8\delta+\delta^2+2(4+6\delta+\delta^2)\widetilde{\theta}_1]$，$\widetilde{\theta}_2$ 满足 $2-\delta\widetilde{\theta}_2(3+6\widetilde{\theta}_2-7\widetilde{\theta}_2^2-2\widetilde{\theta}_2^3)=2\widetilde{\theta}_2^2[5+2\widetilde{\theta}_2-\delta^2(1-\widetilde{\theta}_2)\widetilde{\theta}_2]$。

（1.2）当 $\widetilde{\theta}_2 \leqslant \theta < \widetilde{\theta}_1$ 时，$p_1^{s*} = \overline{p}_1^{s*}$，$p_2^{s*} = \overline{p}_2^{s*}$，$p_d^{s*} = \overline{p}_d^{s*}$，$q_1^{s*} = \overline{q}_1^{s*}$，$q_2^{s*} = \overline{q}_2^{s*}$，$q_t^{s*} = \overline{q}_1^{s*}$，$q_d^{s*} = 0$。

（1.3）当 $\theta < \widetilde{\theta}_2$ 时，$p_1^{s*} = \overline{p}_1^{s*}$，$p_2^{s*} = \overline{p}_2^{s*}$，$p_d^{s*} = \overline{p}_d^{s*}$，$q_1^{s*} = \overline{q}_1^{s*}$，$q_2^{s*} = \overline{q}_2^{s*}$，$q_t^{s*} = \overline{q}_t^{s*}$，$q_d^{s*} = 0$。

其中，$\overline{p}_1^{s*} = \dfrac{(1-\delta\theta)[2+(5+\delta)\theta+(1-\delta)\theta^2]}{4+(7-2\delta)\theta-(1+6\delta)\theta^2}$，

$$\overline{p}_2^{s*} = \frac{\theta(1+\theta)(1-\delta\theta)[6+(12-\delta)\theta-7\delta\theta^2]}{2(1+2\theta-\delta\theta^2)[4+(7-2\delta)\theta-(1+6\delta)\theta^2]},$$

$$\overline{p}_d^{s*} = \frac{\theta(1-\delta\theta)[6+(12-\delta)\theta-7\delta\theta^2]}{2(1+2\theta-\delta\theta^2)[4+(7-2\delta)\theta-(1+6\delta)\theta^2]},$$

$$\overline{q}_1^{s*} = \frac{4+12\theta+(4-8\delta-\delta^2)\theta^2-2(4+6\delta+\delta^2)\theta^3+\delta(4+3\delta)\theta^4}{2(1+2\theta-\delta\theta^2)[4+(7-2\delta)\theta-(1+6\delta)\theta^2]},$$

$$\overline{q}_2^{s*} = \frac{4+4(3-\delta)\theta+(10-13\delta+\delta^2)\theta^2+(4-7\delta+5\delta^2)\theta^3+2(1-\delta)\delta\theta^4}{2(1+2\theta-\delta\theta^2)[4+(7-2\delta)\theta+(1+6\delta)\theta^2]},$$

$$\overline{q}_t^{s*} = 1-\frac{(1+\theta)(1-\delta\theta)[6+(12-\delta)\theta+7\delta\theta^2]}{2(1+2\theta-\delta\theta^2)[4+(7-2\delta)\theta-(1+6\delta)\theta^2]}。$$

（2）当企业采用渗透定价策略时，子博弈完美纳什均衡为

$p_1^{p*} = \dfrac{\delta\theta}{2}$，$p_2^{p*} = \dfrac{\theta}{2}$，$p_d^{p*} = \dfrac{\delta\theta}{4(1+\delta)}$，$q_1^{p*} = \dfrac{2(1+\delta)(2-\delta\theta)+\delta^2\theta}{4(1+\delta)}$，$q_2^{p*} = 0$，$q_t^{p*} = \dfrac{1}{2}$，$q_d^{p*} = \dfrac{\delta\theta}{4}$。

与考虑以旧换新策略类似的是，命题8表明，尽管不考虑以旧换新，但如果企业采用撇脂定价策略，共生换代则会退化为单品换代。而企业采用渗透定价策略时，均衡结果则与单品换代完全不同。但对比两种定价策略，发现其价格趋势规律与单品换代一致，最优定价策略也与单品换代类似，如命题9所示。

命题9　当企业不考虑以旧换新并采用共生换代策略时，存在新产品创新提升水平的阈值 $\widetilde{\theta}_1$，当 $\theta < \widetilde{\theta}_1$ 时，企业会选择撇脂定价策略；当 $\theta \geqslant \widetilde{\theta}_1$ 时，企业会选择渗透定价策略。①

---

① $\widetilde{\theta}_1$ 满足 $4+12\widetilde{\theta}_1+\delta(4+3\delta)\widetilde{\theta}_1^4 = \widetilde{\theta}_1^2[-4+8\delta+\delta^2+2(4+6\delta+\delta^2)\widetilde{\theta}_1]$。

对比企业不考虑以旧换新时采用单品换代与共生换代下的最优利润，得到命题 10。

命题 10 当不考虑以旧换新项目时，企业的最优产品更新换代策略如下。

（1）若企业采用撇脂定价策略，则共生换代和单品换代的利润相同。

（2）若企业采用渗透定价策略，当 $\delta \geqslant 0.5$ 时，则企业选择单品换代策略更优；否则，企业选择共生换代策略。

命题 10 表明，以旧换新的考虑与否对于企业的最优换代策略同样存在显著的影响。当考虑以旧换新时，新产品创新提升水平 θ、老产品残值 s 和消费者策略性程度 δ 这三个参数均决定了企业的最优换代策略。而不考虑以旧换新时，只有消费者策略性程度 δ 会影响企业的最优换代策略。除此之外，值得注意的是，当企业不提供以旧换新时，企业会更有动机选择共生换代策略。换句话说，当企业面临的消费者策略性程度不够强时（$\delta<0.5$），如果企业提供以旧换新，那么其最优换代策略有可能从共生换代策略变为单品换代策略。这是因为，以旧换新项目的存在增强了消费者尽早购买、重复购买产品的动机，从而提高了企业对第一代产品定价获利的能力。从这一角度看，若想让以旧换新项目实施的效果更好，应该尽可能减少消费者等待购买的意愿。由于共生换代方式下老产品降价的可能性，消费者等待购买的意愿更强，因此，为配合以旧换新项目的实施采用单品换代方式更优。

3.6.3 以旧换新的价值

截至目前，我们已经得到了不考虑以旧换新时两种换代方式下企业的最优定价策略。接下来，我们量化以旧换新项目的价值，并研究新产品创新提升水平 θ、老产品残值 s 和消费者策略性程度 δ 这三个参数是如何影响以旧换新项目的价值的。在本小节中，我们将以旧换新的价值定义为单品换代与共生换代方式下，采用以旧换新的最优利润减去不采用以旧换新的最优利润。

图 3-11～图 3-13 各自阐明了在采用最优定价策略的条件下，新产品创新提升水平 θ、老产品残值 s 和消费者策略性程度 δ 这三个参数是如何影响以旧换新项目的价值的。我们用 $\Delta\pi s$ 表示单品换代方式下以旧换新的价值，$\Delta\pi d$

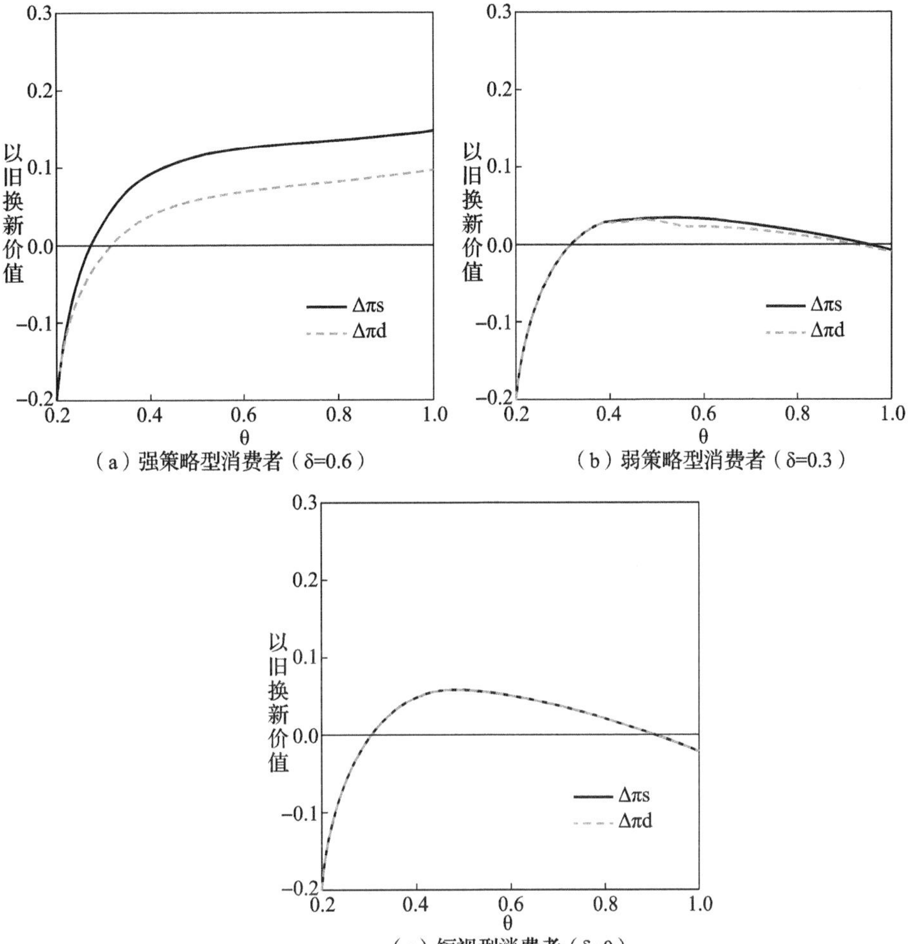

（a）强策略型消费者（δ=0.6）　（b）弱策略型消费者（δ=0.3）

（c）短视型消费者（δ=0）

图 3-11　新产品创新提升水平对于以旧换新价值的影响（s=0.2）

表示发生换代方式下以旧换新的价值。值得一提的是，结果表明，推出以旧换新项目并不总是能为企业带来更高的利润。第一，无论是单品换代还是共生换代方式下，当新产品创新提升水平不足、老产品残值过低或过高、消费者极度短视时，企业推出以旧换新反而会导致利润降低。Yin 和 Tang（2014），Yin 等（2015）的研究结果均表明，在单品换代方式下，只有在新产品创新程度较高时以旧换新才对企业更有利，这与我们的研究结果是相符的。同样地，Bala 和 Carr（2009）也发现，企业并不总是有动机为老顾客提供产品升级折扣的。当消费者极度短视时，他们只考虑眼前利益，所以以旧换新项目的采用并不会显著地影响他们的购买行为。因此在这种情况下，企业无法从以旧换新消费者处获得足够的利润。第二，单品换代方式下以旧换新的价值明显高于共生换代方式。第三，如图 3-11 所示，当消费者远视时，以旧换新的价值会随着新产品创新提升水平的提高而一直增加；但当消费者短视时，则结果不同，以旧换新的价值会随着新产品创新提升水平的提高而先增加后减少。第四，如图 3-12 所示，新产品创新提升水平 θ 和老产品残值 s 之间存在交互作用。具体

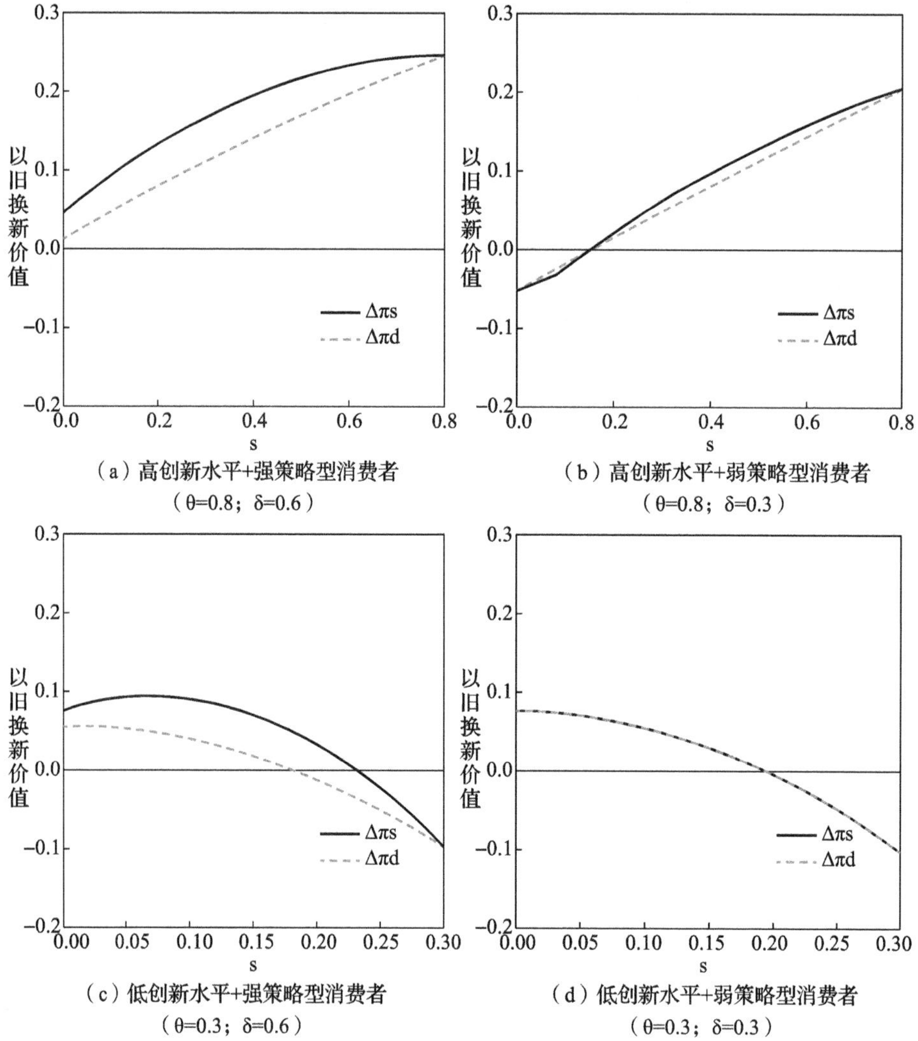

（a）高创新水平+强策略型消费者（θ=0.8；δ=0.6）

（b）高创新水平+弱策略型消费者（θ=0.8；δ=0.3）

（c）低创新水平+强策略型消费者（θ=0.3；δ=0.6）

（d）低创新水平+弱策略型消费者（θ=0.3；δ=0.3）

图 3-12　老产品残值对于以旧换新价值的影响

而言，无论企业采取何种换代方式，当新产品的创新提升水平比较高时，老产品的残值越大，以旧换新的价值越大；而当新产品的创新提升水平比较低时，老产品的残值越大，以旧换新的价值越低。这一发现与 Yin 和 Tang（2014）的研究结果不同，他们认为，老产品的残值对于以旧换新的价值始终保持正向影响。究其原因，我们认为，企业从以旧换新消费者处获得的边际利润会随着老产品残值的增加而降低，另外，当新产品创新不足时对于新产品的定价也无法过高。这两种效应导致了以旧换新价值的降低。第五，如图 3-13 所示，当新产品创新水平较高时，以旧换新的价值会随着消费者策略性的增强而先增加后降低；然而，当新产品创新水平较低时，情况则完全不同。如图 3-13（b）所示，换代方式的不同也会对企业做出是否考虑采用以旧换新决策存在显著影响。当消费者比较远视时，如果企业采用的是单品换代方式，那么考虑为消费者提供以旧换新能显著提高企业利润，而共生换代则不然。

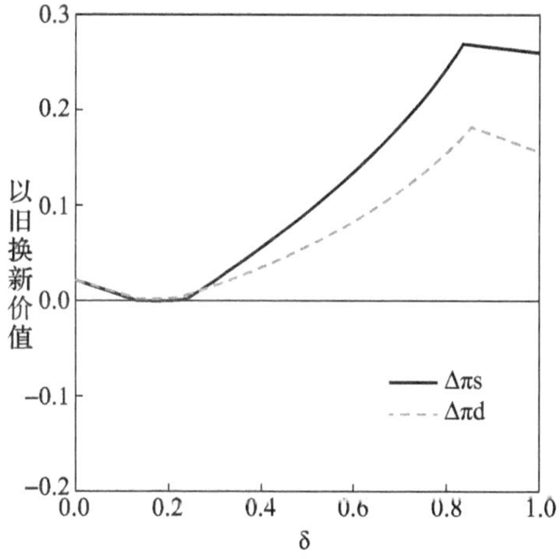

（a）高创新水平（θ=0.8）

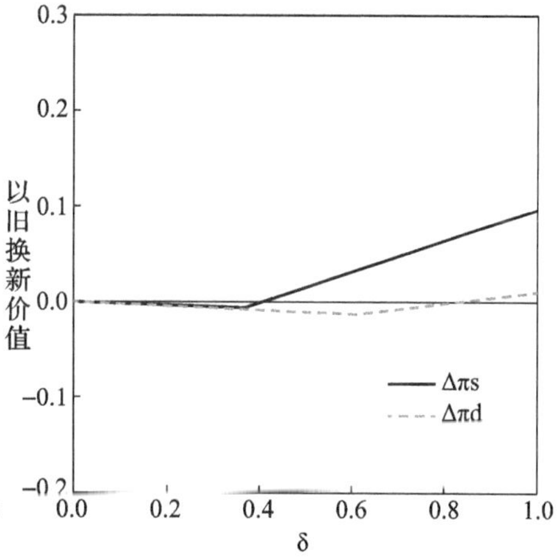

（b）低创新水平（θ=0.3）

图 3-13　消费者策略性程度对于以旧换新价值的影响（s=0.2）

3.7　结论与展望

本章在同时考虑了以旧换新、消费者策略性购买行为、市场异质性以及持续创新产品的背景下，研究了企业的最优产品换代策略与最优定价策略。为了回答上述研究问题，本章通过构造两阶段动态博弈模型，分析了垄断企业和策略型消费者之间基于理性预期的子博弈完美纳什均衡。其中，垄断企业在第一阶段开始前决策其产品换代策略和定价策略，之后在各个阶段决策相应的产品定价和以旧换新折扣。具体而言，在单品换代策略下，老产品会在新产品推出之后逐渐淘汰；而在共生换代策略下，两代产品都会在市场中继续销售。在每种换代策略下，企业都可以选择撇脂定价策略和渗透定价策略。而消费者的策略性体现在，有可能因为预期了未来老产品的降价或新产品的推出而延迟购买。之后，我们求解了企业的最优产品换代策略、最优定价策略及其对应条件，并分析了新产品创新提升水平、老产品残值和消费者策略性程度对于企业利润与最优换代策略的影响。此外，我们量化了企业实施以旧换新项目的价值，并给出了不利于提供以旧换新的条件。

本章分析得到的主要结论如下。

第一，关于均衡。无论企业采用哪种定价与换代策略，所有在第一阶段购买老产品的消费者都会选择在第二阶段以旧换新购买新产品。两种定价策略的不同主要体现在未购买老产品的消费者在第二阶段的选择上。若企业采用撇脂定价策略，则对于老产品的定价会相对较高，在第二阶段仍有未购买老产品的消费者选择购买新产品。若企业采用渗透定价策略，则对于老产品的定价会相对较低，在第二阶段新产品只面向以旧换新的消费者群体，而未购买老产品的消费者都不会选择购买新产品。

第二，关于最优定价策略。无论企业采用哪种换代方式，当消费者策略性较弱、老产品残值相对于新产品创新程度较低时，企业偏好选择撇脂定价策略；当老产品残值相对于新产品创新程度较高时，企业偏好选择渗透定价策略。随着消费者策略性程度的不同，企业的最优定价策略也会发生变化。当消费者策略性相对较弱时，撇脂定价策略与渗透定价策略均有可能作为最优定价策略存在；而当消费者策略性足够强时，最优定价策略恒为渗透定价策略。此外，与单品换代方式相比，企业采用共生换代方式时会更倾向于选择渗透定价策略。

第三，关于最优换代策略。企业在换代方式之间应该如何选择受到新产品创新提升水平、老产品残值和消费者策略性程度的共同影响。具体而言，若企业采用撇脂定价策略，则共生换代退化为单品换代。若企业采用渗透定价策略，则当消费者策略性足够强、老产品残值足够高、新产品创新提升水平比较低时，单品换代策略对于企业而言更优；否则，共生换代策略对于企业而言更优。此外，若不考虑企业选择相同定价策略的限制，单品换代策略在绝大多数情形下优于共生换代策略。

第四，关于以旧换新的价值。以旧换新项目并不总是能为企业带来更高的利润。无论是单品换代方式还是共生换代方式，当新产品创新提升水平不足、老产品残值过低或过高、消费者极度短视时，企业推出以旧换新均会导致利润降低。当消费者比较有策略性时，如果企业采用的是单品换代方式，那么考虑为消费者提供以旧换新能显著提高企业利润，而共生换代则不然。

据我们所知，尚未有文献在考虑策略型消费者和以旧换新的背景下研究企业的最优产品换代策略。本章对于运营管理领域研究企业以旧换新决策和产品换代决策之间的相互影响具有指导意义。企业在进行产品更新换代策略的抉择时，需要综合考虑与其他运营策略的交互影响，譬如产品定价与是否提供以旧换新。另外，企业需要基于对市场中消费者的特征以及自身相邻迭代产品之间的差异进行最优换代策略的确定。当消费者策略性更强、老产品残值更高、新产品创新提升水平更低时，企业应当放弃共生换代方式，转为选择单品换代方式。从这一角度看，本章对于苹果公司在中国市场实行以旧换新项目效果不佳提供了另一种可能的解释，并为其在发展中国家的销售与运营提供了管理建议。除此之外，本章的研究结果对于其他面临产品迭代的高科技、创新型产品也具有一定指导意义。

本章的研究与 Liang 等（2014）的研究密切相关。他们研究了在不同换代方式下企业的最优定价和库存问题，并分析了企业的最优换代策略，研究得到了企业选择单品换代的条件。然而，本章的研究与 Liang 等（2014）的研究存在几点显著区别。第一，我们考虑了企业实施以旧换新以刺激消费者重复购买的行为，并分析了其对于企业最优换代策略的影响；而 Liang 等（2014）并未考虑以旧换新因素。第二，我们分别在单品换代与共生换代方式下探索了企业如何通过定价策略的选择实现不同的消费者市场划分；而 Liang 等（2014）并未考虑不同的定价策略。第三，我们研究的是企业面临规模确定的市场，采用不同换代方式来对消费者进行市场划分；而 Liang 等（2014）的研究中，企业面临规模不确定的市场，其考虑共生换代的目的是清理老产品的剩余库存。第四，Liang 等（2014）在模型中假设市场由有限数量的策略型高端消费者、短视型高端消费者以及无穷多数量的投机商构成，并且，同一类消费者的支付意愿是相同的；而我们的模型中假设消费者全部具有策略性，并且其支付意愿具有异质性。上述区别使我们可以在不同的市场条件下探索企业的最优定价、最优换代与以旧换新等运营策略。

当然，本章仍存在一定的拓展方向供未来研究。首先，尽管本章考虑了消费者的策略性并分析了不同程度策略性的影响，但我们假设市场上的全部消费者策略性相同。今后可以考虑假设消费者的策略性不同，例如，市场同时存在短视型和策略型消费者，这也更贴近现实。其次，本章研究的是垄断企业的情形，未来可以考虑拓展为双寡头竞争。从直觉上看，企业为了保证自己的市场份额与市场地位，会更偏好共生换代策略，因此竞争因素的引入有可能改变企业的最优换代策略。再次，为了数学上求解的方便，本章假设两代产品的边际生产成本相同并标准化为零，将来可以讨论若两代产品成本不同则情况如何。最后，本章假设新产品的创新提升水平是外生给定的，然而在现实中，企业可以通过投入资金与人力进行科学研究与试验发展（R&D），从而影响新产品的创新与质量水平。因此，同时将研发与换代纳入企业考虑范畴也值得将来进行进一步分析。

本章附录

引理 1 证明：

分析企业考虑以旧换新并采用单品换代策略时消费者的四种购买选择，比较对应消费者剩余的斜率与截距，可以得到图 3-2。根据消费者对一代产品支

付意愿 v_1 的不同，可以很容易从图 3-2 中得到不同消费者的最优购买决策。在撇脂定价策略下，存在三个消费者无差异条件，分别是 $u_1(\tau_1)=u_2(\tau_1)$，$u_2(\tau_2)=u_3(\tau_2)$，$u_3(\tau_3)=u_4(\tau_3)$。在渗透定价策略下，存在两个消费者无差异条件，分别是 $u_1(\tau_1)=u_3(\tau_1)$，$u_3(\tau_3)=u_4(\tau_3)$。求解上述无差异条件即可得到对应的 v_1 阈值。

命题 1 证明：

当考虑以旧换新并采用单品换代策略时，企业有两种定价策略可以选择，即撇脂定价策略与渗透定价策略。因此需要分别求解两个最优化定价问题。

（1）当企业采用撇脂定价策略时，第二阶段最优化定价问题的表达式为

$$\max_{p_2,p_t}\pi_2=p_2\left(\frac{p_1-\delta p_2}{1-\delta\theta}-\frac{p_2}{1+\theta}\right)+(p_2-p_t+s)\left(1-\frac{p_2-p_t}{\theta}\right)$$

$$\text{s. t. } 0\leqslant\frac{p_1-\delta p_2}{1-\delta\theta}-\frac{p_2}{1+\theta}\leqslant1-q_1$$

$$0\leqslant1-\frac{p_2-p_t}{\theta}\leqslant q_1$$

$$0\leqslant p_t\leqslant p_2$$

$$p_1>\delta p_2$$

由于 Hessian 矩阵是负定的，目标函数为联合凹函数，可利用一阶条件（First Order Condition）求得无约束下的最优解为：$p_2^*=\dfrac{p_1(1+\theta)}{2(1+\delta)}$，$p_t^*=\dfrac{p_1(1+\theta)}{2(1+\delta)}-\dfrac{1}{2}(\theta-s)$。为了满足第二阶段定价的约束条件，$p_1$ 应该满足：$\dfrac{(\theta-s)(1+\delta)}{1+\theta}\leqslant p_1\leqslant\dfrac{(\theta-s)(1+\delta)(1-\delta\theta)}{\theta(2+\delta-\delta\theta)}$。我们将上述约束增加到第一阶段的最优化定价问题中。

$$\max_{p_1}\pi=p_1\left(1-\frac{p_1-\delta p_2^*}{1-\delta\theta}\right)+p_2^*\left(\frac{p_1-\delta p_2^*}{1-\delta\theta}-\frac{p_2^*}{1+\theta}\right)+(p_2^*-p_t^*+s)\left(1-\frac{p_2^*-p_t^*}{\theta}\right)$$

$$\text{s. t. } 0\leqslant1-\frac{p_1-\delta p_2^*}{1-\delta\theta}\leqslant1$$

$$0 \leqslant p_1 \leqslant 1$$

$$\frac{(\theta-s)(1+\delta)}{1+\theta} \leqslant p_1 \leqslant \frac{(\theta-s)(1+\delta)(1-\delta\theta)}{\theta(2+\delta-\delta\theta)}$$

由于二阶导数小于零，目标函数为凹函数，可利用一阶条件求得无约束下的最优解为：$p_1^* = \frac{2(1+\delta)(1-\delta\theta)}{3+2\delta(1-\theta)-\theta}$。由于 $p_1^* > \frac{(\theta-s)(1+\delta)(1-\delta\theta)}{\theta(2+\delta-\delta\theta)}$ 恒成立，可知上述最优化问题的无约束最优解始终无法满足 $p_1 \leqslant \frac{(\theta-s)(1+\delta)(1-\delta\theta)}{\theta(2+\delta-\delta\theta)}$ 这一约束条件，而其他约束条件均可被满足，因此我们可知，$p_1^* = \frac{(\theta-s)(1+\delta)(1-\delta\theta)}{\theta(2+\delta-\delta\theta)}$ 为上述最优化问题的最优解。

因此，均衡定价和销量为：$p_1^* = \frac{(\theta-s)(1+\delta)(1-\delta\theta)}{\theta(2+\delta-\delta\theta)}$，$p_2^* = \frac{(\theta-s)(1+\theta)(1-\delta\theta)}{2\theta(2+\delta-\delta\theta)}$，$p_t^* = \frac{(\theta-s)(1-\theta-2\delta\theta)}{2\theta(2+\delta-\delta\theta)}$，$q_1^* = \frac{s+\theta}{2\theta}$，$q_2^* = \frac{(\theta-s)(1-\delta)}{2\theta(2+\delta-\delta\theta)}$，$q_t^* = \frac{s+\theta}{2\theta}$。由于当且仅当 $\theta \leqslant \frac{1}{1+2\delta}$ 时，$p_t^* \geqslant 0$，故当 $\theta > \frac{1}{1+2\delta}$ 时，$p_t^* = 0$。

（2）当企业采用渗透定价策略时，第二阶段最优化定价问题的表达式为

$$\max_{p_2, p_t} \pi_2 = p_2 \times 0 + (p_2 - p_t + s)\left(1 - \frac{p_2 - p_t}{\theta}\right)$$

$$\text{s. t. } 0 \leqslant 1 - q_1$$

$$0 \leqslant 1 - \frac{p_2 - p_t}{\theta} \leqslant q_1$$

$$0 \leqslant p_t \leqslant p_2$$

$$p_1 \leqslant \delta p_2$$

由于 Hessian 矩阵是负定的，目标函数为联合凹函数，可利用一阶条件求得无约束下的最优解为：$p_2^* - p_t^* = \frac{1}{2}(\theta - s)$。为了满足第二阶段定价的约束条件，$p_1$ 应该满足：$\frac{1}{2}(\theta-s) \leqslant p_1 \leqslant \frac{(\theta-s)(1+\delta)}{2\theta}$。我们将上述约束增加到第一阶段的最优化定价问题中。

$$\max_{p_1}\pi = p_1\left(1-\frac{p_1}{1+\delta}\right)+p_2^*\times 0+(p_2^*-p_t^*+s)\left(1-\frac{p_2^*-p_t^*}{\theta}\right)$$

$$\text{s. t. } 0\leqslant 1-\frac{p_1-\delta p_2^*}{1-\delta\theta}\leqslant 1$$

$$0\leqslant p_1\leqslant 1$$

$$\frac{1}{2}(\theta-s)\leqslant p_1\leqslant\frac{(\theta-s)(1+\delta)}{2\theta}$$

由于二阶导数小于零，目标函数为凹函数，可利用一阶条件求得无约束下的最优解为：$p_1^*=\frac{1+\delta}{2}$。由于 $p_1^*>\frac{(\theta-s)(1+\delta)}{2\theta}$恒成立，可知上述最优化问题的无约束最优解始终无法满足 $p_1\leqslant\frac{(\theta-s)(1+\delta)}{2\theta}$这一约束条件，而其他约束条件均可被满足，因此我们可知，$p_1^*=\frac{(\theta-s)(1+\delta)}{2\theta}$为上述最优化问题的最优解。

因此，均衡定价和销量为：$p_1^*=\frac{(\theta-s)(1+\delta)}{2\theta}$，$p_2^*=\frac{(\theta-s)(1+\delta)}{2\delta\theta}$，$p_t^*=\frac{(\theta-s)(1+\delta-\delta\theta)}{2\delta\theta}$，$q_1^*=\frac{s+\theta}{2\theta}$，$q_2^*=0$，$q_t^*=\frac{s+\theta}{2\theta}$。

推论 1 证明：

根据命题 1，对比考虑以旧换新并采用单品换代策略，企业采用不同定价策略下的均衡定价与销量，可以得到推论 1。

命题 2 证明：

根据命题 1，对比考虑以旧换新并采用单品换代策略，企业采用不同定价策略下的均衡利润，可以得到企业的最优定价策略。

引理 2 证明：

分析企业考虑以旧换新并采用共生换代策略时消费者的五种购买选择，比较对应消费者剩余的斜率与截距，可以得到图 3-4。根据消费者对一代产品支付意愿 v_1 的不同，可以很容易从图 3-4 中得到不同消费者的最优购买决策。在撇脂定价策略下，存在四个消费者无差异条件，分别是 $u_1(\tau_1)=u_2(\tau_1)$，$u_2(\tau_2)=u_3(\tau_2)$，$u_3(\tau_3)=u_4(\tau_3)$，$u_4(\tau_4)=u_5(\tau_4)$。在渗透定价策略下，存在三个消费者无差异条件，分别是 $u_1(\tau_1)=u_2(\tau_1)$，$u_2(\tau_2)=u_4(\tau_2)$，$u_4(\tau_4)=u_5(\tau_4)$。求解上述无差异条件即可得到对应的 v_1 阈值。

命题 3 证明：

当考虑以旧换新并采用共生换代策略时，企业有两种定价策略可以选择：撇脂定价策略与渗透定价策略。因此需要分别求解两个最优化定价问题。

（1）当企业采用撇脂定价策略时，第二阶段最优化定价问题的表达式为

$$\max_{p_2,p_t,p_d}\pi_2=p_2\left(\frac{p_1-\delta p_2}{1-\delta\theta}-\frac{p_2-p_d}{1+\theta}\right)+(p_2-p_t+s)\left(1-\frac{p_2-p_t}{\theta}\right)+p_d\left(\frac{p_2-p_d}{1+\theta}-p_d\right)$$

$$\text{s. t. }0\leqslant\frac{p_1-\delta p_2}{1-\delta\theta}-\frac{p_2-p_d}{1+\theta}\leqslant 1-q_1$$

$$0\leqslant\frac{p_2-p_d}{1+\theta}-p_d\leqslant 1-q_1$$

$$\frac{p_1-\delta p_2}{1-\delta\theta}-\frac{p_2-p_d}{1+\theta}+\frac{p_2-p_d}{1+\theta}-p_d\leqslant 1-q_1$$

$$0\leqslant 1-\frac{p_2-p_t}{\theta}\leqslant q_1$$

$$0\leqslant p_t\leqslant p_2$$

$$0\leqslant p_d\leqslant p_1$$

$$p_1>\delta p_2$$

由于 Hessian 矩阵是负定的，目标函数为联合凹函数，可利用一阶条件求得无约束下的最优解为：$p_2^*=\dfrac{p_1(1+\theta)}{2(1+\delta)}$，$p_t^*=\dfrac{p_1(1+\theta)}{2(1+\delta)}-\dfrac{1}{2}(\theta-s)$，$p_d^*=\dfrac{p_1}{2(1+\delta)}$。为了满足第二阶段定价的约束条件，$p_1$ 应该满足：$\dfrac{(\theta-s)(1+\delta)}{1+\theta}\leqslant p_1\leqslant\dfrac{(\theta-s)(1+\delta)(1-\delta\theta)}{\theta(2+\delta-\delta\theta)}$。我们将上述约束增加到第一阶段的最优化定价问题中。

$$\max_{p_1}\pi=p_1\left(1-\frac{p_1-\delta p_2^*}{1-\delta\theta}\right)+p_2^*\left(\frac{p_1-\delta p_2^*}{1-\delta\theta}-\frac{p_2^*}{1+\theta}\right)+(p_2^*-p_t^*+s)\left(1-\frac{p_2^*-p_t^*}{\theta}\right)+p_d^*\left(\frac{p_2^*-p_d^*}{1+\theta}-p_d^*\right)$$

$$\text{s. t. } 0\leqslant 1-\frac{p_1-\delta p_2^*}{1-\delta\theta}\leqslant 1$$

$$0\leqslant p_1\leqslant 1$$

$$\frac{(\theta-s)(1+\delta)}{1+\theta}\leqslant p_1\leqslant\frac{(\theta-s)(1+\delta)(1-\delta\theta)}{\theta(2+\delta-\delta\theta)}$$

由于二阶导数小于零，目标函数为凹函数，可利用一阶条件求得无约束下的最优解为：$p_1^*=\frac{2(1+\delta)(1-\delta\theta)}{3+2\delta(1-\theta)-\theta}$。由于 $p_1^*>\frac{(\theta-s)(1+\delta)(1-\delta\theta)}{\theta(2+\delta-\delta\theta)}$恒成立，可知上述最优化问题的无约束最优解始终无法满足 $p_1\leqslant\frac{(\theta-s)(1+\delta)(1-\delta\theta)}{\theta(2+\delta-\delta\theta)}$这一约束条件，而其他约束条件均可被满足，因此我们可知，$p_1^*=\frac{(\theta-s)(1+\delta)(1-\delta\theta)}{\theta(2+\delta-\delta\theta)}$为上述最优化问题的最优解。

因此，均衡定价和销量为：$p_1^*=\frac{(\theta-s)(1+\delta)(1-\delta\theta)}{\theta(2+\delta-\delta\theta)}$，$p_2^*=\frac{(\theta-s)(1+\theta)(1-\delta\theta)}{2\theta(2+\delta-\delta\theta)}$，$p_t^*=\frac{(\theta-s)(1-\theta-2\delta\theta)}{2\theta(2+\delta-\delta\theta)}$，$p_d^*=\frac{(\theta-s)(1-\delta\theta)}{2\theta(2+\delta-\delta\theta)}$，$q_1^*=\frac{s+\theta}{2\theta}$，$q_2^*=\frac{(\theta-s)(1-\delta)}{2\theta(2+\delta-\delta\theta)}$，$q_t^*=\frac{s+\theta}{2\theta}$，$q_d^*=0$。由于当且仅当 $\theta\leqslant\frac{1}{1+2\delta}$时，$p_t^*\geqslant 0$，故当 $\theta>\frac{1}{1+2\delta}$时，$p_t^*=0$。

（2）当企业采用渗透定价策略时，第二阶段最优化定价问题的表达式为

$$\max_{p_2,p_t,p_d}\pi_2=p_2\times 0+(p_2-p_t+s)\left(1-\frac{p_2-p_t}{\theta}\right)+p_d(p_1-\delta p_d-p_d)$$

$$\text{s. t. } 0\leqslant 1-q_1$$

$$0\leqslant p_1-\delta p_d-p_d\leqslant 1-q_1$$

$$0+p_1-\delta p_d-p_d\leqslant 1-q_1$$

$$0\leqslant 1-\frac{p_2-p_t}{\theta}\leqslant q_1$$

$$0\leqslant p_t\leqslant p_2$$

$$0 \leqslant p_d \leqslant p_1$$

$$p_1 \leqslant \delta p_2$$

由于 Hessian 矩阵是负定的，目标函数为联合凹函数，可利用一阶条件求得无约束下的最优解为：$p_2^* - p_t^* = \frac{1}{2}(\theta - s)$，$p_d^* = \frac{p_1}{2(1+\delta)}$。为了满足第二阶段定价的约束条件，$p_1$ 应该满足：$\frac{1}{2}(\theta - s) \leqslant p_1 \leqslant \frac{(\theta - s)(1+\delta)}{\theta(2+\delta)}$。我们将上述约束增加到第一阶段的最优化定价问题中。

$$\max_{p_1} \pi = p_1\left(1 - \frac{p_1}{1+\delta}\right) + p_2^* \times 0 + (p_2^* - p_t^* + s)\left(1 - \frac{p_2^* - p_t^*}{\theta}\right) + p_d^*(p_1 - \delta p_d^* - p_d^*)$$

$$\text{s. t. } 0 \leqslant 1 - \frac{p_1}{1+\delta} \leqslant 1$$

$$0 \leqslant p_1 \leqslant 1$$

$$\frac{1}{2}(\theta - s) \leqslant p_1 \leqslant \frac{(\theta - s)(1+\delta)}{\theta(2+\delta)}$$

由于二阶导数小于零，目标函数为凹函数，可利用一阶条件求得无约束下的最优解为：$p_1^* = \frac{2(1+\delta)}{3+2\delta}$。由于 $p_1^* > \frac{(\theta - s)(1+\delta)}{\theta(2+\delta)}$ 恒成立，可知上述最优化问题的无约束最优解始终无法满足 $p_1 \leqslant \frac{(\theta - s)(1+\delta)}{\theta(2+\delta)}$ 这一约束条件，而其他约束条件均可被满足，因此我们可知，$p_1^* = \frac{(\theta - s)(1+\delta)}{\theta(2+\delta)}$ 为上述最优化问题的最优解。

因此，均衡定价和销量为：$p_1^* = \frac{(\theta - s)(1+\delta)}{\theta(2+\delta)}$，$p_2^* = \frac{(\theta - s)(1+\delta)}{\delta\theta(2+\delta)}$，$p_t^* = \frac{(\theta - s)(2+2\delta - 2\delta\theta - \delta^2\theta)}{2\delta\theta(2+\delta)}$，$p_d^* = \frac{\theta - s}{2\theta(2+\delta)}$，$q_1^* = \frac{s+\theta}{2\theta}$，$q_2^* = 0$，$q_t^* = \frac{s+\theta}{2\theta}$，$q_d^* = \frac{(\theta - s)(1+\delta)}{2\theta(2+\delta)}$。

推论 2 证明：

根据命题 3，对比考虑以旧换新并采用共生换代策略，企业采用不同定价策略下的均衡定价、销量与利润，可以得到推论 2。

命题 4 证明：

根据命题 3，对比考虑以旧换新并采用共生换代策略，企业采用不同定价策略下的均衡利润，可以得到企业的最优定价策略。

命题 5 证明：

根据命题 1 和命题 3，对比考虑以旧换新时，在同样定价策略限制下，企业采用不同换代方式下的均衡利润，可以得到命题 5。

推论 3 证明：

根据命题 1 和命题 3，对比考虑以旧换新时，在同样定价策略限制下，企业采用不同换代方式下的均衡定价与销量，可以得到推论 3。

命题 6 证明：

当不考虑以旧换新并采用单品换代策略时，企业有两种定价策略可以选择：撇脂定价策略与渗透定价策略。因此需要分别求解两个最优化定价问题。

（1）当企业采用撇脂定价策略时，第二阶段最优化定价问题的表达式为

$$\max_{p_2}\pi_2 = p_2\left(\frac{p_1-\delta p_2}{1-\delta\theta}-\frac{p_2}{1+\theta}\right)+p_2\left(1-\frac{p_2}{\theta}\right)$$

$$\text{s. t. } 0\leqslant\frac{p_1-\delta p_2}{1-\delta\theta}-\frac{p_2}{1+\theta}\leqslant 1-q_1$$

$$0\leqslant 1-\frac{p_2}{\theta}\leqslant q_1$$

$$p_1>\delta p_2$$

由于 Hessian 矩阵是负定的，目标函数为联合凹函数，可利用一阶条件求得无约束下的最优解为：$p_2^*=\dfrac{\theta(1+\theta)(1+p_1-\delta\theta)}{2(1+2\theta-\delta\theta^2)}$。为了满足第二阶段定价的约束条件，$p_1$ 应该满足：$\dfrac{\theta(1+\delta)(1-\delta\theta)}{2+(3-\delta)\theta-2\delta\theta^2}\leqslant p_1\leqslant\dfrac{(1+\theta)(1-\delta\theta)}{1+3\theta-2\delta\theta^2}$。我们将上述约束增加到第一阶段的最优化定价问题中。

$$\max_{p_1}\pi=p_1\left(1-\frac{p_1-\delta p_2^*}{1-\delta\theta}\right)+p_2^*\left(\frac{p_1-\delta p_2^*}{1-\delta\theta}-\frac{p_2^*}{1+\theta}\right)+p_2^*\left(1-\frac{p_2^*}{\theta}\right)$$

$$\text{s.t. } 0\leqslant 1-\frac{p_1-\delta p_2^*}{1-\delta\theta}\leqslant 1$$

$$0\leqslant p_1\leqslant 1$$

$$\frac{\theta(1+\delta)(1-\delta\theta)}{2+(3-\delta)\theta-2\delta\theta^2}\leqslant p_1\leqslant\frac{(1+\theta)(1-\delta\theta)}{1+3\theta-2\delta\theta^2}$$

由于二阶导数小于零，目标函数为凹函数，可利用一阶条件求得无约束下的最优解为：$p_1^*=\frac{(1-\delta\theta)[2+(5+\delta)\theta+(1-\delta)\theta^2]}{4+(7-2\delta)\theta-(1+6\delta)\theta^2}$。由于约束下限 $p_1^*\geqslant\frac{\theta(1+\delta)(1-\delta\theta)}{2+(3-\delta)\theta-2\delta\theta^2}$始终被满足，而约束上限 $p_1^*\leqslant\frac{(1+\theta)(1-\delta\theta)}{1+3\theta-2\delta\theta^2}$仅在 $2-\delta\theta(3+6\theta-7\theta^2-2\theta^3)\geqslant 2\theta^2[5+2\theta-\delta^2(1-\theta)\theta]$ 时被满足，同时，当且仅当 $4+12\theta+\delta(4+3\delta)\theta^4\geqslant\theta^2[-4+8\delta+\delta^2+2(4+6\delta+\delta^2)\theta]$ 时，$q_1^*\geqslant 0$。因此，我们用 $\widetilde{\theta}_1$ 和 $\widetilde{\theta}_2$ 表示 θ 的两个阈值，满足 $4+12\widetilde{\theta}_1+\delta(4+3\delta)\widetilde{\theta}_1^4=\widetilde{\theta}_1^2[-4+8\delta+\delta^2+2(4+6\delta+\delta^2)\widetilde{\theta}_1]$ 和 $2-\delta\widetilde{\theta}_2(3+6\widetilde{\theta}_2-7\widetilde{\theta}_2^2-2\widetilde{\theta}_2^3)=2\widetilde{\theta}_2^2[5+2\widetilde{\theta}_2-\delta^2(1-\widetilde{\theta}_2)\widetilde{\theta}_2]$，并且始终有 $\widetilde{\theta}_1>\widetilde{\theta}_2$。因此，均衡定价和销量的表达式如下。

（a）当 $\theta\geqslant\widetilde{\theta}_1$ 时，$p_1^{s*}=\hat{p}_1^{s*}$，$p_2^{s*}=\hat{p}_2^{s*}$，$q_1^{s*}=0$，$q_2^{s*}=\hat{q}_2^{s*}$，$q_t^{s*}=0$。

（b）当 $\widetilde{\theta}_2\leqslant\theta<\widetilde{\theta}_1$ 时，$p_1^{s*}=\hat{p}_1^{s*}$，$p_2^{s*}=\hat{p}_2^{s*}$，$q_1^{s*}=\hat{q}_1^{s*}$，$q_2^{s*}=\hat{q}_2^{s*}$，$q_t^{s*}=\hat{q}_1^{s*}$。

（c）当 $\theta<\widetilde{\theta}_2$ 时，$p_1^{s*}=\hat{p}_1^{s*}$，$p_2^{s*}=\hat{p}_2^{s*}$，$q_1^{s*}=\hat{q}_1^{s*}$，$q_2^{s*}=\hat{q}_2^{s*}$，$q_t^{s*}=\hat{q}_t^{s*}$。

其中，$\hat{p}_1^{s*}=\frac{(1-\delta\theta)[2+(5+\delta)\theta+(1-\delta)\theta^2]}{4+(7-2\delta)\theta-(1+6\delta)\theta^2}$，

$$\hat{p}_2^{s*}=\frac{\theta(1+\theta)(1-\delta\theta)[6+(12-\delta)\theta-7\delta\theta^2]}{2(1+2\theta-\delta\theta^2)[4+(7-2\delta)\theta-(1+6\delta)\theta^2]},$$

$$\hat{q}_1^{s*}=\frac{4+12\theta+(4-8\delta-\delta^2)\theta^2-2(4+6\delta+\delta^2)\theta^3+\delta(4+3\delta)\theta^4}{2(1+2\theta-\delta\theta^2)[4+(7-2\delta)\theta-(1+6\delta)\theta^2]},$$

$$\hat{q}_2^{s*}=\frac{4+4(3-\delta)\theta+(10-13\delta+\delta^2)\theta^2+(4-7\delta+5\delta^2)\theta^3+2(1-\delta)\delta\theta^4}{2(1+2\theta-\delta\theta^2)[4+(7-2\delta)\theta+(1+6\delta)\theta^2]},$$

$$\hat{q}_t^{s*}=1-\frac{(1+\theta)(1-\delta\theta)[6+(12-\delta)\theta+7\delta\theta^2]}{2(1+2\theta-\delta\theta^2)[4+(7-2\delta)\theta-(1+6\delta)\theta^2]}$$。

（2）当企业采用渗透定价策略时，第二阶段最优化定价问题的表达式为

$$\max_{p_2}\pi_2=p_2\times 0+p_2\left(1-\frac{p_2}{\theta}\right)$$

$$\text{s. t. } 0\leqslant 1-q_1$$

$$0\leqslant 1-\frac{p_2}{\theta}\leqslant q_1$$

$$p_1\leqslant \delta p_2$$

由于 Hessian 矩阵是负定的，目标函数为联合凹函数，可利用一阶条件求得无约束下的最优解为：$p_2^*=\frac{\theta}{2}$。为了满足第二阶段定价的约束条件，p_1 应该满足：$p_1\leqslant\frac{\delta\theta}{2}$。我们将上述约束增加到第一阶段的最优化定价问题中。

$$\max_{p_1}\pi=p_1\left(1-\frac{p_1}{1+\delta}\right)+p_2^*\times 0+p_2^*\left(1-\frac{p_2^*}{\theta}\right)$$

$$\text{s. t. } 0\leqslant 1-\frac{p_1}{1+\delta}\leqslant 1$$

$$0\leqslant p_1\leqslant 1$$

$$p_1\leqslant\frac{\delta\theta}{2}$$

由于二阶导数小于零，目标函数为凹函数，可利用一阶条件求得无约束下的最优解为：$p_1^*=\frac{1+\delta}{2}$。由于 $p_1^*>\frac{\delta\theta}{2}$恒成立，可知上述最优化问题的无约束最优解始终无法满足 $p_1\leqslant\frac{\delta\theta}{2}$这一约束条件，而其他约束条件均可被满足，因此我们可知，$p_1^*=\frac{\delta\theta}{2}$为上述最优化问题的最优解。

因此，均衡定价和销量为：$p_1^*=\frac{\delta\theta}{2}$，$p_2^*=\frac{\theta}{2}$，$q_1^*=1-\frac{\delta\theta}{2(1+\delta)}$，$q_2^*=0$，

$q_t^* = \frac{1}{2}$。

命题 7 证明：

根据命题 6，对比不考虑以旧换新并采用单品换代策略，企业采用不同定价策略下的均衡利润，可以得到企业的最优定价策略。

命题 8 证明：

当不考虑以旧换新并采用共生换代策略时，企业有两种定价策略可以选择：撇脂定价策略与渗透定价策略。因此需要分别求解两个最优化定价问题。

（1）当企业采用撇脂定价策略时，第二阶段最优化定价问题的表达式为

$$\max_{p_2, p_d} \pi_2 = p_2\left(\frac{p_1-\delta p_2}{1-\delta\theta} - \frac{p_2-p_d}{\theta}\right) + p_2\left(1-\frac{p_2}{\theta}\right) + p_d\left(\frac{p_2-p_d}{\theta} - p_d\right)$$

$$\text{s. t. } 0 \leqslant \frac{p_1-\delta p_2}{1-\delta\theta} - \frac{p_2-p_d}{\theta} \leqslant 1-q_1$$

$$0 \leqslant \frac{p_2-p_d}{\theta} - p_d \leqslant 1-q_1$$

$$\frac{p_1-\delta p_2}{1-\delta\theta} - \frac{p_2-p_d}{\theta} + \frac{p_2-p_d}{\theta} - p_d \leqslant 1-q_1$$

$$0 \leqslant 1-\frac{p_2}{\theta} \leqslant q_1$$

$$0 \leqslant p_d \leqslant p_1$$

$$p_1 > \delta p_2$$

由于 Hessian 矩阵是负定的，目标函数为联合凹函数，可利用一阶条件求得无约束下的最优解为：$p_2^* = \frac{\theta(1+\theta)(1+p_1-\delta\theta)}{2(1+2\theta-\delta\theta^2)}$，$p_d^* = \frac{\theta(1+p_1-\delta\theta)}{2(1+2\theta-\delta\theta^2)}$。为了满足第二阶段定价的约束条件，$p_1$ 应该满足：$\frac{\theta(1+\delta)(1-\delta\theta)}{2+(3-\delta)\theta-2\delta\theta^2} \leqslant p_1 \leqslant \frac{(1+\theta)(1-\delta\theta)}{1+3\theta-2\delta\theta^2}$。我们将上述约束增加到第一阶段的最优化定价问题中。

$$\max_{p_1} \pi = p_1\left(1-\frac{p_1-\delta p_2^*}{1-\delta\theta}\right) + p_2^*\left(\frac{p_1-\delta p_2^*}{1-\delta\theta} - \frac{p_2^*-p_d^*}{\theta}\right) + p_2^*\left(1-\frac{p_2^*}{\theta}\right) + p_d^*\left(\frac{p_2^*-p_d^*}{\theta} - p_d^*\right)$$

$$\text{s. t. } 0 \leqslant 1-\frac{p_1-\delta p_2^*}{1-\delta\theta} \leqslant 1$$

$$0 \leqslant p_1 \leqslant 1$$

$$\frac{\theta(1+\delta)(1-\delta\theta)}{2+(3-\delta)\theta-2\delta\theta^2} \leqslant p_1 \leqslant \frac{(1+\theta)(1-\delta\theta)}{1+3\theta-2\delta\theta^2}$$

由于二阶导数小于零，目标函数为凹函数，可利用一阶条件求得无约束下的最优解为：$p_1^* = \frac{(1-\delta\theta)[2+(5+\delta)\theta+(1-\delta)\theta^2]}{4+(7-2\delta)\theta-(1+6\delta)\theta^2}$。由于约束下限 $p_1^* \geqslant \frac{\theta(1+\delta)(1-\delta\theta)}{2+(3-\delta)\theta-2\delta\theta^2}$始终被满足，而约束上限 $p_1^* \leqslant \frac{(1+\theta)(1-\delta\theta)}{1+3\theta-2\delta\theta^2}$仅在 $2-\delta\theta(3+6\theta-7\theta^2-2\theta^3) \geqslant 2\theta^2[5+2\theta-\delta^2(1-\theta)\theta]$ 时被满足，同时，当且仅当 $4+12\theta+\delta(4+3\delta)\theta^4 \geqslant \theta^2[-4+8\delta+\delta^2+2(4+6\delta+\delta^2)\theta]$ 时，$q_1^* \geqslant 0$。因此，我们用 $\widetilde{\theta}_1$ 和 $\widetilde{\theta}_2$ 表示 θ 的两个阈值，满足 $4+12\widetilde{\theta}_1+\delta(4+3\delta)\widetilde{\theta}_1^4 = \widetilde{\theta}_1^2[-4+8\delta+\delta^2+2(4+6\delta+\delta^2)\widetilde{\theta}_1]$ 和 $2-\delta\widetilde{\theta}_2(3+6\widetilde{\theta}_2-7\widetilde{\theta}_2^2-2\widetilde{\theta}_2^3) = 2\widetilde{\theta}_2^2[5+2\widetilde{\theta}_2-\delta^2(1-\widetilde{\theta}_2)\widetilde{\theta}_2]$，并且始终有 $\widetilde{\theta}_1 > \widetilde{\theta}_2$。因此，均衡定价和销量如下。

（a）当 $\theta \geqslant \widetilde{\theta}_1$ 时，$p_1^{s*} = \overline{p}_1^{s*}$，$p_2^{s*} = \overline{p}_2^{s*}$，$p_d^{s*} = \overline{p}_d^{s*}$，$q_1^{s*} = 0$，$q_2^{s*} = \overline{q}_2^{s*}$，$q_t^{s*} = 0$，$q_d^{s*} = 0$。

（b）当 $\widetilde{\theta}_2 \leqslant \theta < \widetilde{\theta}_1$ 时，$p_1^{s*} = \overline{p}_1^{s*}$，$p_2^{s*} = \overline{p}_2^{s*}$，$p_d^{s*} = \overline{p}_d^{s*}$，$q_1^{s*} = \overline{q}_1^{s*}$，$q_2^{s*} = \overline{q}_2^{s*}$，$q_t^{s*} = \overline{q}_1^{s*}$，$q_d^{s*} = 0$。

（c）当 $\theta < \widetilde{\theta}_2$ 时，$p_1^{s*} = \overline{p}_1^{s*}$，$p_2^{s*} = \overline{p}_2^{s*}$，$p_d^{s*} = \overline{p}_d^{s*}$，$q_1^{s*} = \overline{q}_1^{s*}$，$q_2^{s*} = \overline{q}_2^{s*}$，$q_t^{s*} = \overline{q}_t^{s*}$，$q_d^{s*} = 0$。

其中，$\overline{p}_1^{s*} = \frac{(1-\delta\theta)[2+(5+\delta)\theta+(1-\delta)\theta^2]}{4+(7-2\delta)\theta-(1+6\delta)\theta^2}$，

$$\overline{p}_2^{s*} = \frac{\theta(1+\theta)(1-\delta\theta)[6+(12-\delta)\theta-7\delta\theta^2]}{2(1+2\theta-\delta\theta^2)[4+(7-2\delta)\theta-(1+6\delta)\theta^2]},$$

$$\overline{p}_d^{s*} = \frac{\theta(1-\delta\theta)[6+(12-\delta)\theta-7\delta\theta^2]}{2(1+2\theta-\delta\theta^2)[4+(7-2\delta)\theta-(1+6\delta)\theta^2]},$$

$$\overline{q}_1^{s*} = \frac{4+12\theta+(4-8\delta-\delta^2)\theta^2-2(4+6\delta+\delta^2)\theta^3+\delta(4+3\delta)\theta^4}{2(1+2\theta-\delta\theta^2)[4+(7-2\delta)\theta-(1+6\delta)\theta^2]},$$

$$\overline{q}_2^{s*}=\frac{4+4(3-\delta)\theta+(10-13\delta+\delta^2)\theta^2+(4-7\delta+5\delta^2)\theta^3+2(1-\delta)\delta\theta^4}{2(1+2\theta-\delta\theta^2)[4+(7-2\delta)\theta+(1+6\delta)\theta^2]},$$

$$\overline{q}_t^{s*}=1-\frac{(1+\theta)(1-\delta\theta)[6+(12-\delta)\theta+7\delta\theta^2]}{2(1+2\theta-\delta\theta^2)[4+(7-2\delta)\theta-(1+6\delta)\theta^2]}。$$

（2）当企业采用渗透定价策略时，第二阶段最优化定价问题的表达式为

$$\max_{p_2,p_d}\pi_2=p_2\times 0+p_2\left(1-\frac{p_2}{\theta}\right)+p_d(p_1-\delta p_d-p_d)$$

$$s.t.\ 0\leqslant 1-q_1$$

$$0\leqslant p_1-\delta p_d-p_d\leqslant 1-q_1$$

$$0+p_1-\delta p_d-p_d\leqslant 1-q_1$$

$$0\leqslant 1-\frac{p_2}{\theta}\leqslant q_1$$

$$0\leqslant p_d\leqslant p_1$$

$$p_1\leqslant \delta p_2$$

由于 Hessian 矩阵是负定的，目标函数为联合凹函数，可利用一阶条件求得无约束下的最优解为：$p_2^*=\frac{\theta}{2}$。为了满足第二阶段定价的约束条件，p_1 应该满足：$p_1\leqslant\frac{\delta\theta}{2}$。我们将上述约束增加到第一阶段的最优化定价问题中。

$$\max_{p_1}\pi=p_1\left(1-\frac{p_1}{1+\delta}\right)+p_2^*\times 0+p_2^*\left(1-\frac{p_2^*}{\theta}\right)+p_d^*(p_1-\delta p_d^*-p_d^*)$$

$$s.t.\ 0\leqslant 1-\frac{p_1}{1+\delta}\leqslant 1$$

$$0\leqslant p_1\leqslant 1$$

$$p_1\leqslant\frac{\delta\theta}{2}$$

由于二阶导数小于零，目标函数为凹函数，可利用一阶条件求得无约束下的最优解为：$p_1^*=\frac{2(1+\delta)}{3+2\delta}$。由于 $p_1^*>\frac{\delta\theta}{2}$恒成立，可知上述最优化问题的无约束最优解始终无法满足 $p_1\leqslant\frac{\delta\theta}{2}$这一约束条件，而其他约束条件均可被满足，

因此我们可知，$p_1^* = \frac{\delta\theta}{2}$为上述最优化问题的最优解。

因此，均衡定价和销量为：$p_1^* = \frac{\delta\theta}{2}$，$p_2^* = \frac{\theta}{2}$，$p_d^* = \frac{\delta\theta}{4(1+\delta)}$，$q_1^* = \frac{2(1+\delta)(2-\delta\theta)+\delta^2\theta}{4(1+\delta)}$，$q_2^* = 0$，$q_t^* = \frac{1}{2}$，$q_d^* = \frac{\delta\theta}{4}$。

命题 9 证明：

根据命题 8，对比不考虑以旧换新并采用共生换代策略，企业采用不同定价策略下的均衡利润，可以得到企业的最优定价策略。

命题 10 证明：

根据命题 6 和命题 8，对比不考虑以旧换新时，在同样定价策略限制下，企业采用不同换代方式下的均衡利润，可以得到命题 10。

第 4 章

面对策略型消费者考虑以旧换新时的最优产品定价策略

4.1 引言

随着技术的发展与经济的进步，在当今时代，制造商越来越频繁地发布新产品来扩大各自的市场份额，与其他企业竞争，以增加自身利润。尤其是在高科技、创新型产品行业（Koca，等，2010），譬如智能手机、笔记本电脑、平板电脑、游戏机、便携音频设备、智能穿戴设备、数码相机等。现如今，由于信息技术的快速发展，一方面，消费者在新产品发布之前有多种方式来预测、了解其价格和功能，其决策日趋策略性，越来越多的消费者会在购买前考虑未来可能的购买选择（Bala 和 Carr，2009；Yin，等，2015）；另一方面，已经购买了老产品的消费者有时会由于新产品价格过高、创新程度不足或者产品更迭过于频繁而拒绝换代购买新产品（Okada，2001；Yin 和 Tang，2014）。

在这一背景下，许多企业为了鼓励消费者重复购买产品提供了以旧换新政策，促使老顾客返还老产品并以一定折扣购买新一代产品（Yin，等，2015；Yin 和 Tang，2014）。例如，2015 年 3 月，苹果公司首次在中国上线了以旧换新项目，官方叫作“Apple 重复使用和循环利用计划”，适用于 iPhone、iPad、iPod、Mac 等多个产品线。之后，2016 年 2 月，苹果公司重新启动了在中国的以旧换新项目（Apple，2016a）。按理说，以旧换新是一种有效刺激消费者重复购买的方式，然而，出人意料的是，苹果公司的以旧换新项目却并不尽如人意（Lee，2015，2016），其在中国的市场份额在推出以旧换新项目后不升反降

(Todayonline，2016)。此外，其年度财报显示，2015 年苹果公司在中国的总收入从第一财季的 16144 百万元降低到最后一个财季的 12518 百万元。究其原因，可能包括以旧换新折扣过低、以旧换新项目过于严苛、新一代产品创新水平不足，以及其他第三方回收机构竞争过于激烈等（Kan，2016；Mogg，2016)。作为应对策略，2016 年 9 月，苹果公司针对 iPhone 推出了一种全新的以旧换新项目，官方叫作“iPhone 年年焕新计划”（Apple，2016b)。与之前推出的“Apple 重复使用和循环利用计划”不同，对于“iPhone 年年焕新计划”，消费者需要在购买 iPhone 7 时就加入该计划，并且可以在来年升级换购 iPhone 8 时抵扣 iPhone 7 售价的 50%作为以旧换新折扣。可以看出，这两种项目的最大区别在于，前者是在新一代产品上市之后才会公布对于老产品的以旧换新折扣，而后者则是在新一代产品发布之前就已经公布了对于当前产品的以旧换新折扣。本质上，两种以旧换新项目对应两种不同的定价方式，即动态定价或预先宣布价格。

众所周知，定价是产品更新换代过程中的重要运营决策之一。在已有文献中，关于定价策略的分类有很多种。从企业决策和宣布产品定价时间的角度出发，动态定价策略和预先宣布价格策略是最为普遍的两种定价方式（Lim 和 Tang，2006)。具体而言，动态定价策略也叫作 Responsive Pricing Strategy 或 Contingent Pricing Strategy，是指企业基于已有的消费者购买信息、其他市场信息和产品研发结果信息等，在各个阶段依次决策产品的价格（Besbes 和 Lobel，2015)。现实生活中动态定价的例子在各行各业都很普遍，譬如电影行业、航空业、服装业等。Amazon（亚马逊）也以采用复杂的动态定价策略而出名(Papanastasiou 和 Savva，2017)。而在消费类电子产品行业，诸多品牌厂商也采用了动态定价策略来对各代产品进行依次定价，例如苹果公司、三星、华为等。与之对比，预先宣布价格策略也叫作 Price Commitment Strategy 或 Posted Pricing Strategy，是企业在新产品发布之前同时决策新老产品的价格，并率先向市场进行公布。在现实生活中，预先宣布升级换代产品价格的例子比较罕见，但确实存在此类现象。尽管升级换代产品存在诸多不确定性，但许多企业在推出新一代产品时仍采用了同样的发行价格，譬如，小米在推出手机小米

1、小米 2、小米 3 时均采用了定价 1999 元；Amazon 每年推出新一代 Kindle Paperwhite 并且销售价格均为 119 美元。除了相同的新一代产品定价规律，小米和 Amazon 也都曾经通过预售的方式预先宣布了新一代产品的价格。除此之外，2017 年苹果公司在销售 iPhone 8 时，也向消费者预售并预先宣布了 iPhone X 的售价。在“iPhone 年年焕新计划”中，苹果公司事先宣布了以旧换新购买新一代产品的折扣。这让我们不禁发问，随着消费者策略性的日益增强，企业在不同定价策略之间的选择有可能影响其实施以旧换新项目的效果吗？是否应该对消费者给出关于产品定价和以旧换新折扣的预先承诺呢？

在策略型消费者行为被人们广泛关注之前，运营管理领域的文献研究大多基于动态定价策略。这是因为，在短视型消费者的假设之下，动态定价策略由于其对市场信息的灵活反应与调整能力，可以在最大限度上“榨取”消费者剩余，从而提高企业自身利润（Dasu 和 Tong，2010）。然而，随着消费者的策略性日益增强，人们越来越多地将未来的购买选择与降价可能性纳入当期决策的考虑因素中，因此，继续采用动态定价策略有可能导致消费者的延迟购买行为（Aviv 和 Pazgal，2008；Correa，等，2016）。此外，现实中很多企业出于促销或清理库存的原因会在新产品推出之后降价销售老产品。这更刺激了消费者的延迟购买，进一步导致恶性循环。因此，在企业提供以旧换新来鼓励消费者重复购买的背景下，研究如何选择定价策略能更好地实现以旧换新项目的预期效果，是十分重要的（Besbes 和 Lobel，2015）。当前已有文献中关于不同定价策略的对比都是基于单代产品的。而本章与已有文献的主要区别在于，以高科技、创新型产品为背景，基于多代产品迭代的特点，研究企业在推出以旧换新项目的情况下应该如何在两种定价策略之间进行权衡。此外，Yin 和 Tang（2014）在单品换代的背景下研究了企业采用动态定价策略时，以旧换新的采用是如何影响其定价和收益的。本章与其差异体现在：一方面，本章假设企业采用共生换代方式，考虑了新产品引入后与老产品之间的竞争，换句话说，消费者策略性等待的目的除了新产品的推出还包括老产品的降价；另一方面，本章对比了两种不同的定价策略，即动态定价策略和预先宣布价格策略，进一步为企业更有效地推出以旧换新项目提供了理论支持和策略建议。

基于上述商业现象，本章旨在研究以下几个问题。第一，面对日益策略性的消费者，当推出以旧换新时，企业在不同定价策略下应该如何定价？与消费者的博弈均衡是什么？第二，企业的最优定价策略是什么？即在什么条件下应该选择动态定价策略？在什么条件下应该选择预先宣布价格策略？第三，企业的最优定价策略如何受到新产品创新提升水平、消费者策略性程度以及老产品残值等因素的影响？第四，企业的最优定价策略如何受到其他因素的影响，譬如换代方式的不同、企业的策略性程度？本章研究的问题适用于高科技、创新型产品行业，譬如智能手机、笔记本电脑、平板电脑、游戏机、便携音频设备、智能穿戴设备、数码相机等。更普遍来说，本章研究的产品处于消耗品和耐用品之间，也就是说，产品本身的使用价值并不会随时间显著降低。然而，随着具有新特性、新功能的升级产品的发布，老一代产品的相对价值会降低，具体体现在对消费者的吸引力以及给消费者带来效用的降低上。与传统耐用品不同的是，高科技、创新型产品的更新换代策略尤为重要。为了回答上述问题，本章从博弈论视角出发，构造了企业和策略型消费者之间的两阶段动态博弈模型，并求解了子博弈完美纳什均衡。具体而言，企业在第一阶段开始前决策定价策略，之后在各个阶段进行相应的价格和以旧换新折扣决策，而消费者则在各个阶段做出购买决策。企业的决策关键在于定价动态性和事先承诺价值之间的权衡。

本章的主要研究结论与贡献如下所述。第一，本章将产品定价策略、以旧换新项目和策略型消费者这三方面的研究整合在一起。据我们所知，尚未有文献在企业持续推出新产品并为策略型消费者提供以旧换新的背景下，研究企业的最优产品定价策略。第二，本章求解了企业和策略型消费者之间的子博弈完美纳什均衡，发现无论企业采用何种定价策略，当老产品的残值足够高时，企业都有动机通过定价让尚未购买产品的消费者在第二阶段购买老产品；而当老产品的残值足够低时，企业则有动机让尚未购买产品的消费者在第二阶段购买新产品。值得一提的是，在两种定价策略下，导致同一种市场划分的两代产品价格定位是截然不同的。第三，我们发现，两种定价策略在此背景下都不是恒占优的。当消费者策略性比较强，而新产品创新提升水平和老产品残值足够低时，企业会倾向于选择预先宣布价格策略。这是因为此时定价的承诺能力能缓解在第二阶段老产品对新产品的竞食效应，从而令企业从新产品的销售中获得更大收益。反之，当消费者策略性比较弱，而新产品创新提升水平和老产品残值足够高时，企业会倾向于选择动态定价策略。这是因为其定价的灵活性能利于企业对相对“短视”的消费者群体实施价格歧视。第四，无论企业在产品迭代时采用的是单品换代方式还是共生换代方式，最优定价策略基本保持不变，并且单品换代方式提高了企业选择预先宣布价格策略的可能性。第五，企业的策略性也会影响最优定价策略，随着企业策略性的增强，预先宣布价格策略的相对优势逐渐降低。第六，从管理实践角度，本章对于苹果公司在中国市场实行以旧换新项目效果不佳提供了另一种可能的解释，并为其在发展中国家的销售提供了运营管理方面的建议。众所周知，苹果公司过去一贯采用动态定价策略，即使是推出了以旧换新之后依旧如此。然而，随着发展中国家消费者的策略性与日俱增，且近年来苹果公司新推出产品的创新程度不足一直为人诟病，根据我们的研究结果，在这种背景下选择预先宣布价格策略是其更优选择。

本章之后的章节安排如下。第 4.2 小节对模型描述与假设进行了介绍。之后，第 4.3 小节分析了动态定价策略与预先宣布价格策略下，消费者的最优购买决策和企业的最优定价决策，并求解了子博弈完美纳什均衡。第 4.4 小节对比了两种定价策略下的企业利润，得到了动态定价策略与预先宣布价格策略的最优条件和影响因素。第 4.5 小节对本章研究进行拓展，分析了企业不同换代方式、企业不同策略性程度对于其最优定价策略的影响。最后，第 4.5 小节对本章的主要结论进行了总结，并对未来的研究方向进行了展望。

4.2 模型描述与假设

4.2.1 企业

本章研究了一个两阶段动态博弈模型。[①] 持续创新的企业在第一阶段推出产品 V_1，之后在第二阶段推出其升级版产品 V_2。企业采用共生换代方式进行产品迭代，即在第一阶段，产品 V_1 以零售价 p_1 在市场上进行销售；在第二阶段，新产品 V_2 以零售价 p_2 在市场上进行销售，而老产品 V_1 以折扣价格 p_d（$0 \leq p_d \leq p_1$）在市场上继续降价销售。此外，为刺激消费者的重复购买与换代行为，企业在第二阶段提供了以旧换新项目，即在第一阶段购买了老产品 V_1 的消费者在第二阶段购买新产品 V_2 时，可以通过把老产品退回给企业的方式获得一定的购买折扣 $p_t(0 \leq p_t \leq p_2)$，这意味着其实际购买新产品 V_2 所支付的价格为 p_2-p_t。企业需要在第一阶段开始前选择产品的定价策略：动态定价策略或预先宣布价格策略。在动态定价策略下，企业在第一阶段决策 p_1，在第二阶段决策 p_2、p_d 和 p_t。在预先宣布价格策略下，企业在第一阶段同时决策 p_1、p_2、p_d 和 p_t。

本章假设 V_1 和 V_2 边际生产成本相同，均为 $c(0 \leq c \leq 1)$，这在以高科技创新型产品为背景的研究中非常普遍（Liang，等，2014；Ray，等，2005）。不失一般性，我们假设边际生产成本为零，这并不会影响我们的主要结论，同

---

① 基于多代产品的研究背景，部分学者采用了多阶段的博弈模型。然而，据我们所知，构建两阶段模型分析企业持续推出多代新产品，以及消费者重复购买等现象的文献在近年来也很常见，譬如：Liang 等（2014）、Zhou 等（2015）、Yin 和 Tang（2014）、Yin 等（2015）。和这些文献类似，我们也考虑了连续推出的两代产品，旨在研究面对策略型消费者并提供以旧换新的企业应该如何进行跨时期的定价决策。一方面，如果考虑多阶段博弈模型的话，问题会变得复杂甚至难以处理。比如，在多阶段的模型中，第二阶段推出的新产品可能在第三阶段进行降价出售，消费者需要在第一阶段购买之前就对第三阶段的降价进行理性预期，这会令问题过于复杂。另一方面，关于两阶段模型的假设在一定程度上也是符合现实的。譬如，苹果公司通常只保留最新的两代产品。在 iPhone 7 推出之后，只有 iPhone 7 和 iPhone 6s 在其官方渠道进行销售。尽管消费者仍然能从其他渠道购买更早版本的产品，例如 eBay、Amazon、京东商城等，但这不在本章的研究范畴内。

时，也符合高科技产品的高研发投入而相对低生产成本的特点（Kornish，2001；Ramachandran，2007；Bala 和 Carr，2009）。老产品 V_1 与新产品 V_2 的创新水平分别为 1 和 1+θ，其中 θ(0≤θ≤1) 表示新产品相对于老产品的创新提升水平（Liang，等，2014）。每一个通过以旧换新回收的老产品 V_1 对于企业具有残值 s(0≤s≤θ)。本章假设 s≤θ，否则已经拥有老产品的消费者将会没有动机购买新产品，而企业将不会对以旧换新消费者收取费用，这与现实是不相符的，同时这一假设也是符合现实情况的。在本章中，我们假设消费者对老产品的支付意愿 v_1 服从［0，1］上的均匀分布，即消费者对老产品支付意愿的最大值被标准化为 1。并且消费者对新产品的支付意愿为（1+θ）v_1，因此，假设 s<θ 在本章中的实际含义为：老产品对于企业的残值（s）低于新产品带来的消费者支付意愿增量的最大值（θ · 1），而并不是低于新产品的创新水平增加量 θ。换言之，如果消费者对老产品的支付意愿 v_1 最大值为 1000，则该假设应为 s<θ · 1000。① 企业是风险中性的，并且以最大化两阶段总利润为目标。在本章中，为了着重关注换代策略与定价策略，与 Bala 和 Carr（2009），Yin 和 Tang（2014），Yin 等（2015）一样，我们假设企业对于两代产品均拥有足够的库存。②

4.2.2　消费者

消费者对于单位创新水平产品的支付意愿具有异质性。具体而言，无论是

① 一方面，这一假设是符合现实的。为了将研究问题核心聚焦到定价策略的对比上，我们没有考虑回收产品翻新再销售的情况。因此，老产品对于企业的残值取决于回收产品的核心零部件以及它们的完好情况。以手机、平板电脑等产品为例，核心零部件主要包括主板、屏幕等，仅占产品本身一部分价值。此外，回收的产品中只有部分产品的零部件工作状况完好，可以直接再次利用，因此从整体上看，回收产品的平均残值远低于新产品的单位生产成本，更是低于新产品在市场上销售时的价值。另一方面，该假设确保了 4.3.1 节命题 1 中均衡价格和均衡销量的非负性与合理性，因此在本章的研究范围内没有办法放松该假设。该假设的存在也是为了排除无意义结果对模型的影响。

② 有限库存和价格不确定性是研究策略型消费者时的两大重要因素。然而，根据 Gönsch 等（2013）对于涉及策略型消费者相关文献的总结，将近 30%的研究中做出了充足库存的假设，其中很多是近年来的研究，譬如 Shum 等（2017）、Papanastasiou 和 Savva（2017）、Yu 等（2016）、Yin 等（2015）、Zhou 等（2015）、Yin 和 Tang（2014）。本章着重研究不同定价策略的影响，因此我们假设两代产品都具有充足库存。该假设与现实在一定程度上也是相符的。对于苹果公司、三星、华为等企业而言，推出新产品后降价销售的老一代产品库存短缺是很少见的。此外，假设库存充足也能使本章模型更易于处理。

在第一阶段还是第二阶段，消费者对老产品 V_1 的支付意愿为 v_1，服从 [0, 1] 上的均匀分布（Bala 和 Carr，2009；Yin 和 Tang，2014；Zhou，等，2015）。而在第二阶段，消费者对新产品 V_2 的支付意愿为 $(1+\theta)v_1$。所有消费者均在第一阶段开始前到达，潜在市场规模确定为 N，不失一般性，我们将 N 标准化为 1。不同消费者的支付意愿具有异质性，且为个人的私有信息，因此企业面临的市场具有异质性。该假设与表述方式在前人文献中也经常可以见到，例如 Bala 和 Carr（2009）、Yin 和 Tang（2014）、Zhou 等（2015）。

消费者是策略性的，体现在消费者在第一阶段做出购买决策时可以对第二阶段的价格（p_2、p_t、p_d）做出理性预期（Dhebar，1994），并且以最大化自身两阶段总消费者剩余，而不仅仅是比较当期消费者剩余是否大于零来决策是否购买。换言之，消费者在做出购买决策时会考虑未来的购买选择和消费者剩余，并且会对未来的消费者剩余以折现因子 $\delta(0\leqslant\delta\leqslant1)$ 进行折现。δ 可以用来衡量消费者的策略性程度，δ 越大表示消费者策略性越强。因此，$\delta=1$ 表示消费者为完全策略型，$\delta=0$ 表示消费者为完全短视型。采用这一方式进行建模的文献包括 Cachon 和 Swinney（2011）、Swinney（2011）、Yin 和 Tang（2014）、Yin 等（2015）、Yu 等（2016）、Shum 等（2017）、Papanastasiou 和 Savva（2017）。本章假设每一个消费者在每一阶段至多只能购买一单位产品，但在不同阶段可以选择重复购买。另外，本章假设不存在二手市场。

4.2.3 博弈结构

本章研究了企业和消费者之间的两阶段动态博弈。我们假设博弈为完全信息结构，即上文提到的参数均为企业和消费者的公共知识。[①] 然而，消费者的

① 关于完全信息假设的合理性体现在三个方面。第一，从现实角度看，随着产品迭代的不断进行，消费者对于新一代产品的创新提升水平已经有了一定的了解。而类似于 MacRumors 和 Decide 的网站也为消费者提供了有关下一代新产品的有效预测信息。譬如，2017 年 9 月 12 日，苹果公司官方发布新一代 iPhone 8 和 iPhone X 之前，MacRumors 网站已经为消费者提供了关于新一代 iPhone 特性与功能的预测，并且绝大部分预测都是准确的。这类现象在其他电子产品上也可以见到，譬如 MacBook、iPod 和 Apple Watch 等。第二，从文献角度，假设新产品创新程度对于消费者而言是公有信息并不罕见，尤其是近年来涉及产品持续创新的研究中，譬如 Liang 等（2014）、Krishnan 和 Ramachandran（2011）。第三，从本章研究问题出发，假设完全信息能够让我们将本章研究重心聚焦于不同定价策略的影响上。

支付意愿对于企业而言是私有信息，企业只知道消费者支付意愿的分布而不知道每个消费者的支付意愿。因此，企业不能对消费者实行完全价格歧视。表 4-1 所示为本章涉及符号及其含义，总结了本章中涉及的符号及其具体含义，其中，上角标“D”和“P”分别代表动态定价策略与预先宣布价格策略。

表 4-1　本章涉及符号及其含义

符号	含义
c	边际生产成本
θ	新产品创新提升水平
s	老产品残值
δ	消费者策略性程度
N	市场规模
v_1	消费者对于一代产品的支付意愿
p_1^D，p_1^P	一代产品在第一阶段的零售价格
p_d^D，p_d^P	一代产品在第二阶段的零售价格
q_1^D，q_1^P	一代产品在第一阶段的销量
q_d^D，q_d^P	一代产品在第二阶段的销量
p_t^D，p_t^P	第二阶段的以旧换新折扣
p_2^D，p_2^P	二代产品在第二阶段的零售价格
q_2^D，q_2^P	二代产品在第二阶段来自新消费者的销量
q_t^D，q_t^P	二代产品在第二阶段来自以旧换新消费者的销量
π_2^D，π_2^P	企业在第二阶段的利润
π^D，π^P	企业在两阶段的总利润

4.3　不同定价策略下的均衡分析

本节分别在动态定价策略和预先宣布价格策略下，分析了企业提供以旧换新并采用共生换代方式时，与策略型消费者之间的博弈，并求解了相应的子博弈完美纳什均衡。

4.3.1 动态定价策略

在动态定价策略下的博弈顺序如图 4-1 所示。具体而言，在第一阶段，企业决策产品 V_1 的零售价格 p_1，而策略型消费者选择购买 V_1 或等待。在第二阶段，企业决策新产品 V_2 的零售价格 p_2、以旧换新折扣 p_t 和老产品 V_1 的折扣价格 p_d。本章采用逆向归纳法进行分析。给定企业第一阶段和第二阶段的定价以及消费者在第一阶段的购买决策，消费者在第二阶段会分为两类：已经购买 V_1 的消费者与尚未购买 V_1 的消费者。在第二阶段，已经购买 V_1 的消费者选择：通过以旧换新购买 V_2、继续使用 V_1。尚未购买 V_1 的消费者选择：降价购买 V_1、原价购买 V_2、什么都不购买。第二阶段消费者的购买选择及对应消费者剩余如表 4-2 所示。

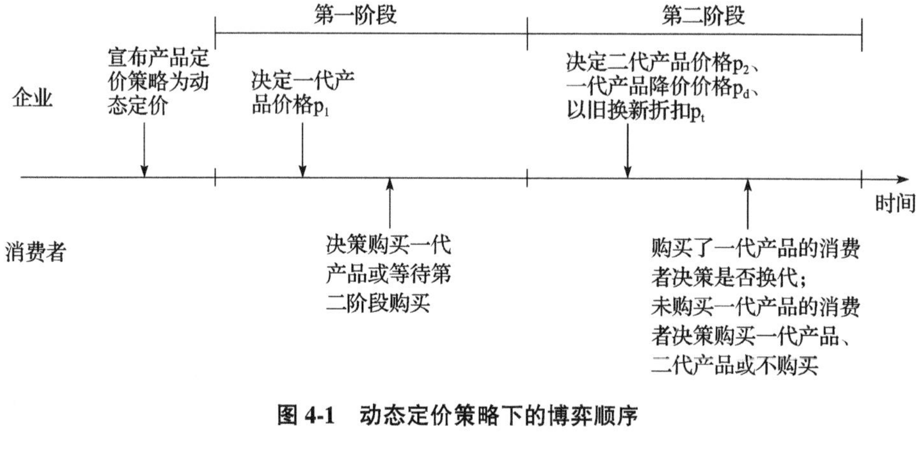

图 4-1 动态定价策略下的博弈顺序

表 4-2 动态定价策略下第二阶段消费者的购买选择及对应消费者剩余

购买选择	已经购买 V_1 消费者的剩余	尚未购买 V_1 消费者的剩余
购买 V_2	$(1+\theta)v_1-p_2+p_t$	$(1+\theta)v_1-p_2$
购买 V_1	—	v_1-p_d
不购买	v_1	0

消费者在第二阶段的最优购买行为符合阈值策略。本章用 τ_2^D、τ_3^D、τ_4^D 表示消费者在第二阶段不同购买行为之间的临界支付意愿。在第二阶段，已经购买 V_1 的消费者中，支付意愿高于 τ_2^D 的消费者选择购买 V_2，低于 τ_2^D 的消费者选择继续使用 V_1。而对于尚未购买 V_1 的消费者，其购买决策有两种可能的情形，并且取决于企业对两种产品的相对价格定位。如表 4-2 所示，消费者更偏好 $V_2(V_1)$，支付意愿高于 τ_3^D 而低于 τ_1^D 的消费者选择购买 $V_2(V_1)$，支付意愿高于 τ_4^D 而低于 τ_3^D 的消费者选择购买 $V_1(V_2)$，而支付意愿低于 τ_4^D 的消费者选择什么都不购买。根据消费者第二阶段购买选择的无差异条件求解得到上述阈值。在情形 I 中，$\tau_2^D=\frac{p_2-p_t}{\theta}$，$\tau_3^D=\frac{p_2-p_d}{\theta}$，$\tau_4^D=p_d$。在情形 II 中，$\tau_2^D=\frac{p_2-p_t}{\theta}$，$\tau_3^D=\frac{p_2-p_d}{\theta}$，$\tau_4^D=\frac{p_2}{1+\theta}$。

接下来，本章用 τ_1^D 表示消费者在第一阶段不同购买行为的临界支付意愿。消费者在第一阶段的最优购买行为也符合阈值策略，即支付意愿高于 τ_1^D 的消费者选择购买 V_1，低于 τ_1^D 的消费者选择等待。企业第二阶段面临的产品需求受到不同情形的影响：在情形 I 中，以旧换新购买 V_2 的需求 $q_t=(1-\tau_2^D)^+$，原价购买 V_2 的需求 $q_2=(\tau_1^D-\tau_3^D)^+$，降价购买 V_1 的需求 $q_d=(\tau_3^D-\tau_4^D)^+$；在情形 II 中，以旧换新购买 V_2 的需求 $q_t=(1-\tau_2^D)^+$，原价购买 V_2 的需求 $q_2=(\tau_3^D-\tau_4^D)^+$，降价购买 V_1 的需求 $q_d=(\tau_1^D-\tau_3^D)^+$。其中，$x^+=\max\{x, 0\}$。

接下来，求解企业在第二阶段的最优定价问题，其表达式如下所示，我们用 π_2 表示企业在第二阶段的利润。

$$\max_{p_2,p_t,p_d} \pi_2=p_2q_2+(p_2-p_t+s)q_t+p_dq_d \tag{4-1}$$

$$\text{s.t. } 0\leqslant q_2\leqslant 1-q_1 \tag{4-2}$$

$$0\leqslant q_d\leqslant 1-q_1 \tag{4-3}$$

$$q_2+q_d\leqslant 1-q_1 \tag{4-4}$$

$$0\leqslant q_t\leqslant q_1 \tag{4-5}$$

$$0\leqslant p_t\leqslant p_2 \tag{4-6}$$

$$0 \leqslant p_d \leqslant p_1 \tag{4-7}$$

上述约束条件保证了企业第二阶段定价和销量的非负性与合理性。具体而言，约束条件（4-2）~（4-4）确保了只有在第一阶段未购买 V_1 的消费者才能在第二阶段以原价购买 V_2 或降价购买 V_1。约束条件（4-5）确保了只有在第一阶段购买了 V_1 的消费者才能在第二阶段以旧换新购买 V_2。约束条件（4-6）保证了以旧换新折扣 p_t 不可以高于 p_2 也不可以低于零，否则企业或消费者总有一方没有动机参与以旧换新。约束条件（4-7）降价折扣表示 p_d 不可以高于 p_1 也不可以低于零。由于 π_2 是关于 p_2、p_t 和 p_d 的联合凹函数，根据一阶条件可以求解得到企业在第二阶段的定价为（两种情形一致）：$p_2^* = \frac{(1+\theta)\tau_1^D}{2}$，$p_t^* = \frac{(1+\theta)\tau_1^D-(\theta-s)}{2}$，$p_d^* = \frac{\tau_1^D}{2}$。

基于企业第二阶段定价的最优反应以及消费者自身的支付意愿，策略型消费者在第一阶段决定购买 V_1 或等待。在情形Ⅰ中，支付意愿为 τ_1^D 的消费者在购买 V_1 和等待 V_2 推出两者中无差异，因为 $0+\delta[(1+\theta)\tau_1^D-p_2^*]=(\tau_1^D-p_1)+\delta(\tau_1^D)$；在情形Ⅱ中，支付意愿为 τ_1^D 的消费者在购买 V_1 和等待 V_1 降价两者中无差异，因为 $0+\delta(\tau_1^D-p_d^*)=(\tau_1^D-p_1)+\delta(\tau_1^D)$。企业第一阶段面临的购买 V_1 的需求 $q_1=(1-\tau_1^D)^+$。接下来，企业选择第一阶段定价 p_1 以最大化两阶段总利润 π，其表达式如下所示。

$$\max_{p_1} \pi = p_1 q_1 + \pi_2^* \tag{4-8}$$

$$\text{s. t. } 0 \leqslant q_1 \leqslant 1 \tag{4-9}$$

$$0 \leqslant p_1 \leqslant 1 \tag{4-10}$$

其中，约束条件（4-9）和（4-10）保证了企业第一阶段定价和销量的非负性与合理性。π_2^* 表示企业在第二阶段的均衡利润。求解企业的第一阶段最优定价决策 p_1，可以得到企业采用动态定价策略时的子博弈完美纳什均衡，如命题 1 所示。

命题 1 在考虑以旧换新和共生换代的背景下，当企业采用动态定价策略时，存在唯一的子博弈完美纳什均衡。

（1）在情形Ⅰ中，$p_1^D=\frac{(\theta-s)(2+\delta-\delta\theta)}{4\theta}$，$p_2^D=\frac{(\theta-s)(1+\theta)}{4\theta}$，$p_t^D=\frac{(\theta-s)(1-\theta)}{4\theta}$，$p_d^D=\frac{\theta-s}{4\theta}$，$q_1^D=\frac{\theta+s}{2\theta}$，$q_2^D=\frac{\theta-s}{2\theta}$，$q_t^D=\frac{\theta+s}{2\theta}$，$q_d^D=0$。

（2）在情形Ⅱ中，$p_1^D=\frac{(\theta-s)(2+\delta)}{4\theta}$，$p_2^D=\frac{(\theta-s)(1+\theta)}{4\theta}$，$p_t^D=\frac{(\theta-s)(1-\theta)}{4\theta}$，$p_d^D=\frac{\theta-s}{4\theta}$，$q_1^D=\frac{\theta+s}{2\theta}$，$q_2^D=0$，$q_t^D=\frac{\theta+s}{2\theta}$，$q_d^D=\frac{\theta-s}{4\theta}$。

（3）若$0\leqslant\delta<\frac{1}{2}$，当$0<s\leqslant\frac{(1-2\delta)\theta}{1+2\delta}$时，企业选择情形Ⅰ，否则企业选择情形Ⅱ；若$\frac{1}{2}\leqslant\delta\leqslant1$时，企业始终选择情形Ⅱ。

根据命题 1，我们可以看出以下几点规律。第一，第一阶段选择等待的消费者中，在情形Ⅰ下部分人会选择原价购买新产品 V_2，在情形Ⅱ下部分人会选择降价购买老产品 V_1。两种情形的差异主要体现在新、老产品的价格定位上。虽然两种情形下均有 $p_1^D\geqslant p_2^D$ 恒成立，但在情形Ⅱ下老产品的价格 p_1^D 更高，而其他价格相同，说明此时 V_1 的降价幅度更大（$p_1^D-p_d^D$ 更大），对消费者而言更具有相对吸引力。因此，在情形Ⅱ下消费者更倾向于选择降价购买老产品 V_1，而在情形Ⅰ下消费者更倾向于选择购买新产品 V_2。此外，当消费者策略性程度较强、老产品残值相对较高（新产品创新不足）时，企业在第二阶段销售更多的 V_1 能带来更多收益，因此此时企业选择情形Ⅱ更优。

第二，在两种情形下均有 $q_1^D=q_t^D$，说明所有在第一阶段购买老产品的消费者都会在第二阶段参加以旧换新购买新产品。这是因为，本章将两代产品的边际生产成本 c 均标准化为零，企业恒有动机让所有老消费者以旧换新购买新产品，以旧换新给企业带来的边际收益 $p_2^D-p_t^D$ 恒高于生产新产品的边际成本 c。因此，在本章假设下，企业总有动机让所有拥有 V_1 的消费者以旧换新购买 V_2。如果假设边际生产成本不为零，这一结论将变为只有部分购买 V_1 的消费者参加以旧换新，并且随着 c 的增加，以旧换新消费者的数量减少。但本章的其他核心结论并不受影响。

第三，两种情形下均有 $p_1^D \geqslant p_2^D$ 恒成立。对应现实中，动态定价策略下，新产品价格低于老产品价格的例子也并不少见，例如，小米手机 MIX 售价为 3499 元起，而新一代 MIX2 售价为 3299 元起；Sony 游戏机 playstation 4（PS4）售价为 399 美元，而新一代 Sony playstation 4 slim（PS4 slim）售价为 299 美元；Sony 耳机 MDR-1000X 售价为 399 美元，而新一代 Sony MDR-1000XM2 售价为 349 美元。

第四，无论新、老产品的定价如何，企业总有动机销售新一代产品。这是因为，如果企业仅销售一代产品，消费者就没有动机重复购买，企业从同一个消费者身上只能获得一次收益。而当企业对老产品进行更新换代时，推出新产品能刺激老消费者进行重复购买，企业可以从重复购买产品的消费者身上获得多次收益。

表 4-3 总结了动态定价策略下均衡价格、销量、利润关于参数 θ、s 和 δ 的敏感性分析结果。第一，新产品创新程度 θ 越高，其定价 p_2^D 越高。由于消费者的策略性，新产品创新程度 θ 对于 p_1^D、p_t^D 和 p_d^D 也有影响。第二，值得注意的是，随着老产品残值 s 的增加，所有定价 p_1^D、p_2^D、p_t^D 和 p_d^D 均降低，拥有老产品的消费者通过以旧换新购买新产品时实际支付的价格 $p_2^D - p_t^D = \frac{\theta - s}{2}$，也随 s 的增加而降低。从消费者的角度来看，老产品对于企业的残值越高，消费者以旧换新需要支付的费用就越少，消费者越有动机参加以旧换新，因此以旧换新的数量 q_t^D 也越多。此外，从企业的角度来看，老产品对于企业的残值越高，企业越有动机提供以旧换新，由于在均衡时所有购买了老产品的消费者都会通过以旧换新购买新产品，因此企业有动机在第一阶段降低老产品定价 p_1^D 来吸引更多的消费者，以扩大重复购买的消费者群体。第三，消费者的策略性程度 δ 仅对总利润 π^D 和老产品定价 p_1^D 有影响。

表 4-3　动态定价策略下均衡价格、销量、利润的敏感性分析

		p_1^D	p_2^D	p_t^D	p_d^D	q_1^D	q_2^D	q_t^D	q_d^D	π^D
情形 I	θ	先↑后↓	↑	先↑后↓	↑	↓	↑	↓	—	↑
	s	↓	↓	↓	↓	↑	↓	↑	—	先↑后↓
	δ	↑	—	—	—	—	—	—	—	↑
情形 II	θ	↑	↑	先↑后↓	↑	↓	—	↓	↑	↑
	s	↓	↓	↓	↓	↑	—	↑	↓	先↑后↓
	δ	↑	—	—	—	—	—	—	—	↑

4.3.2　预先宣布价格策略

在预先宣布价格策略下的博弈顺序如图 4-2 所示。在第一阶段，企业决策并宣布全部定价，包括 p_1、p_2、p_d 和 p_t。消费者则在第一阶段根据企业定价和自身支付意愿 v_1 做出购买决策，以最大化总消费者剩余，即 $u = \max\{u_1, u_2, u_3, u_4, u_5\}$，其中用 $u_i(i=1, \cdots, 5)$ 表示不同购买选择下消费者的两阶段消费者剩余总和，各表达式如表 4-4 所示。

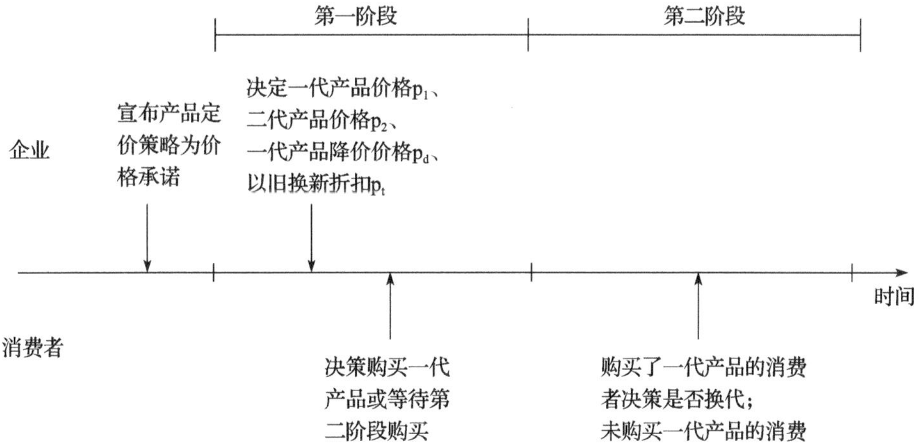

图 4-2　预先宣布价格策略下的博弈顺序

表 4-4 预先宣布价格策略下消费者的购买选择及对应消费者剩余

符号	购买选择	消费者剩余
NN	两阶段均不购买	$u_1=0$
NV_1	第一阶段不购买，第二阶段购买 V_1	$u_2=0+\delta(v_1-p_d)$
NV_2	第一阶段不购买，第二阶段购买 V_2	$u_3=0+\delta[(1+\theta)v_1-p_2]$
V_1N	第一阶段购买 V_1，第二阶段继续使用	$u_4=(v_1-p_1)+\delta(v_1)$
V_1V_2	第一阶段购买 V_1，第二阶段以旧换新购买 V_2	$u_5=(v_1-p_1)+\delta[(1+\theta)v_1-p_2+p_t]$

基于上述分析，我们可以得到不同支付意愿的消费者的最优购买决策，如引理 1 所示。其中，用 τ_1^P、τ_2^P、τ_3^P、τ_4^P 表示消费者不同购买行为之间的临界支付意愿。

引理 1 在考虑以旧换新和共生换代的背景下，当企业采用预先宣布价格策略时，不同支付意愿 v_1 的消费者的最优购买决策如下。

(1) 若 $v_1\in[0, \tau_1^P]$，则 NN 是最优购买决策；

(2) 若 $v_1\in[\tau_1^P, \tau_2^P]$，则 NV_1 是最优购买决策；

(3) 若 $v_1\in[\tau_2^P, \tau_3^P]$，则 NV_2 是最优购买决策；

(4) 若 $v_1\in[\tau_3^P, \tau_4^P]$，则 V_1N 是最优购买决策；

(5) 若 $v_1\in[\tau_4^P, 1]$，则 V_1V_2 是最优购买决策。

根据引理 1，我们可以得到当企业采用预先宣布价格策略时的市场划分，如图 4-3 所示。与动态定价策略类似，在预先宣布价格策略下，随着企业对新、老产品定价的不同，可以产生不同的市场划分情形，支付意愿阈值 τ_1^P、τ_2^P、τ_3^P、τ_4^P 也会有不同的取值。我们根据两代产品 V_1 和 V_2 的销售价格 p_1 和 p_2 对两种定价方式进行定义。在撇脂定价情形下，$p_1>\delta p_2$；在渗透定价情形下，$p_1\leqslant\delta p_2$。由于考虑了消费者的策略性，因此对第二阶段支付的价格 p_2 用 δ 进行折现，再与第一阶段支付的价格 p_1 进行比较。具体而言，在撇脂定价情形下，企业对第一代产品定相对高价以吸引高端用户购买，然后对第二代产品定低价以扩大市场，上述五种消费者购买决策都会存在；而在渗透定价情形下，企业对一代产品定相对低价来拓展市场，然后只针对其中的高端消费推出第二代产品（Besanko 和 Winston，1990；Krishnan 和 Ramachandran，2011），因此只有四种消费者购买决策存在（V_1 的价格相对 V_2 更低，导致 NV_2 购买决策弱占优于 V_1N 购买决策）。处于支付意愿阈值的消费者对于两种购买决策是无差异的，因此我们可以根据消费者的无差异条件求解出上述阈值。在撇脂定价情形下，$\tau_1^P=p_d$，$\tau_2^P=\dfrac{p_2-p_d}{\theta}$，$\tau_3^P=\dfrac{p_1-\delta p_2}{1-\delta\theta}$，$\tau_4^P=\dfrac{p_2-p_t}{\theta}$。在渗透定价情形下，$\tau_1^P=p_d$，$\tau_2^P=\tau_3^P=p_1-\delta p_d$，$\tau_4^P=\dfrac{p_2-p_t}{\theta}$。

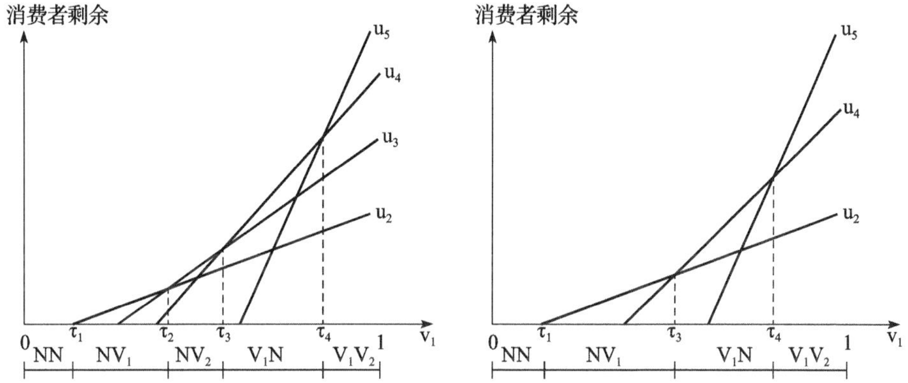

（a）撇脂定价策略（$p_1>\delta p_2$）　　（b）渗透定价策略（$p_1\leqslant\delta p_2$）

图 4-3　预先宣布价格策略下的市场划分

在预先宣布价格策略下，企业的最优化定价问题的表达式为：

$$\max_{p_1,p_2,p_t,p_d}\ \pi=p_1q_1+p_2q_2+(p_2-p_t+s)q_t+p_dq_d \tag{4-11}$$

$$\text{s.t. } 0\leqslant q_1\leqslant 1 \tag{4-12}$$

$$0\leqslant p_1\leqslant 1 \tag{4-13}$$

$$0\leqslant q_2\leqslant 1-q_1 \tag{4-14}$$

$$0\leqslant q_d\leqslant 1-q_1 \tag{4-15}$$

$$q_2+q_d\leqslant 1-q_1 \tag{4-16}$$

$$0\leqslant q_t\leqslant q_1 \tag{4-17}$$

$$0\leqslant p_t\leqslant p_2 \tag{4-18}$$

$$0\leqslant p_d\leqslant p_1 \tag{4-19}$$

$$p_1>\delta p_2 \text{ 或 } p_1\leqslant\delta p_2 \tag{4-20}$$

上述约束条件保证了企业各阶段定价和销量的非负性与合理性。具体而言，约束条件（4-14）~（4-16）确保了只有在第一阶段未购买 V_1 的消费者才能在第二阶段以原价购买 V_2 或降价购买 V_1。约束条件（4-17）确保了只有在第一阶段购买了 V_1 的消费者才能在第二阶段参加以旧换新购买 V_2。约束条件（4-18）保证了以旧换新折扣 p_t 不可以高于 p_2 也不可以低于零，否则企业或消费者总有一方没有动机参加以旧换新。约束条件（4-19）表示降价折扣 p_d 不可以高于 p_1 也不可以低于零。约束条件（4-20）表示两种不同情形的边界条件：$p_1>\delta p_2$ 对应撇脂定价情形，而 $p_1\leqslant\delta p_2$ 对应渗透定价情形。由于 π 是关于 p_1、p_2、p_t 和 p_d 的联合凹函数，根据一阶条件可以求解得到当企业采用预先宣布价格策略时的子博弈完美纳什均衡，如命题 2 所示。

命题 2 在考虑以旧换新和共生换代的背景下，当企业采用预先宣布价格策略时，存在唯一的子博弈完美纳什均衡。

（1）在撇脂定价情形下，$p_1^P=\dfrac{2(1-\delta\theta)}{3-\delta-\theta-\delta\theta}$，$p_2^P=\dfrac{(1+\theta)(1-\delta\theta)}{3-\delta-\theta-\delta\theta}$，$p_t^P=\dfrac{2-(1+\delta)\theta+(1-\delta)\theta^2+s(3-\delta-\theta-\delta\theta)}{2(3-\delta-\theta-\delta\theta)}$，$p_d^P=\dfrac{1-\delta\theta}{3-\delta-\theta-\delta\theta}$，$q_1^P=\dfrac{1-\theta}{3-\delta-\theta-\delta\theta}$，$q_2^P=\dfrac{1-\delta}{3-\delta-\theta-\delta\theta}$，$q_t^P=\dfrac{1-\theta}{3-\delta-\theta-\delta\theta}$，$q_d^P=0$。

（2）在渗透定价情形下，$p_1^P=\dfrac{2}{3-\delta}$，$p_2^P=\dfrac{2}{(3-\delta)\delta}$，$p_t^P=\dfrac{2}{(3-\delta)\delta}-\dfrac{1}{2}(\theta-s)$，$p_d^P=\dfrac{1}{3-\delta}$，$q_1^P=\dfrac{1}{3-\delta}$，$q_2^P=0$，$q_t^P=\dfrac{1}{3-\delta}$，$q_d^P=\dfrac{1-\delta}{3-\delta}$。

（3）若 $0\leqslant\delta\leqslant1-2\theta$，企业始终选择撇脂定价情形；若 $1-2\theta<\delta<1-\theta$，当 $0<s\leqslant1-\delta-\theta$ 时，企业选择撇脂定价情形，否则企业选择渗透定价情形；若 $1-\theta\leqslant\delta\leqslant1$，企业始终选择渗透定价情形。

结合命题 1 与命题 2 我们可以发现，无论企业采取哪种定价策略，都可以通过产品定价来操纵消费者的市场划分。具体而言，当消费者策略性程度较强、老产品残值相对较高（新产品创新不足）时，企业倾向于在第二阶段销售更多的 V_1，且只针对拥有 V_1 的消费者销售新产品 V_2（通过以旧换新方式）；而当消费者策略性程度较低、老产品残值相对较低（新产品创新充足）时，企业倾向于在第二阶段销售更多的 V_2，而不降价销售 V_1。上述市场划分特点在两种定价策略下均类似。

然而，值得注意的是，两种定价策略下相同市场划分的原因却截然不同。在动态定价策略下，无论哪种市场划分都有 $p_1^D \geqslant p_2^D$ 恒成立。然而在预先宣布价格策略下则不然，只有在撇脂定价情形下才有 $p_1^P \geqslant p_2^P$，而渗透定价情形下 $p_1^P \leqslant p_2^P$。正如前文中提到的，在动态定价策略下，选择等待的消费者在第二阶段降价购买老产品的动机在于，老产品降价幅度足够大。然而，在预先宣布价格策略下，由于消费者在做出第一阶段购买决策前已经知道全部定价，因此其选择降价购买老产品的原因不再是老产品降价幅度足够大，而是其价格相对新产品足够低。

另外，从命题 2 中可以看出，当企业采用预先宣布价格策略时，在两种情形下均有 $q_1^P = q_t^P$，说明所有在第一阶段购买 V_1 的消费者都会选择在第二阶段参加以旧换新购买 V_2。其原因与命题 1 动态定价策略下分析的原因类似，在此不再赘述。

表 4-5 总结了预先宣布价格策略下均衡价格、销量、利润关于参数 θ、s 和 δ 的敏感性分析结果。总体而言，动态定价策略和预先宣布价格策略下参数对均衡的影响截然不同。第一，新产品创新程度 θ 对均衡的影响在两种情形下差异显著。在撇脂定价情形下，新产品创新程度 θ 对于 p_1^P、p_2^P 和 p_d^P 均存在正向影响；对于 p_t^P 的影响则先体现为正向影响，而后随着 θ 的增加变为负向影响。在渗透定价情形下，新产品创新程度 θ 对于 p_1^P、p_2^P 和 p_d^P 均没有影响；对于 p_t^P 则是始终为负向影响。第二，老产品残值 s 仅对总利润 π^P 和以旧换新折扣 p_t^P 有影响。其原因在于以下两个方面。一方面，企业提供了以旧换新项目，在均衡时所有购买了老产品的消费者都会通过以旧换新购买新产品；另一方面，企业对于价格的事先宣布与承诺使消费者无须预期第二阶段的定价高低，消费者划分是相对固定不变的。因此，企业只需要保证随着老产品残值 s 的变

化，所有购买了老产品的消费者都会购买新产品即可，这导致了 p_t^P 随 s 递增。第三，随着消费者策略性程度 δ 的增加，p_2^P 和 p_t^P 在撇脂定价情形下递增，而在渗透定价情形下递减。

表 4-5 预先宣布价格策略下均衡价格、销量、利润的敏感性分析

		p_1^P	p_2^P	p_t^P	p_d^P	q_1^P	q_2^P	q_t^P	q_d^P	π^P
撇脂定价情形	θ	↑	↑	先↑后↓	↑	↓	↑	↓	—	先↑后↓
	s	—	—	↑	—	—	—	—	—	↑
	δ	↑	↑	↑	↑	↑	↓	↑	—	↑
渗透定价情形	θ	—	—	↓	—	—	—	—	—	↑
	s	—	—	↑	—	—	—	—	—	↑
	δ	↑	↓	↓	↑	↑	—	↑	↓	↑

4.4 最优产品定价策略

对比两种定价策略下的均衡可以得到命题 3。我们发现，一方面，无论是新产品还是老产品，预先宣布价格策略下的均衡定价均恒高于动态定价策略。然而，均衡销量的比较却刚好相反。当残值的大小满足一定条件时，即使在预先宣布价格策略下，新产品的定价更高（$p_2^D<p_2^P$），然而选择原价购买新产品的消费者数量也更多（$q_2^D<q_2^P$）。同样地，即使在预先宣布价格策略下，降价后老产品的价格更高（$p_d^D<p_d^P$），然而选择降价购买老产品的消费者数量也更多（$q_d^D<q_d^P$）。此外，在动态定价策略下，选择重复购买的消费者群体始终大于预先宣布价格策略（$q_1^D>q_1^P$，$q_t^D>q_t^P$）。

命题 3

（1）$p_1^D<p_1^P$，$p_2^D<p_2^P$，$p_t^D<p_t^P$，$p_d^D<p_d^P$。

（2）$q_1^D>q_1^P$，当 $\frac{\theta(1-3\delta+\theta+\delta\theta)}{-3+\delta+\theta+\delta\theta}<s<1-\delta-\theta$ 时，$q_2^D<q_2^P$，$q_t^D>q_t^P$；当 s>

$\max\left\{\frac{\theta(3\delta-1)}{3-\delta}, 1-\delta-\theta\right\}$时，$q_d^D<q_d^P$。

另一方面，由于 $q_1^D>q_1^P$ 恒成立，说明在本章的研究背景下，预先宣布价格策略并不能缓解消费者的延迟购买行为，这与前人文献存在较大差异。以往关于不同定价策略对比的研究都是基于单代产品、在单阶段或多阶段背景下进行的对比。在大多数情况下，同一种产品的价格会随着时间减少或不随时间改变，因此在考虑企业只销售一种产品的背景下，企业有动机让消费者尽早购买，通过缓解消费者的延迟购买行为从而提升利润。然而，区别于以往文献，本章研究的是两代产品进行迭代的背景。新产品与老产品相比具有创新优势，定价上有可能高于老产品，从而带来更高的边际收益，因此在这一背景下，消费者策略性地等待购买新产品并不一定会给企业带来利润损失。由命题 3 可知，企业采用预先宣布价格策略时的均衡定价恒高于采用动态定价时的均衡定价（$p_1^D<p_1^P$，$p_2^D<p_2^P$，$p_t^D<p_t^P$，$p_d^D<p_d^P$）。因此，尽管 $q_1^D>q_1^P$ 恒成立，企业依旧可以通过采用预先宣布价格策略来提高两期总利润。

接下来，对比两种定价策略下的均衡利润，我们可以得到在考虑以旧换新和共生换代的背景下企业的最优定价策略，如命题 4 和图 4-4 所示。其中，横轴 θ 表示新产品 V_2 相对于老产品 V_1 的创新提升水平，而纵轴 s 表示老产品 V_1 的残值。

命题 4 在考虑以旧换新和共生换代的背景下，存在老产品残值的阈值 $T_1(\theta)\in(0, 1)$，当 $s<T_1(\theta)$ 时，企业选择动态定价策略更优，否则企业选择预先宣布价格策略更优。

命题 4 和图 4-4 呈现了在考虑以旧换新和共生换代的背景下企业的最优定价策略。可以看出，两种定价策略在此背景下都不是恒占优的。具体而言，当消费者策略性比较强，而新产品创新提升水平和老产品残值足够低时，企业更倾向于选择预先宣布价格策略。这是因为，其预先承诺能力能缓解在第二阶段老产品对新产品的竞食效应，从而令企业从新产品的销售中获得更高的收益。反之，当消费者策略性比较弱，而新产品创新提升水平和老产品残值足够高时，企业更倾向于选择动态定价策略。这是因为，其灵活性能使企业更好地对

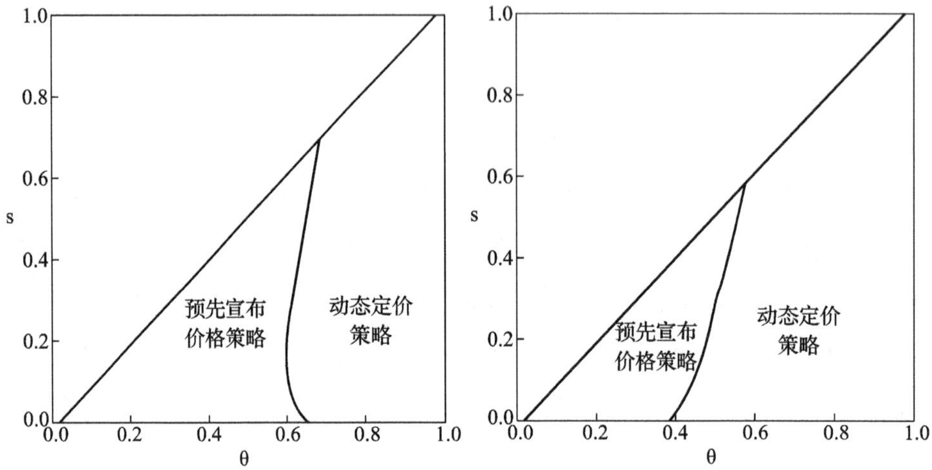

（a）强策略型消费者（δ=0.8）　（b）弱策略型消费者（δ=0.4）

图 4-4　提供以旧换新并采用共生换代方式时的最优定价策略

相对短视的消费者进行价格歧视。此外，随着消费者策略性的提高，企业更倾向于选择预先宣布价格策略。

直观来看，一方面，新产品创新水平越高，其对消费者的吸引力越大。由于以旧换新项目的存在，第一阶段就会有更多的消费者加入重复购买的群体，并且即使是第一阶段尚未购买产品的消费者在第二阶段考虑购买产品时，也会更倾向于购买新产品而不是降价的老产品。在这种情况下，动态定价策略能够更灵活地制定价格，从而提高各阶段主打产品的销量。而另一方面，当新产品创新水平相对较低时，其对消费者的吸引力不足。因此，消费者在第一阶段会更倾向于等待老产品降价，而不是等待新产品的发布，这不仅降低了第二阶段新产品发布后的销量，同时也降低了重复购买的消费者群体规模。在这种情况下，虽然动态定价策略能带来更高的老产品销量，但新老产品之间的激烈竞争显著降低了产品的边际利润。而如果企业采用预先宣布价格策略，其能够对消费者承诺一个相对有吸引力的第二阶段产品定价，以激励消费者在第二阶段购买主打产品。此外，由于预先宣布价格策略下的均衡定价恒高于动态定价策略，企业可以通过事先承诺获得更高的边际利润。

接下来，我们利用数值分析方法研究新产品创新提升水平 θ、老产品残值 s 和消费者策略性程度 δ 这三个重要参数对于企业采用不同定价策略时利润的影响，如图 4-5 至图 4-7 所示。在模型参数设置上，δ = 0. 8、δ = 0. 4、δ = 0 分别代表消费者具有较强的策略性、较弱的策略性、不具有策略性（短视型）；θ = 0. 8、θ = 0. 4 分别代表新产品相比老产品的创新提升水平较高、较低。

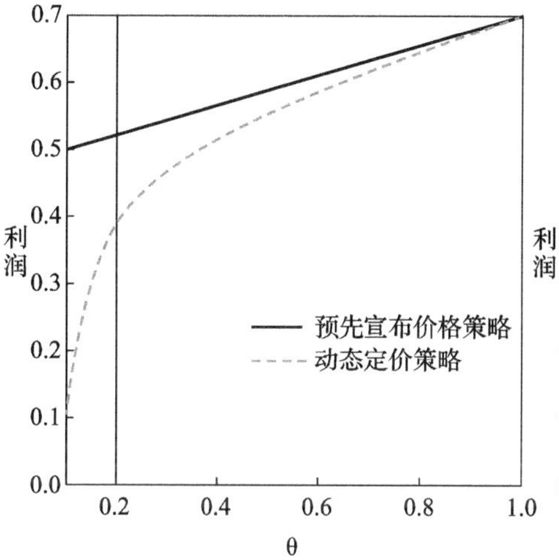

（a）强策略型消费者（δ=0.8）

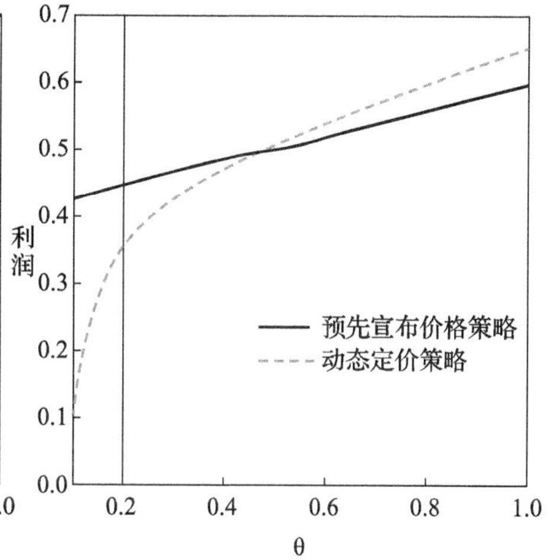

（b）弱策略型消费者（δ=0.4）

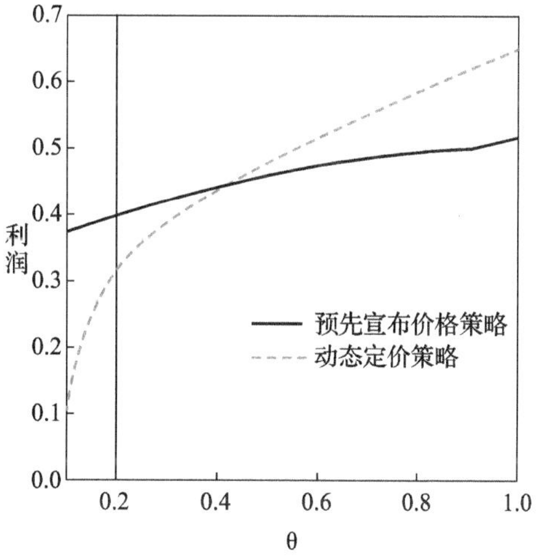

（c）短视型消费者（δ=0）

图 4-5　新产品创新提升水平对于企业利润的影响

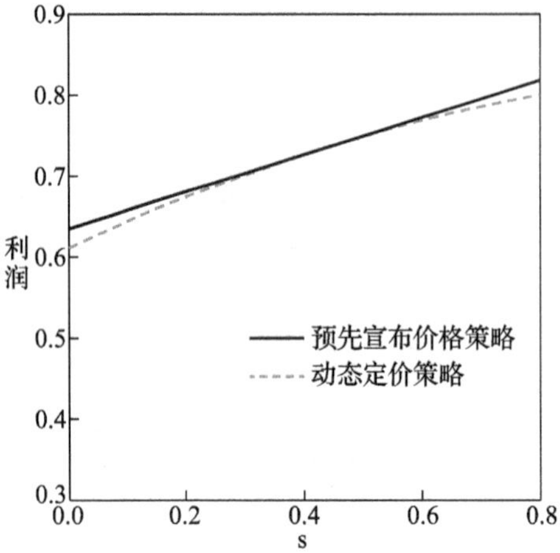

（a）高创新水平+强策略型消费者
（θ=0.8；δ=0.8）

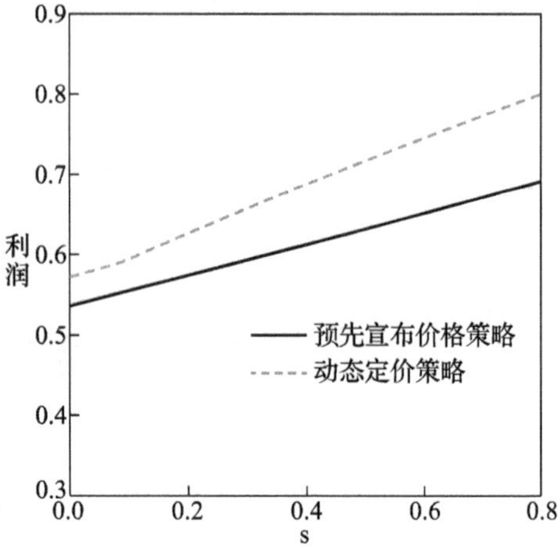

（b）高创新水平+弱策略型消费者
（θ=0.8；δ=0.4）

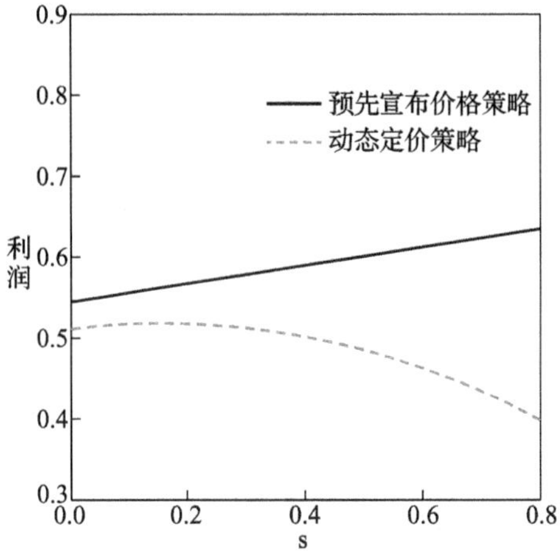

（c）低创新水平+强策略型消费者
（θ=0.4；δ=0.8）

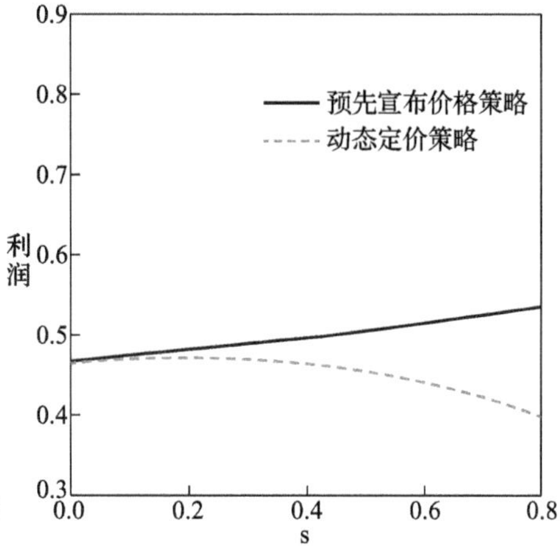

（d）低创新水平+弱策略型消费者
（θ=0.4；δ=0.4）

图 4-6　老产品残值对于企业利润的影响

从数值分析的结果我们同样可以得到不同参数组合下的最优定价策略。如图 4-5（a）、图 4-6（a）和图 4-6（c）所示，当消费者策略性非常强时，对于企业而言预先宣布价格策略总是优于动态定价策略。而如图 4-5（b）和图 4-5（c）所示，随着消费者策略性的降低，动态定价策略逐渐凸显优势，尤其是在新产品创新提升水平较高时。此外，动态定价策略的表现对于新产品创新水平的变化更为敏感。如图 4-6 所示，对于动态定价而言，新产品创新提升水平

θ 和老产品残值 s 之间存在交互作用。具体而言，当新产品的创新提升水平比较高时，老产品的残值越大，动态定价下企业利润越高；而当新产品的创新提升水平比较低时，老产品的残值越大，动态定价下企业利润越低。然而在预先宣布价格策略下并不存在类似的交互作用，企业利润总是随老产品残值的增加而增加的。此外，企业的最优产品定价策略随着新产品的创新提升水平高低的差异也明显不同。当新产品的创新提升水平比较低时，对于企业而言预先宣布价格策略总是优于动态定价策略。图 4-7 揭示了消费者策略性程度对于企业利润的影响，发现企业总是可以获利于消费者策略性的增强。

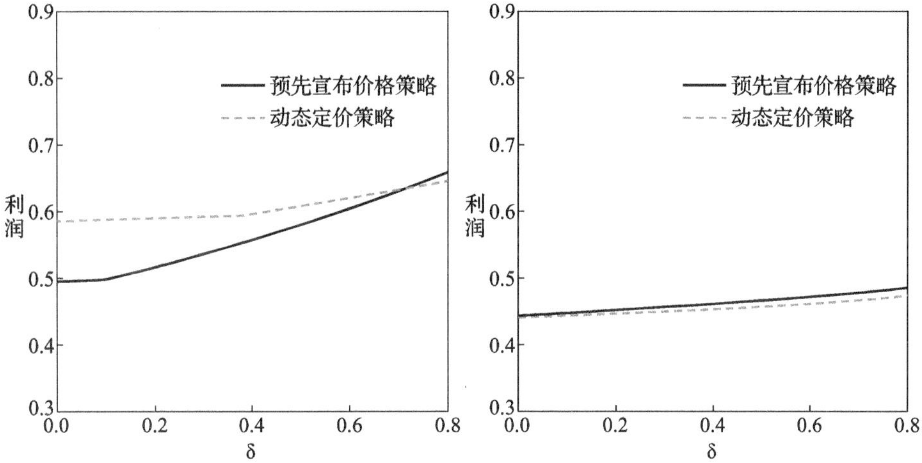

（a）高创新水平（θ=0.8）　（b）低创新水平（θ=0.4）

图 4-7　消费者策略性程度对于企业利润的影响

最后，从理论分析和数值分析中我们可以得到以下主要结论：当消费者策略性比较弱，而新产品创新提升水平和老产品残值足够高时，企业会倾向于选择动态定价策略；而当消费者策略性比较强，新产品创新提升水平和老产品残值比较低时，企业会倾向于选择预先宣布价格策略。

4.5　扩展模型

在上述分析中，我们假设企业在新产品的更迭过程中采用共生换代方式，并且企业对于两个阶段的收益并无差异。在本节中，我们将研究进行扩展，考虑企业采用单品换代方式、企业对未来收益存在折现因子等因素对于企业最优产品定价策略的影响。

4.5.1 考虑单品换代的扩展

当发布新产品时，有些企业选择共生换代方式，即在推出新产品后继续降价销售老产品，譬如苹果公司、三星和华为；而有些企业则选择单品换代方式，即在推出新产品时逐步淘汰老产品，譬如 Fitbit、Amazon Kindle 和 Amazon Echo。基于前文的分析，企业采用共生换代方式时，最优定价策略是关于老产品残值和新产品创新提升水平的阈值策略。然而，换代方式的差异对于企业的最优定价策略会产生什么影响呢？结果是否会保持一致？我们首先在考虑以旧换新和单品换代的背景下，分别求解了动态定价策略和预先宣布价格策略下的子博弈完美纳什均衡，如命题 5 和命题 6 所示。

命题 5 在考虑以旧换新和单品换代的背景下，当企业采用动态定价策略时，存在唯一的子博弈完美纳什均衡：$p_1^D=\frac{(\theta-s)(2+\delta-\delta\theta)}{4\theta}$，$p_2^D=\frac{(\theta-s)(1+\theta)}{4\theta}$，$p_t^D=\frac{(\theta-s)(1-\theta)}{4\theta}$，$q_1^D=\frac{\theta+s}{2\theta}$，$q_2^D=\frac{\theta-s}{2\theta}$，$q_t^D=\frac{\theta+s}{2\theta}$。

命题6 在考虑以旧换新和单品换代的背景下，当企业采用预先宣布价格策略时，存在唯一的子博弈完美纳什均衡。

（1）在撇脂定价情形下，$p_1^P=\frac{2(1-\delta\theta)}{3-\delta-\theta-\delta\theta}$，$p_2^P=\frac{(1+\theta)(1-\delta\theta)}{3-\delta-\theta-\delta\theta}$，$p_t^P=\frac{2-(1+\delta)\theta+(1-\delta)\theta^2+s(3-\delta-\theta-\delta\theta)}{2(3-\delta-\theta-\delta\theta)}$，$q_1^P=\frac{1-\theta}{3-\delta-\theta-\delta\theta}$，$q_2^P=\frac{1-\delta}{3-\delta-\theta-\delta\theta}$，$q_t^P=\frac{1-\theta}{3-\delta-\theta-\delta\theta}$。

（2）在渗透定价情形下，$p_1^P=\frac{1+\delta}{2}$，$p_2^P=\frac{1+\delta}{2\delta}$，$p_t^P=\frac{1+\delta}{2\delta}-\frac{1}{2}(\theta-s)$，$q_1^P=\frac{1}{2}$，$q_2^P=0$，$q_t^P=\frac{1}{2}$。

(3) 若 $0 \leqslant \delta \leqslant 1-2\theta$，企业始终选择撇脂定价情形；若 $1-2\theta<\delta<1-\theta$，当 $0<s \leqslant 1-\delta-\theta$ 时，企业选择撇脂定价情形，否则企业选择渗透定价情形；若 $1-\theta \leqslant \delta \leqslant 1$，企业始终选择渗透定价情形。

从上述命题中我们可以看出，换代方式的不同令均衡发生了很大改变。当企业采用动态定价策略时，均衡中不再区分不同市场划分的情形。这是因为在动态定价策略的均衡下，$p_1^D>p_2^D$ 恒成立。而由于在预先宣布价格策略的均衡下，撇脂定价和渗透定价导致 p_1^P 和 p_2^P 的相对高低不同，因此即使不存在第二阶段降价销售老产品的可能，但两种情形依旧存在。在撇脂定价情形下，即便企业提供了在第二阶段降价购买老产品的选项，也没有消费者选择降价购买 V_1，因此共生换代将会退化为单品换代。接下来，对比两种定价策略下的均衡利润，我们得到在考虑以旧换新和单品换代的背景下企业的最优定价策略，如命题 7 和图 4-8 所示。其中，横轴 θ 表示新产品 V_2 相对于老产品 V_1 的创新提升水平，而纵轴 s 表示老产品 V_1 的残值。

命题 7　在考虑以旧换新和共生换代的背景下，存在老产品残值的阈值 $T_2(\theta) \in (0,\ 1)$，当 $s<T_2(\theta)$ 时，企业选择动态定价策略更优，否则企业选择预先宣布价格策略更优。

对比图 4-8 和图 4-4 我们可以看出，无论企业选择单品换代方式还是共生换代方式，企业的最优定价策略基本保持不变，都是关于老产品残值和新产品创新提升水平的阈值策略。当老产品残值和新产品创新提升水平都相对较低时，企业会选择预先宣布价格策略；当老产品残值和新产品创新提升水平都相对较高时，企业会选择动态定价策略。且消费者策略性程度越高，预先宣布价格策略的优势越大。然而两种换代方式下的阈值不同，并且单品换代方式提高了企业选择预先宣布价格策略的可能性。

4.5.2　考虑企业的策略性的扩展

接下来，我们考虑企业的策略性，即研究企业对未来收益存在折现时对于企业最优产品定价策略的影响。令 $\beta(0 \leqslant \beta \leqslant 1)$ 表示企业的折现因子，也可以

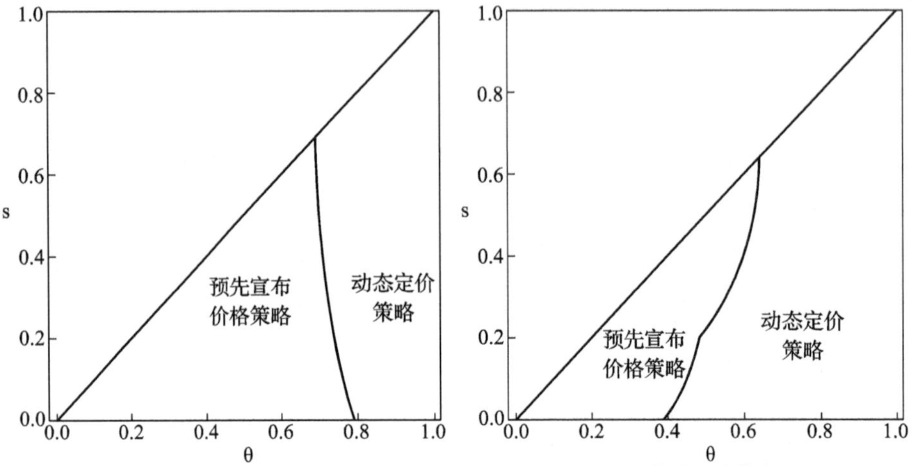

（a）强策略型消费者（δ=0.8）（b）弱策略型消费者（δ=0.4）

图 4-8 提供以旧换新并采用单品换代方式时的最优定价策略

看作是企业的策略性程度（Shum，等，2017）。本节采用数值分析方法研究，总共 324 种情形（关于均衡分析的取值参见本章附录）。具体参数假设如下：$\beta \in \{0, 0.2, 0.4, 0.6, 0.8, 1.0\}$，$\delta \in \{0, 0.2, 0.4, 0.6, 0.8, 1.0\}$，$\theta \in \{0.4, 0.7, 1.0\}$，$s \in \{0.1, 0.2, 0.3\}$。其中，$\beta=0$、$\beta=0.2$、$\beta=0.4$、$\beta=0.6$、$\beta=0.8$、$\beta=1.0$ 分别表示企业从短视到策略性的变化。通过对比两种定价方式下的折现总利润，研究不同企业的策略性程度下两种定价策略的最优百分比如表 4-6 所示。

表 4-6 两种定价策略的最优百分比

	动态定价策略/%	预先宣布价格策略/%	汇总/%
$\beta=0$	0.00	100.00	100.00
$\beta=0.2$	16.67	83.33	100.00
$\beta=0.4$	27.78	72.22	100.00
$\beta=0.6$	44.44	55.56	100.00
$\beta=0.8$	62.96	37.04	100.00
$\beta=1.0$	85.19	14.81	100.00
汇总	39.51	60.49	100.00

如表 4-6 所示，不仅消费者的策略性会影响两种定价方式的相对表现，企业的策略性也会对其产生影响。随着企业策略性程度 β 的增加，动态定价策略最优的百分比增加。具体而言，当 $\beta=0$ 时，企业会百分之百选择预先宣布价格策略。虽然现实中企业不会完全不在意未来阶段收益，为了分析的完整性，我们还是将这种极端特殊的情形纳入考虑。当 $\beta=0.2$、$\beta=0.4$、$\beta=0.6$ 时，动态定价策略逐渐开始成为最优策略，然而最优比例仍低于预先宣布价格策略。这是因为随着企业变得更加策略性，第二阶段的收益对于企业而言变得更加重要。因此，面对同样具有策略性的消费者，企业需要在预先宣布价格策略对于策略性购买行为的缓解能力和动态定价策略的灵活反应能力之间进行平衡。当 $\beta=0.8$、$\beta=1.0$ 时，企业会在更多的情形下选择动态定价策略。这是因为企业对第二阶段收益的重视程度逐渐增加（直到与第一阶段收益同等重要），使动态定价策略的灵活反应能力能给企业带来更高的第二阶段收益。

4.6　结论与展望

本章在同时考虑了以旧换新、消费者策略性购买行为、市场异质性以及持续创新产品的背景下，通过构造两阶段动态博弈模型，分析企业和策略型消费者之间子博弈完美纳什均衡，研究了企业的最优产品定价策略。其中，企业在第一阶段开始前决策其产品定价策略，之后在各个阶段决策相应的产品定价。具体而言，在动态定价策略下，企业在第一阶段决策老产品定价，在第二阶段决策新产品定价、老产品降价折扣和以旧换新折扣。在预先宣布价格策略下，企业在第一阶段同时决策老产品定价、新产品定价、老产品降价折扣和以旧换新折扣。而消费者的策略性体现在，有可能因为预期了未来老产品的降价或新产品的推出而推迟购买。之后，我们求解了企业的最优定价策略及其对应条件，并分析了新产品创新提升水平、老产品残值和消费者策略性程度对于企业利润与最优定价策略的影响。此外，我们还分析了企业的最优定价策略如何受到换代方式、企业策略性等因素的影响。

本章分析得到的主要结论如下。

第一，关于均衡。无论采用何种定价策略，企业都可以通过新、老两代产品的相对价格来实现不同的消费者划分。当企业在第二阶段为消费者提供降价销售老产品时，消费者可以选择购买降价的老产品，也可以选择购买新推出的升级产品，这取决于企业对两代产品的相对定价。无论采用何种定价策略，当消费者策略性程度较强、老产品残值相对较高（新产品创新不足）时，企业有动机让尚未购买产品的消费者在第二阶段购买老产品；而当消费者策略性程度较低、老产品残值相对较低（新产品创新充足）时，企业则有动机让尚未购买产品的消费者在第二阶段购买新产品。值得一提的是，两种定价策略下相同市场划分的原因却截然不同。在动态定价策略下，选择等待的消费者在第二阶段降价购买老产品的动机在于，老产品降价幅度足够大。然而，在预先宣布价格策略下，消费者做出第一阶段购买决策前已经知道全部定价，因此其选择降价购买老产品的原因不再是老产品降价幅度足够大，而是其价格相对新产品足够低。

第二，关于最优定价策略。两种定价策略在此背景下都不是恒占优的。当消费者策略性比较强，而新产品创新提升水平和老产品残值足够低时，企业会倾向于选择预先宣布价格策略，因为此时定价的承诺能力能缓解在第二阶段老产品对新产品的竞食效应，从而令企业从新产品的销售中获得更大收益。反之，当消费者策略性比较弱，而新产品创新提升水平和老产品残值足够高时，企业会倾向于选择动态定价策略，因为其灵活性能使企业更好地对相对短视的消费者进行价格歧视。此外，随着消费者策略性的提高，企业更倾向于选择预先宣布价格策略而不是动态定价策略。

第三，关于换代方式、企业策略性因素对最优定价策略的影响。当企业在产品迭代时可以选择是单品换代方式还是共生换代方式时，尽管换代方式的不同令均衡发生了很大改变，但是最优定价策略基本保持不变，都是关于老产品残值和新产品创新提升水平的阈值策略。当老产品残值和新产品创新提升水平都相对较低时，企业会选择预先宣布价格策略；当老产品残值和新产品创新提升水平都相对较高时，企业会选择动态定价策略。且消费者策略性程度越高，预先宣布价格策略的优势就越大。然而两种换代方式下的阈值不同，并且单品换代方式提高了预先宣布价格策略的最优区间。

第四，企业的策略性也会影响最优定价策略。随着企业策略性的增强，预先宣布价格策略的相对优势逐渐降低。这是因为随着企业放在第二阶段的收益上的重心逐渐增加，动态定价策略的灵活反应能力能给企业带来更高的第二阶段收益。

基于本章的研究成果，可以对相关的高科技、创新型产品行业以及有意愿通过以旧换新刺激消费的企业提供以下的参考建议。第一，企业在不同产品定价策略之间的选择取决于新、老产品之间的价值差异。如果企业推出的新产品创新性明显，则应该选择动态定价策略；反之，应该选择预先宣布价格策略。第二，企业的最优产品定价策略还受到市场中消费者的策略性高低的影响。当市场中消费者策略性极强时，企业应该选择预先宣布价格策略，以进一步缓解消费者的策略性等待行为；当市场中消费者相对比较短视时，企业应该选择动态定价策略。第三，老产品残值的增加对于企业利润的影响并不是恒递增的。当企业选择动态定价策略时，在一定情况下企业利润会随着老产品残值的增加而减少。因此，这进一步说明了企业选择合适的定价策略的重要性。

当然，本章仍存在一定的拓展方向供未来研究。首先，除了事先承诺产品定价之外，企业还可以通过事先承诺产量或事后承诺产品的可获得性缓解策略型消费者的购买行为对于企业利润的影响。在企业推出持续创新产品背景下，探索其他形式的承诺对于企业利润的影响是值得研究的。其次，本章假设新产品的创新提升水平是外生给定的，然而在现实中，企业可以通过投入资金与人力进行研发，从而影响新产品的创新与质量水平。因此，同时将研发与换代纳入企业考虑范畴也值得将来进行进一步分析。再次，新产品的创新提升水平对于企业而言也有可能是无法事先确定的，企业和消费者都只能在研发结束后获知新产品的研发结果与创新水平。将来可以考虑加入创新与研发不确定性对于换代和以旧换新的影响。最后，本章基于两阶段博弈模型对企业推出持续创新产品这一问题进行建模，这在以往关于策略型消费者和产品换代的文献研究中十分普遍。将来可以考虑拓展到多周期的情形进行研究，更加贴近现实。

本章附录

命题 1 证明：

在考虑以旧换新和共生换代的背景下，当企业采用动态定价策略时，有两种可能的情形，因此需要分别求解两个最优化定价问题。

（1）在情形 I 中，以旧换新购买 V_2 的需求为 $q_t=(1-\tau_2^D)^+$，原价购买 V_2 的需求为 $q_2=(\tau_1^D-\tau_3^D)^+$，降价购买 V_1 的需求为 $q_d=(\tau_3^D-\tau_4^D)^+$。因此，企业在第二阶段的最优化定价问题的表达式为

$$\max_{p_2,p_t,p_d}\pi_2=p_2\left(\tau_1^D-\frac{p_2-p_d}{\theta}\right)+(p_2-p_t+s)\left(1-\frac{p_2-p_t}{\theta}\right)+p_d\left(\frac{p_2-p_d}{\theta}-p_d\right)$$

$$\text{s.t. } 0\leqslant\tau_1^D-\frac{p_2-p_d}{\theta}\leqslant 1-(1-\tau_1^D)$$

$$0\leqslant\frac{p_2-p_d}{\theta}-p_d\leqslant 1-(1-\tau_1^D)$$

$$\tau_1^D-\frac{p_2-p_d}{\theta}+\frac{p_2-p_d}{\theta}-p_d\leqslant 1-(1-\tau_1^D)$$

$$0\leqslant 1-\frac{p_2-p_t}{\theta}\leqslant 1-\tau_1^D$$

$$0\leqslant p_t\leqslant p_2$$

$$0\leqslant p_d\leqslant p_1$$

由于 Hessian 矩阵是负定的，目标函数为联合凹函数，可利用一阶条件求得无约束下的最优解为：$p_2^*=\frac{(1+\theta)\tau_1^D}{2}$，$p_t^*=\frac{(1+\theta)\tau_1^D-(\theta-s)}{2}$，$p_d^*=\frac{\tau_1^D}{2}$。为了满足第二阶段定价的约束条件，$p_1$ 应该满足：$\frac{\theta-s}{1+\theta}\leqslant\tau_1^D(p_1)\leqslant\frac{\theta-s}{2\theta}$。求解情形 I 中消费者的无差异条件，$0+\delta[(1+\theta)\tau_1^D-p_2^*]=(\tau_1^D-p_1)+\delta(\tau_1^D)$，我们得到：$\tau_1^D=\frac{2p_1}{2+\delta-\delta\theta}$。我们将上述约束增加到第一阶段的最优化定价问题中。

$$\max_{p_1}\pi=p_1\left(1-\frac{2p_1}{2+\delta-\delta\theta}\right)+p_2^*\left(\frac{2p_1}{2+\delta-\delta\theta}-\frac{p_2^*-p_d^*}{\theta}\right)+(p_2^*-p_t^*+s)\left(1-\frac{p_2^*-p_t^*}{\theta}\right)+$$
$$p_d^*\left(\frac{p_2^*-p_d^*}{\theta}-p_d^*\right)$$

$$\text{s.t.}\ 0\leqslant 1-\frac{2p_1}{2+\delta-\delta\theta}\leqslant 1$$

$$0\leqslant p_1\leqslant 1$$

$$\frac{\theta-s}{1+\theta}\leqslant\frac{2p_1}{2+\delta-\delta\theta}\leqslant\frac{\theta-s}{2\theta}$$

由于二阶导数小于零，目标函数为凹函数，可利用一阶条件求得无约束下的最优解为：$p_1^*=\frac{(2+\delta-\delta\theta)^2}{2(3+2\delta-\theta-2\delta\theta)}$。该无约束最优解使上述最优化问题的约束条件$\frac{2p_1}{2+\delta-\delta\theta}\leqslant\frac{\theta-s}{2\theta}$恒不成立，而其他约束条件恒成立，因此，我们可知，满足$\frac{2p_1^*}{2+\delta-\delta\theta}=\frac{\theta-s}{2\theta}$的 p_1^* 为上述最优化问题的最优解。

因此，均衡定价和销量为：$p_1^D=\frac{(\theta-s)(2+\delta-\delta\theta)}{4\theta}$，$p_2^D=\frac{(\theta-s)(1+\theta)}{4\theta}$，$p_t^D=\frac{(\theta-s)(1-\theta)}{4\theta}$，$p_d^D=\frac{\theta-s}{4\theta}$，$q_1^D=\frac{\theta+s}{2\theta}$，$q_2^D=\frac{\theta-s}{2\theta}$，$q_t^D=\frac{\theta+s}{2\theta}$，$q_d^D=0$。

接下来，我们说明为什么以上分析只考虑了 $p_2>p_d$ 的情况。若 $p_2\leqslant p_d$，则 $\tau_3^D=\frac{p_2-p_d}{\theta}<0$，此时为分析第一阶段未进行购买的消费者在第二阶段的决策需要比较不同选择的消费者剩余。若其选择购买 V_2，则其第二阶段的消费者剩余为 $u_{V2}=(1+\theta)v_1-p_2$；若其选择购买 V_1，则其第二阶段的消费者剩余为 $u_{V1}=v_1-p_d$。由 $p_2\leqslant p_d$ 可知，$u_{V2}>u_{V1}$ 恒成立，因此，$p_2\leqslant p_d$ 时第一阶段未进行购买的消费者在第二阶段选择是否购买 V_2（不会考虑购买 V_1 这一选择）。本质上，此时情形 I 退化为单品换代，消费者无差异条件为：$(1+\theta)\tau_2^D-p_2+p_t=\tau_2^D$，$(1+\theta)\tau_4^D-p_2=0$。因此，阈值为：$\tau_2^D=\frac{p_2-p_t}{\theta}$，$\tau_4^D=\frac{p_2}{1+\theta}$。第二阶段以旧换新购买 V_2

的需求 $q_t=(1-\tau_2^D)^+$，原价购买 V_2 的需求 $q_2=(\tau_1^D-\tau_4^D)^+$。因此，企业在第二阶段的最优化定价问题的表达式为

$$\max_{p_2,p_t}\pi_2=p_2\left(\tau_1^D-\frac{p_2}{1+\theta}\right)+(p_2-p_t+s)\left(1-\frac{p_2-p_t}{\theta}\right)$$

$$\text{s. t. } 0\leqslant\tau_1^D-\frac{p_2}{1+\theta}\leqslant 1-(1-\tau_1^D)$$

$$0\leqslant 1-\frac{p_2-p_t}{\theta}\leqslant 1-\tau_1^D$$

$$0\leqslant p_t\leqslant p_2$$

由于 Hessian 矩阵是负定的，目标函数为联合凹函数，可利用一阶条件求得无约束下的最优解为：$p_2^*=\frac{(1+\theta)\tau_1^D}{2}$，$p_t^*=\frac{(1+\theta)\tau_1^D-(\theta-s)}{2}$。为了满足第二阶段定价的约束条件，$p_1$ 应该满足：$\frac{\theta-s}{1+\theta}\leqslant\tau_1^D(p_1)\leqslant\frac{\theta-s}{2\theta}$。求解消费者的无差异条件，$0+\delta[(1+\theta)\tau_1^D-p_2^*]=(\tau_1^D-p_1)+\delta(\tau_1^D)$，我们得到：$\tau_1^D=\frac{2p_1}{2+\delta-\delta\theta}$。我们将上述约束增加到第一阶段的最优化定价问题中。

$$\max_{p_1}\pi=p_1\left(1-\frac{2p_1}{2+\delta-\delta\theta}\right)+p_2^*\left(\frac{2p_1}{2+\delta-\delta\theta}-\frac{p_2^*}{1+\theta}\right)+(p_2^*-p_t^*+s)\left(1-\frac{p_2^*-p_t^*}{\theta}\right)$$

$$\text{s. t. } 0\leqslant 1-\frac{2p_1}{2+\delta-\delta\theta}\leqslant 1$$

$$0\leqslant p_1\leqslant 1$$

$$\frac{\theta-s}{1+\theta}\leqslant\frac{2p_1}{2+\delta-\delta\theta}\leqslant\frac{\theta-s}{2\theta}$$

由于二阶导数小于零，目标函数为凹函数，可利用一阶条件求得无约束下的最优解为：$p_1^*=\frac{(2+\delta-\delta\theta)^2}{2(3+2\delta-\theta-2\delta\theta)}$。该无约束最优解使上述最优化问题的约束条件 $\frac{2p_1}{2+\delta-\delta\theta}\leqslant\frac{\theta-s}{2\theta}$ 恒不成立，而其他约束条件恒成立，因此，我们可知，满

足$\frac{2p_1^*}{2+\delta-\delta\theta}=\frac{\theta-s}{2\theta}$的 p_1^* 为上述最优化问题的最优解。因此，均衡定价和销量为：$p_1^D=\frac{(\theta-s)(2+\delta-\delta\theta)}{4\theta}$，$p_2^D=\frac{(\theta-s)(1+\theta)}{4\theta}$，$p_t^D=\frac{(\theta-s)(1-\theta)}{4\theta}$，$q_1^D=\frac{\theta+s}{2\theta}$，$q_2^D=\frac{\theta-s}{2\theta}$，$q_t^D=\frac{\theta+s}{2\theta}$。与 $p_2>p_d$ 情况下的均衡对比，我们发现，二者结论一致。这说明 p_2 与 p_d 的大小关系并未影响情形 I 下的均衡解，始终有第一阶段未进行购买的消费者在第二阶段只考虑是否购买 V_2。

(2) 在情形 II 中，以旧换新购买 V_2 的需求为 $q_t=(1-\tau_2^D)^+$，原价购买 V_2 的需求为 $q_2=(\tau_3^D-\tau_4^D)^+$，降价购买 V_1 的需求为 $q_d=(\tau_1^D-\tau_3^D)^+$。因此，企业在第二阶段的最优化定价问题的表达式为

$$\max_{p_2,p_t,p_d}\pi_2=p_2\left(\frac{p_2-p_d}{\theta}-\frac{p_2}{1+\theta}\right)+(p_2-p_t+s)\left(1-\frac{p_2-p_t}{\theta}\right)+p_d\left(\tau_1^D-\frac{p_2-p_d}{\theta}\right)$$

$$\text{s.t. } 0\leqslant\frac{p_2-p_d}{\theta}-\frac{p_2}{1+\theta}\leqslant 1-(1-\tau_1^D)$$

$$0\leqslant\tau_1^D-\frac{p_2-p_d}{\theta}\leqslant 1-(1-\tau_1^D)$$

$$\frac{p_2-p_d}{\theta}-\frac{p_2}{1+\theta}+\tau_1^D-\frac{p_2-p_d}{\theta}\leqslant 1-(1-\tau_1^D)$$

$$0\leqslant 1-\frac{p_2-p_t}{\theta}\leqslant 1-\tau_1^D$$

$$0\leqslant p_t\leqslant p_2$$

$$0\leqslant p_d\leqslant p_1$$

由于 Hessian 矩阵是负定的，目标函数为联合凹函数，可利用一阶条件求得无约束下的最优解为：$p_2^*=\frac{(1+\theta)\tau_1^D}{2}$，$p_t^*=\frac{(1+\theta)\tau_1^D-(\theta-s)}{2}$，$p_d^*=\frac{\tau_1^D}{2}$。为了满足第二阶段定价的约束条件，$p_1$ 应该满足：$\frac{\theta-s}{1+\theta}\leqslant\tau_1^D(p_1)\leqslant\frac{\theta-s}{2\theta}$。求解情形 II 中消费者的无差异条件，$0+\delta(\tau_1^D-p_d^*)=(\tau_1^D-p_1)+\delta(\tau_1^D)$，我们得到：$\tau_1^D=$

$\frac{2p_1}{2+\delta}$。我们将上述约束增加到第一阶段的最优化定价问题中。

$$\max_{p_1}\pi=p_1\left(1-\frac{2p_1}{2+\delta}\right)+p_2^*\left(\frac{p_2^*-p_d^*}{\theta}-\frac{p_2^*}{1+\theta}\right)+(p_2^*-p_t^*+s)\left(1-\frac{p_2^*-p_t^*}{\theta}\right)+p_d^*\left(\frac{2p_1}{2+\delta}-\frac{p_2^*-p_d^*}{\theta}\right)$$

$$\text{s. t. } 0\leqslant 1-\frac{2p_1}{2+\delta}\leqslant 1$$

$$0\leqslant p_1\leqslant 1$$

$$\frac{\theta-s}{1+\theta}\leqslant\frac{2p_1}{2+\delta}\leqslant\frac{\theta-s}{2\theta}$$

由于二阶导数小于零，目标函数为凹函数，可利用一阶条件求得无约束下的最优解为：$p_1^*=\frac{(2+\delta)^2}{2(3+2\delta)}$。该无约束最优解使上述最优化问题的约束条件$\frac{2p_1}{2+\delta}\leqslant\frac{\theta-s}{2\theta}$恒不成立，而其他约束条件恒成立，因此，我们可知，满足$\frac{2p_1^*}{2+\delta}=\frac{\theta-s}{2\theta}$的 p_1^* 为上述最优化问题的最优解。

因此，均衡定价和销量为：$p_1^D=\frac{(\theta-s)(2+\delta)}{4\theta}$，$p_2^D=\frac{(\theta-s)(1+\theta)}{4\theta}$，$p_t^D=\frac{(\theta-s)(1-\theta)}{4\theta}$，$p_d^D=\frac{\theta-s}{4\theta}$，$q_1^D=\frac{\theta+s}{2\theta}$，$q_2^D=0$，$q_t^D=\frac{\theta+s}{2\theta}$，$q_d^D=\frac{\theta-s}{4\theta}$。

对于情形Ⅱ只考虑了 $p_2>p_d$ 的分析与情形Ⅰ类似，在此不再赘述。

（3）对比两种情形下企业的利润，我们得到情形Ⅰ的最优条件为：$s\leqslant\frac{(1-2\delta)\theta}{1+2\delta}$。对比$\frac{(1-2\delta)\theta}{1+2\delta}$与 0、θ 的大小即可得证。

表 4-3 证明：

根据命题 1 关于动态定价策略下的均衡，通过求解一阶偏导数，我们可以得到新产品创新提升水平 θ、老产品残值 s、消费者策略性程度 δ 对于均衡价格、销量、利润的影响。以情形Ⅰ中的 p_1^D 为例。由于在 $0\leqslant\theta<\frac{\sqrt{s}\sqrt{2+\delta}}{\sqrt{\delta}}$时，

$\frac{\partial p_1^D}{\partial\theta}=\frac{s(2+\delta)-\delta\theta^2}{4\theta^2}>0$，在 $\frac{\sqrt{s}\sqrt{2+\delta}}{\sqrt{\delta}}<\theta\leqslant 1$ 时，$\frac{\partial p_1^D}{\partial\theta}=\frac{s(2+\delta)-\delta\theta^2}{4\theta^2}<0$，$\frac{\partial p_1^D}{\partial s}=\frac{-2-\delta+\delta\theta}{4\theta}<0$ 恒成立，$\frac{\partial p_1^D}{\partial\delta}=\frac{(\theta-s)(1-\theta)}{4\theta}>0$ 恒成立。因此，情形 I 中的 p_1^D 关于 θ 先增后降，关于 s 恒递减，关于 δ 恒递增。

引理 1 证明：

分析企业考虑以旧换新并采用共生换代策略时消费者的五种购买选择，比较对应消费者剩余的斜率与截距，可以得到图 4-3。根据消费者对一代产品支付意愿 v_1 的不同，可以很容易从图 4-3 中得到不同消费者的最优购买决策。在撇脂定价情形下，存在四个消费者无差异条件，分别是 $u_1(\tau_1^P)=u_2(\tau_1^P)$，$u_2(\tau_2^P)=u_3(\tau_2^P)$，$u_3(\tau_3^P)=u_4(\tau_3^P)$，$u_4(\tau_4^P)=u_5(\tau_4^P)$。在渗透定价情形下，存在三个消费者无差异条件，分别是 $u_1(\tau_1^P)=u_2(\tau_1^P)$，$u_2(\tau_2^P)=u_4(\tau_2^P)$，$u_4(\tau_4^P)=u_5(\tau_4^P)$。求解上述无差异条件即可得到对应的 v_1 阈值。

命题 2 证明：

在考虑以旧换新和共生换代的背景下，当企业采用预先宣布价格策略时，有两种可能的情形，因此需要分别求解两个最优化定价问题。

（1）在撇脂定价情形中，第一阶段购买 V_1 的需求为 $q_1=(1-\tau_3^P)^+$，第二阶段以旧换新购买 V_2 的需求为 $q_t=(1-\tau_4^P)^+$，原价购买 V_2 的需求为 $q_2=(\tau_3^P-\tau_2^P)^+$，降价购买 V_1 的需求为 $q_d=(\tau_2^P-\tau_1^P)^+$。阈值为：$\tau_1^P=p_d$，$\tau_2^P=\frac{p_2-p_d}{\theta}$，$\tau_3^P=\frac{p_1-\delta p_2}{1-\delta\theta}$，$\tau_4^P=\frac{p_2-p_t}{\theta}$。因此，企业在第一阶段的最优化定价问题的表达式为

$$\max_{p_1,p_2,p_t,p_d}\pi=p_1\left(1-\frac{p_1-\delta p_2}{1-\delta\theta}\right)+p_2\left(\frac{p_1-\delta p_2}{1-\delta\theta}-\frac{p_2-p_d}{\theta}\right)+(p_2-p_t+s)\left(1-\frac{p_2-p_t}{\theta}\right)+p_d\left(\frac{p_2-p_d}{\theta}-p_d\right)$$

$$\text{s. t. } 0\leqslant 1-\frac{p_1-\delta p_2}{1-\delta\theta}\leqslant 1$$

$$0\leqslant p_1\leqslant 1$$

$$0\leqslant\frac{p_1-\delta p_2}{1-\delta\theta}-\frac{p_2-p_d}{\theta}\leqslant 1-\left(1-\frac{p_1-\delta p_2}{1-\delta\theta}\right)$$

$$0\leqslant\frac{p_2-p_d}{\theta}-p_d\leqslant 1-\left(1-\frac{p_1-\delta p_2}{1-\delta\theta}\right)$$

$$\frac{p_1-\delta p_2}{1-\delta\theta}-\frac{p_2-p_d}{\theta}+\frac{p_2-p_d}{\theta}-p_d\leqslant 1-\left(1-\frac{p_1-\delta p_2}{1-\delta\theta}\right)$$

$$0\leqslant 1-\frac{p_2-p_t}{\theta}\leqslant 1-\frac{p_1-\delta p_2}{1-\delta\theta}$$

$$0\leqslant p_t\leqslant p_2$$

$$0\leqslant p_d\leqslant p_1$$

$$p_1>\delta p_2$$

由于 Hessian 矩阵是负定的，目标函数为联合凹函数，可利用一阶条件求得无约束下的最优解为：$p_1^*=\frac{2(1-\delta\theta)}{3-\delta-\theta-\delta\theta}$，$p_2^*=\frac{(1+\theta)(1-\delta\theta)}{3-\delta-\theta-\delta\theta}$，$p_t^*=\frac{2-(1+\delta)\theta+(1-\delta)\theta^2+s(3-\delta-\theta-\delta\theta)}{2(3-\delta-\theta-\delta\theta)}$，$p_d^*=\frac{1-\delta\theta}{3-\delta-\theta-\delta\theta}$。该无约束最优解使上述最优化问题的约束条件 $q_t^*\leqslant q_1^*$ 恒不成立，而其他约束条件恒成立，因此，我们取 $q_t^*=q_1^*$ 为均衡解。

因此，均衡定价和销量为：$p_1^P=\frac{2(1-\delta\theta)}{3-\delta-\theta-\delta\theta}$，$p_2^P=\frac{(1+\theta)(1-\delta\theta)}{3-\delta-\theta-\delta\theta}$，$p_t^P=\frac{2-(1+\delta)\theta+(1-\delta)\theta^2+s(3-\delta-\theta-\delta\theta)}{2(3-\delta-\theta-\delta\theta)}$，$p_d^P=\frac{1-\delta\theta}{3-\delta-\theta-\delta\theta}$，$q_1^P=\frac{1-\theta}{3-\delta-\theta-\delta\theta}$，$q_2^P=\frac{1-\delta}{3-\delta-\theta-\delta\theta}$，$q_t^P=\frac{1-\theta}{3-\delta-\theta-\delta\theta}$，$q_d^P=0$。

接下来，我们说明为什么以上分析只考虑了 $p_2>p_d$ 的情况。若 $p_2\leqslant p_d$，则 $\tau_2^P=\frac{p_2-p_d}{\theta}<0$，此时为分析第一阶段未进行购买的消费者在第二阶段的决策需要比较不同选择的消费者剩余。若其选择购买 V_2，则其两阶段消费者剩余为 $u_3=\delta[(1+\theta)v_1-p_2]$；若其选择购买 V_1，则其两阶段消费者剩余为 $u_2=\delta(v_1-p_d)$。由 $p_2\leqslant p_d$ 可知，$u_3>u_2$ 恒成立，因此，$p_2\leqslant p_d$ 时第一阶段未进行购买的消费者在第二阶段选择是否购买 V_2（不会考虑购买 V_1 这一选择）。本质上，此时撇脂定价情形退化为单品换代，消费者无差异条件为：

$(\tau_4^P-p_1)+\delta[(1+\theta)\tau_4^P-p_2+p_t]=(\tau_4^P-p_1)+\delta(\tau_4^P)$，$(\tau_3^P-p_1)+\delta(\tau_3^P)=\delta[(1+\theta)\tau_3^P-p_2]$，$\delta[(1+\theta)\tau_2^P-p_2]=0$。因此，阈值为：$\tau_4^P=\frac{p_2-p_t}{\theta}$，$\tau_3^P=\frac{p_1-\delta p_2}{1-\delta\theta}$，$\tau_2^P=\frac{p_2}{1+\theta}$。第二阶段以旧换新购买 V_2 的需求 $q_t=(1-\tau_4^P)^+$，原价购买 V_2 的需求 $q_2=(\tau_3^P-\tau_2^P)^+$，第一阶段购买 V_1 的需求 $q_1=(1-\tau_3^P)^+$。因此，企业在第一阶段的最优化定价问题的表达式为

$$\max_{p_1,p_2,p_t}\pi=p_1\left(1-\frac{p_1-\delta p_2}{1-\delta\theta}\right)+p_2\left(\frac{p_1-\delta p_2}{1-\delta\theta}-\frac{p_2}{1+\theta}\right)+(p_2-p_t+s)\left(1-\frac{p_2-p_t}{\theta}\right)$$

$$\text{s.t.}\ 0\leqslant 1-\frac{p_1-\delta p_2}{1-\delta\theta}\leqslant 1$$

$$0\leqslant p_1\leqslant 1$$

$$0\leqslant\frac{p_1-\delta p_2}{1-\delta\theta}-\frac{p_2}{1+\theta}\leqslant 1-\left(1-\frac{p_1-\delta p_2}{1-\delta\theta}\right)$$

$$0\leqslant 1-\frac{p_2-p_t}{\theta}\leqslant 1-\frac{p_1-\delta p_2}{1-\delta\theta}$$

$$0\leqslant p_t\leqslant p_2$$

$$p_1>\delta p_2$$

由于 Hessian 矩阵是负定的，目标函数为联合凹函数，可利用一阶条件求得无约束下的最优解为：$p_1^*=\frac{2(1-\delta\theta)}{3-\delta-\theta-\delta\theta}$，$p_2^*=\frac{(1+\theta)(1-\delta\theta)}{3-\delta-\theta-\delta\theta}$，$p_t^*=\frac{2-(1+\delta)\theta+(1-\delta)\theta^2+s(3-\delta-\theta-\delta\theta)}{2(3-\delta-\theta-\delta\theta)}$。该无约束最优解使上述最优化问题的约束条件 $q_t^*\leqslant q_1^*$ 恒不成立，而其他约束条件恒成立，因此我们取 $q_t^*=q_1^*$ 为均衡解。因此，均衡定价和销量为：$p_1^P=\frac{2(1-\delta\theta)}{3-\delta-\theta-\delta\theta}$，$p_2^P=\frac{(1+\theta)(1-\delta\theta)}{3-\delta-\theta-\delta\theta}$，$p_t^P=\frac{2-(1+\delta)\theta+(1-\delta)\theta^2+s(3-\delta-\theta-\delta\theta)}{2(3-\delta-\theta-\delta\theta)}$，$q_1^P=\frac{1-\theta}{3-\delta-\theta-\delta\theta}$，$q_2^P=\frac{1-\delta}{3-\delta-\theta-\delta\theta}$，$q_t^P=\frac{1-\theta}{3-\delta-\theta-\delta\theta}$。与 $p_2>p_d$ 情况下的均衡对比，我们发现，二者结论一致。这说明 p_2 与 p_d 的大小关系并未影响撇脂定价情形下的均衡解，始终有第一阶段未进

行购买的消费者在第二阶段只考虑是否购买 V_2。

（2）在渗透定价情形中，第一阶段购买 V_1 的需求为 $q_1=(1-\tau_3^P)^+$，第二阶段以旧换新购买 V_2 的需求为 $q_t=(1-\tau_4^P)^+$，原价购买 V_2 的需求为 $q_2=0$，降价购买 V_1 的需求为 $q_d=(\tau_2^P-\tau_1^P)^+$。阈值为：$\tau_1^P=p_d$，$\tau_2^P=\tau_3^P=p_1-\delta p_d$，$\tau_4^P=\frac{p_2-p_t}{\theta}$。因此，企业在第一阶段的最优化定价问题的表达式为

$$\max_{p_1,p_2,p_t,p_d}\pi=p_1(1-p_1+\delta p_d)+(p_2-p_t+s)\left(1-\frac{p_2-p_t}{\theta}\right)+p_d(p_1-\delta p_d-p_d)$$

$$\text{s. t. } 0\leqslant 1-p_1+\delta p_d\leqslant 1$$

$$0\leqslant p_1\leqslant 1$$

$$0\leqslant p_1-\delta p_d-p_d\leqslant 1-(1-p_1+\delta p_d)$$

$$0\leqslant 1-\frac{p_2-p_t}{\theta}\leqslant 1-p_1+\delta p_d$$

$$0\leqslant p_t\leqslant p_2$$

$$0\leqslant p_d\leqslant p_1$$

$$p_1\leqslant \delta p_2$$

由于 Hessian 矩阵是负定的，目标函数为联合凹函数，可利用一阶条件求得无约束下的最优解为：$p_1^*=\frac{2}{3-\delta}$，$p_2^*=\frac{2}{(3-\delta)\delta}$，$p_t^*=\frac{2}{(3-\delta)\delta}-\frac{1}{2}(\theta-s)$，$p_d^*=\frac{1}{3-\delta}$。该无约束最优解使上述最优化问题的约束条件 $q_t^*\leqslant q_1^*$ 恒不成立，而其他约束条件恒成立，因此，我们取 $q_t^*=q_1^*$ 为均衡解。

因此，均衡定价和销量为：$p_1^P=\frac{2}{3-\delta}$，$p_2^P=\frac{2}{(3-\delta)\delta}$，$p_t^P=\frac{2}{(3-\delta)\delta}-\frac{1}{2}(\theta-s)$，$p_d^P=\frac{1}{3-\delta}$，$q_1^P=\frac{1}{3-\delta}$，$q_2^P=0$，$q_t^P=\frac{1}{3-\delta}$，$q_d^P=\frac{1-\delta}{3-\delta}$。

（3）对比两种情形下企业的利润，我们得到撇脂定价情形的最优条件为：$s\leqslant 1-\delta-\theta$。对比 $1-\delta-\theta$ 与 0、θ 的大小即可得证。

表 4-5 证明：

根据命题 2 关于预先宣布价格策略下的均衡，通过求解一阶偏导数，我们可以得到新产品创新提升水平 θ、老产品残值 s、消费者策略性程度 δ 对于均衡价格、销量、利润的影响。以撇脂定价情形中的 p_1^P 为例。由于 $\frac{\partial p_1^P}{\partial \theta}=\frac{2(1-\delta)^2}{(3-\delta-\theta-\delta\theta)^2}>0$ 恒成立，$\frac{\partial p_1^P}{\partial s}=0$ 恒成立，$\frac{\partial p_1^P}{\partial \delta}=\frac{2(1-\theta)^2}{(3-\delta-\theta-\delta\theta)^2}>0$ 恒成立。因此，撇脂定价情形中的 p_1^P 关于 θ 恒递增，与 s 无关，关于 δ 恒递增。

命题 3 证明：

根据命题 1 和命题 2，对比在考虑以旧换新和共生换代的背景下，企业采用动态定价策略和预先宣布价格策略下的均衡定价与销量，可以得到命题 3。

命题 4 证明：

根据命题 1 和命题 2，对比在考虑以旧换新和共生换代的背景下，企业采用动态定价策略和预先宣布价格策略下的均衡利润，可以得到命题 4。

首先，若 $\theta\leqslant\frac{1}{2}(1+\delta-2\delta^2)$，则有 $\frac{(1-2\delta)\theta}{1+2\delta}\leqslant 1-\delta-\theta$，此时分以下三种情况对均衡利润进行对比。

（1）当 $s\leqslant\frac{(1-2\delta)\theta}{1+2\delta}$ 时，在动态定价策略下企业选择情形Ⅰ，在预先宣布价格策略下企业选择撇脂定价情形。对比二者利润得到，当 $s<T_{1,1}(\theta)$ 时，企业偏好动态定价策略，否则偏好预先宣布价格策略；

（2）当 $\frac{(1-2\delta)\theta}{1+2\delta}<s\leqslant 1-\delta-\theta$ 时，在动态定价策略下企业选择情形Ⅱ，在预先宣布价格策略下企业选择撇脂定价情形。对比二者利润得到，当 $s<T_{1,2}(\theta)$ 时，企业偏好动态定价策略，否则偏好预先宣布价格策略；

（3）当 $s>1-\delta-\theta$ 时，在动态定价策略下企业选择情形Ⅱ，在预先宣布价格策略下企业选择渗透定价情形。对比二者利润得到，当 $s<T_{1,3}(\theta)$ 时，企业偏好动态定价策略，否则偏好预先宣布价格策略。

其次，若 $\theta>\frac{1}{2}(1+\delta-2\delta^2)$，则有 $1-\delta-\theta<\frac{(1-2\delta)\theta}{1+2\delta}$，此时分以下三种情况

对均衡利润进行对比。

（1）当 $s\leqslant 1-\delta-\theta$ 时，在动态定价策略下企业选择情形Ⅰ，在预先宣布价格策略下企业选择撇脂定价情形。对比二者利润得到，当 $s<T_{1,1}(\theta)$ 时，企业偏好动态定价策略，否则偏好预先宣布价格策略；

（2）当 $1-\delta-\theta<s\leqslant\frac{(1-2\delta)\theta}{1+2\delta}$时，在动态定价策略下企业选择情形Ⅰ，在预先宣布价格策略下企业选择渗透定价情形。对比二者利润得到，此时企业恒偏好动态定价策略；

（3）当 $s>\frac{(1-2\delta)\theta}{1+2\delta}$时，在动态定价策略下企业选择情形Ⅱ，在预先宣布价格策略下企业选择渗透定价情形。对比二者利润得到，当 $s<T_{1,3}(\theta)$ 时企业偏好动态定价策略，否则偏好预先宣布价格策略。

以上阈值分别为：$T_{1,1}(\theta)\equiv\frac{-3\theta+\delta\theta+6\theta^2-2\delta\theta^2+\theta^3-3\delta\theta^3+2\sqrt{A_1}}{9+3\delta-2\delta^2-18\theta-6\delta\theta+5\theta^2+7\delta\theta^2+2\delta^2\theta^2}$,

$$T_{1,2}(\theta)\equiv\frac{3\theta-\delta\theta-9\theta^2+3\delta\theta^2+4\delta\theta^3-2\sqrt{A_2}}{-9-3\delta+2\delta^2+15\theta+\delta\theta+2\delta^2\theta-4\theta^2-4\delta\theta^2},$$

$$T_{1,3}(\theta)\equiv\frac{3\theta-\delta\theta-8\theta^2+4\delta\theta^2-2\sqrt{-3\delta^2\theta^2-2\delta^3\theta^2+\delta^4\theta^2+4\theta^4}}{-9-3\delta+2\delta^2+12\theta-4\delta\theta}。$$

其中，$A_1\equiv-3\delta^2\theta^2-2\delta^3\theta^2+\delta^4\theta^2+4\delta^2\theta^3+4\delta^3\theta^3+4\theta^4+2\delta^2\theta^4-2\delta^4\theta^4-8\theta^5-4\delta^2\theta^5-4\delta^3\theta^5+4\theta^6+\delta^2\theta^6+2\delta^3\theta^6+\delta^4\theta^6$，$A_2\equiv-3\delta^2\theta^2-2\delta^3\theta^2+\delta^4\theta^2-12\theta^3+16\delta\theta^3+6\delta^2\theta^3-4\delta^3\theta^3+2\delta^4\theta^3+32\theta^4-32\delta\theta^4+\delta^2\theta^4-2\delta^3\theta^4+\delta^4\theta^4-16\theta^5+8\delta^2\theta^5+4\theta^6$。

命题 5 证明：

在考虑以旧换新和单品换代的背景下，当企业采用动态定价策略时，企业在第二阶段的最优化定价问题的表达式为

$$\max_{p_2,p_t}\pi_2=p_2\left(\tau_1^D-\frac{p_2}{1+\theta}\right)+(p_2-p_t+s)\left(1-\frac{p_2-p_t}{\theta}\right)$$

$$\text{s. t. }0\leqslant\tau_1^D-\frac{p_2}{1+\theta}\leqslant 1-(1-\tau_1^D)$$

$$0\leqslant 1-\frac{p_2-p_t}{\theta}\leqslant 1-\tau_1^D$$

$$0\leqslant p_t\leqslant p_2$$

由于 Hessian 矩阵是负定的，目标函数为联合凹函数，可利用一阶条件求得无约束下的最优解为：$p_2^*=\frac{(1+\theta)\tau_1^D}{2}$，$p_t^*=\frac{(1+\theta)\tau_1^D-(\theta-s)}{2}$。为了满足第二阶段定价的约束条件，$p_1$ 应该满足：$\frac{\theta-s}{1+\theta}\leqslant\tau_1^D(p_1)\leqslant\frac{\theta-s}{2\theta}$。求解消费者的无差异条件，$0+\delta[(1+\theta)\tau_1^D-p_2^*]=(\tau_1^D-p_1)+\delta(\tau_1^D)$，我们得到：$\tau_1^D=\frac{2p_1}{2+\delta-\delta\theta}$。我们将上述约束增加到第一阶段的最优化定价问题中。

$$\max_{p_1}\pi=p_1\left(1-\frac{2p_1}{2+\delta-\delta\theta}\right)+p_2^*\left(\frac{2p_1}{2+\delta-\delta\theta}-\frac{p_2^*}{1+\theta}\right)+(p_2^*-p_t^*+s)\left(1-\frac{p_2^*-p_t^*}{\theta}\right)$$

$$\text{s. t. }0\leqslant 1-\frac{2p_1}{2+\delta-\delta\theta}\leqslant 1$$

$$0\leqslant p_1\leqslant 1$$

$$\frac{\theta-s}{1+\theta}\leqslant\frac{2p_1}{2+\delta-\delta\theta}\leqslant\frac{\theta-s}{2\theta}$$

由于二阶导数小于零，目标函数为凹函数，可利用一阶条件求得无约束下的最优解为：$p_1^*=\frac{(2+\delta-\delta\theta)^2}{2(3+2\delta-\theta-2\delta\theta)}$。该无约束最优解使上述最优化问题的约束条件$\frac{2p_1}{2+\delta-\delta\theta}\leqslant\frac{0-s}{2\theta}$恒不成立，而其他约束条件恒成立，因此，我们可知，满足$\frac{2p_1^*}{2+\delta-\delta\theta}=\frac{\theta-s}{2\theta}$的 p_1^* 为上述最优化问题的最优解。

因此，均衡定价和销量为：$p_1^D=\frac{(\theta-s)(2+\delta-\delta\theta)}{4\theta}$，$p_2^D=\frac{(\theta-s)(1+\theta)}{4\theta}$，$p_t^D=\frac{(\theta-s)(1-\theta)}{4\theta}$，$q_1^D=\frac{\theta+s}{2\theta}$，$q_2^D=\frac{\theta-s}{2\theta}$，$q_t^D=\frac{\theta+s}{2\theta}$。

命题 6 证明：

在考虑以旧换新和单品换代的背景下，当企业采用预先宣布价格策略时，有两种可能的情形，因此需要分别求解两个最优化定价问题。

（1）在撇脂定价情形中，企业在第一阶段的最优化定价问题的表达式为

$$\max_{p_1,p_2,p_t} \pi = p_1\left(1-\frac{p_1-\delta p_2}{1-\delta\theta}\right)+p_2\left(\frac{p_1-\delta p_2}{1-\delta\theta}-\frac{p_2}{1+\theta}\right)+(p_2-p_t+s)\left(1-\frac{p_2-p_t}{\theta}\right)$$

$$\text{s. t. } 0\leqslant 1-\frac{p_1-\delta p_2}{1-\delta\theta}\leqslant 1$$

$$0\leqslant p_1\leqslant 1$$

$$0\leqslant \frac{p_1-\delta p_2}{1-\delta\theta}-\frac{p_2}{1+\theta}\leqslant 1-\left(1-\frac{p_1-\delta p_2}{1-\delta\theta}\right)$$

$$0\leqslant 1-\frac{p_2-p_t}{\theta}\leqslant 1-\frac{p_1-\delta p_2}{1-\delta\theta}$$

$$0\leqslant p_t\leqslant p_2$$

$$p_1>\delta p_2$$

由于 Hessian 矩阵是负定的，目标函数为联合凹函数，可利用一阶条件求得无约束下的最优解为：$p_1^*=\frac{2(1-\delta\theta)}{3-\delta-\theta-\delta\theta}$，$p_2^*=\frac{(1+\theta)(1-\delta\theta)}{3-\delta-\theta-\delta\theta}$，$p_t^*=\frac{2-(1+\delta)\theta+(1-\delta)\theta^2+s(3-\delta-\theta-\delta\theta)}{2(3-\delta-\theta-\delta\theta)}$。该无约束最优解使上述最优化问题的约束条件 $q_t^*\leqslant q_1^*$ 恒不成立，而其他约束条件恒成立，因此，我们取 $q_t^*=q_1^*$ 为均衡解。

因此，均衡定价和销量为：$p_1^P=\frac{2(1-\delta\theta)}{3-\delta-\theta-\delta\theta}$，$p_2^P=\frac{(1+\theta)(1-\delta\theta)}{3-\delta-\theta-\delta\theta}$，$p_t^P=\frac{2-(1+\delta)\theta+(1-\delta)\theta^2+s(3-\delta-\theta-\delta\theta)}{2(3-\delta-\theta-\delta\theta)}$，$q_1^P=\frac{1-\theta}{3-\delta-\theta-\delta\theta}$，$q_2^P=\frac{1-\delta}{3-\delta-\theta-\delta\theta}$，$q_t^P=\frac{1-\theta}{3-\delta-\theta-\delta\theta}$。

（2）在渗透定价情形中，企业在第一阶段的最优化定价问题的表达式为

$$\max_{p_1,p_2,p_t} \pi = p_1\left(1-\frac{p_1}{1+\delta}\right)+(p_2-p_t+s)\left(1-\frac{p_2-p_t}{\theta}\right)$$

$$\text{s.t. } 0\leqslant 1-\frac{p_1}{1+\delta}\leqslant 1$$

$$0\leqslant p_1\leqslant 1$$

$$0\leqslant 1-\frac{p_2-p_t}{\theta}\leqslant 1-\frac{p_1}{1+\delta}$$

$$0\leqslant p_t\leqslant p_2$$

$$p_1\leqslant \delta p_2$$

由于 Hessian 矩阵是负定的，目标函数为联合凹函数，可利用一阶条件求得无约束下的最优解为：$p_1^*=\frac{1+\delta}{2}$，$p_2^*=\frac{1+\delta}{2\delta}$，$p_t^*=\frac{1+\delta}{2\delta}-\frac{1}{2}(\theta-s)$。该无约束最优解使上述最优化问题的约束条件 $q_t^*\leqslant q_1^*$ 恒不成立，而其他约束条件恒成立，因此，我们取 $q_t^*=q_1^*$ 为均衡解。

因此，均衡定价和销量为：$p_1^P=\frac{1+\delta}{2}$，$p_2^P=\frac{1+\delta}{2\delta}$，$p_t^P=\frac{1+\delta}{2\delta}-\frac{1}{2}(\theta-s)$，$q_1^P=\frac{1}{2}$，$q_2^P=0$，$q_t^P=\frac{1}{2}$。

（3）对比两种情形下企业的利润，我们得到撇脂定价情形的最优条件为：$s\leqslant 1-\delta-\theta$。对比 $1-\delta-\theta$ 与 0、θ 的大小即可得证。

命题 7（扩展模型 1）证明：

根据命题 5 和命题 6，对比在考虑以旧换新和共生换代的背景下，企业采用动态定价策略和预先宣布价格策略下的均衡利润，可以得到命题 7。其中，阈值 $T_2(\theta)$ 为：

（1）当 $s\leqslant 1-\delta-\theta$，$T_2(\theta)\equiv\frac{-3\theta+\delta\theta+6\theta^2-2\delta\theta^2+\theta^3-3\delta\theta^3+2\sqrt{A_3}}{9+3\delta-2\delta^2-18\theta-6\delta\theta+5\theta^2+7\delta\theta^2+2\delta^2\theta^2}$，其中，$A_3\equiv-3\delta^2\theta^2-2\delta^3\theta^2+\delta^4\theta^2+4\delta^2\theta^3+4\delta^3\theta^3+4\theta^4+2\delta^2\theta^4-2\delta^4\theta^4-8\theta^5-4\delta^2\theta^5-4\delta^3\theta^5+4\theta^6+\delta^2\theta^6+2\delta^3\theta^6+\delta^4\theta^6$。

（2）当 $s>1-\delta-\theta$，$T_2(\theta)\equiv\frac{\theta-\theta^2-2\sqrt{\theta^2-\delta\theta^2-\delta^2\theta^2-\theta^3+\delta\theta^3-\theta^4+2\delta\theta^4+\delta^2\theta^4}}{-3-2\delta+5\theta+2\delta\theta}$。

扩展模型 2（a） 动态定价策略均衡证明：

考虑企业的策略性，在企业提供以旧换新和共生换代的背景下，当企业采用动态定价策略时，有两种可能的情形，因此需要分别求解两个最优化定价问题。

（1）在情形 I 中，企业在第二阶段的最优化定价问题的表达式为

$$\max_{p_2,p_t,p_d}\pi_2=p_2\left(\tau_1^D-\frac{p_2-p_d}{\theta}\right)+(p_2-p_t+s)\left(1-\frac{p_2-p_t}{\theta}\right)+p_d\left(\frac{p_2-p_d}{\theta}-p_d\right)$$

$$\text{s.t. } 0\leqslant\tau_1^D-\frac{p_2-p_d}{\theta}\leqslant1-(1-\tau_1^D)$$

$$0\leqslant\frac{p_2-p_d}{\theta}-p_d\leqslant1-(1-\tau_1^D)$$

$$\tau_1^D-\frac{p_2-p_d}{\theta}+\frac{p_2-p_d}{\theta}-p_d\leqslant1-(1-\tau_1^D)$$

$$0\leqslant1-\frac{p_2-p_t}{\theta}\leqslant1-\tau_1^D$$

$$0\leqslant p_t\leqslant p_2$$

$$0\leqslant p_d\leqslant p_1$$

由于 Hessian 矩阵是负定的，目标函数为联合凹函数，可利用一阶条件求得无约束下的最优解为：$p_2^*=\frac{(1+\theta)\tau_1^D}{2}$，$p_t^*=\frac{(1+\theta)\tau_1^D-(\theta-s)}{2}$，$p_d^*=\frac{\tau_1^D}{2}$。为了满足第二阶段定价的约束条件，$p_1$ 应该满足：$\frac{\theta-s}{1+\theta}\leqslant\tau_1^D(p_1)\leqslant\frac{\theta-s}{2\theta}$。求解消费者的无差异条件，$0+\delta[(1+\theta)\tau_1^D-p_2^*]=(\tau_1^D-p_1)+\delta(\tau_1^D)$，我们得到：$\tau_1^D=\frac{2p_1}{2+\delta-\delta\theta}$。我们将上述约束增加到第一阶段的最优化定价问题中。

$$\max_{p_1}\pi=p_1\left(1-\frac{2p_1}{2+\delta-\delta\theta}\right)+\beta\left[p_2^*\left(\frac{2p_1}{2+\delta-\delta\theta}-\frac{p_2^*-p_d^*}{\theta}\right)+(p_2^*-p_t^*+s)\left(1-\frac{p_2^*-p_t^*}{\theta}\right)+\right.$$

$$\left.p_d^*\left(\frac{p_2^*-p_d^*}{\theta}-p_d^*\right)\right]$$

$$\text{s. t. } 0 \leqslant 1-\frac{2p_1}{2+\delta-\delta\theta} \leqslant 1$$

$$0 \leqslant p_1 \leqslant 1$$

$$\frac{\theta-s}{1+\theta} \leqslant \frac{2p_1}{2+\delta-\delta\theta} \leqslant \frac{\theta-s}{2\theta}$$

由于二阶导数小于零，目标函数为凹函数，可利用一阶条件求得无约束下的最优解为：$p_1^* = \frac{(2+\delta-\delta\theta)^2}{4+2\delta-2\delta\theta-\beta-\beta\theta}$。该无约束最优解使上述最优化问题的约束条件$\frac{2p_1}{2+\delta-\delta\theta} \leqslant \frac{\theta-s}{2\theta}$恒不成立，而其他约束条件恒成立，因此，我们可知，满足$\frac{2p_1^*}{2+\delta-\delta\theta} = \frac{\theta-s}{2\theta}$的 p_1^* 为上述最优化问题的最优解。

因此，均衡定价和销量为：$p_1^D = \frac{(\theta-s)(2+\delta-\delta\theta)}{4\theta}$，$p_2^D = \frac{(\theta-s)(1+\theta)}{4\theta}$，$p_t^D = \frac{(\theta-s)(1-\theta)}{4\theta}$，$p_d^D = \frac{\theta-s}{4\theta}$，$q_1^D = \frac{\theta+s}{2\theta}$，$q_2^D = \frac{\theta-s}{2\theta}$，$q_t^D = \frac{\theta+s}{2\theta}$，$q_d^D = 0$。

（2）在情形Ⅱ中，企业在第二阶段的最优化定价问题的表达式为

$$\max_{p_2, p_t, p_d} \pi_2 = p_2\left(\frac{p_2-p_d}{\theta}-\frac{p_2}{1+\theta}\right)+(p_2-p_t+s)\left(1-\frac{p_2-p_t}{\theta}\right)+p_d\left(\tau_1^D-\frac{p_2-p_d}{\theta}\right)$$

$$\text{s. t. } 0 \leqslant \frac{p_2-p_d}{\theta}-\frac{p_2}{1+\theta} \leqslant 1-(1-\tau_1^D)$$

$$0 \leqslant \tau_1^D-\frac{p_2-p_d}{\theta} \leqslant 1-(1-\tau_1^D)$$

$$\frac{p_2-p_d}{\theta}-\frac{p_2}{1+\theta}+\tau_1^D-\frac{p_2-p_d}{\theta} \leqslant 1-(1-\tau_1^D)$$

$$0 \leqslant 1-\frac{p_2-p_t}{\theta} \leqslant 1-\tau_1^D$$

$$0 \leqslant p_t \leqslant p_2$$

$$0 \leqslant p_d \leqslant p_1$$

由于 Hessian 矩阵是负定的，目标函数为联合凹函数，可利用一阶条件求

得无约束下的最优解为：$p_2^*=\frac{(1+\theta)\tau_1^D}{2}$，$p_t^*=\frac{(1+\theta)\tau_1^D-(\theta-s)}{2}$，$p_d^*=\frac{\tau_1^D}{2}$。为了满足第二阶段定价的约束条件，$p_1$ 应该满足：$\frac{\theta-s}{1+\theta}\leqslant\tau_1^D(p_1)\leqslant\frac{\theta-s}{2\theta}$。求解消费者的无差异条件，$0+\delta(\tau_1^D-p_d^*)=(\tau_1^D-p_1)+\delta(\tau_1^D)$，我们得到：$\tau_1^D=\frac{2p_1}{2+\delta}$。我们将上述约束增加到第一阶段的最优化定价问题中。

$$\max_{p_1}\pi=p_1\left(1-\frac{2p_1}{2+\delta}\right)+\beta\left[p_2^*\left(\frac{p_2^*-p_d^*}{\theta}-\frac{p_2^*}{1+\theta}\right)+(p_2^*-p_t^*+s)\left(1-\frac{p_2^*-p_t^*}{\theta}\right)+\right.$$
$$\left.p_d^*\left(\frac{2p_1}{2+\delta}-\frac{p_2^*-p_d^*}{\theta}\right)\right]$$

$$\text{s. t. } 0\leqslant1-\frac{2p_1}{2+\delta}\leqslant1$$

$$0\leqslant p_1\leqslant1$$

$$\frac{\theta-s}{1+\theta}\leqslant\frac{2p_1}{2+\delta}\leqslant\frac{\theta-s}{2\theta}$$

由于二阶导数小于零，目标函数为凹函数，可利用一阶条件求得无约束下的最优解为：$p_1^*=\frac{(2+\delta)^2}{2(3+2\delta)}$。该无约束最优解使上述最优化问题的约束条件 $\frac{2p_1}{2+\delta}\leqslant\frac{\theta-s}{2\theta}$ 恒不成立，而其他约束条件恒成立，因此，我们可知，满足 $\frac{2p_1^*}{2+\delta}=\frac{\theta-s}{2\theta}$ 的 p_1^* 为上述最优化问题的最优解。

因此，均衡定价和销量为：$p_1^D=\frac{(\theta-s)(2+\delta)}{4\theta}$，$p_2^D=\frac{(\theta-s)(1+\theta)}{4\theta}$，$p_t^D=\frac{(\theta-s)(1-\theta)}{4\theta}$，$p_d^D=\frac{\theta-s}{4\theta}$，$q_1^D=\frac{\theta+s}{2\theta}$，$q_2^D=0$，$q_t^D=\frac{\theta+s}{2\theta}$，$q_d^D=\frac{\theta-s}{4\theta}$。

扩展模型 2（b）　预先宣布价格策略均衡证明：

考虑企业的策略性，在企业提供以旧换新和共生换代的背景下，当企业采用预先宣布价格策略时，有两种可能的情形，因此需要分别求解两个最优化定价问题。

（1）在撇脂定价情形中，企业在第二阶段的最优化定价问题的表达式为

$$\max_{p_1,p_2,p_t,p_d} \pi = p_1\left(1-\frac{p_1-\delta p_2}{1-\delta\theta}\right)+\beta\left[p_2\left(\frac{p_1-\delta p_2}{1-\delta\theta}-\frac{p_2-p_d}{\theta}\right)+(p_2-p_t+s)\left(1-\frac{p_2-p_t}{\theta}\right)+p_d\left(\frac{p_2-p_d}{\theta}-p_d\right)\right]$$

$$\text{s. t. } 0\leqslant 1-\frac{p_1-\delta p_2}{1-\delta\theta}\leqslant 1$$

$$0\leqslant p_1\leqslant 1$$

$$0\leqslant\frac{p_1-\delta p_2}{1-\delta\theta}-\frac{p_2-p_d}{\theta}\leqslant 1-\left(1-\frac{p_1-\delta p_2}{1-\delta\theta}\right)$$

$$0\leqslant\frac{p_2-p_d}{\theta}-p_d\leqslant 1-\left(1-\frac{p_1-\delta p_2}{1-\delta\theta}\right)$$

$$\frac{p_1-\delta p_2}{1-\delta\theta}-\frac{p_2-p_d}{\theta}+\frac{p_2-p_d}{\theta}-p_d\leqslant 1-\left(1-\frac{p_1-\delta p_2}{1-\delta\theta}\right)$$

$$0\leqslant 1-\frac{p_2-p_t}{\theta}\leqslant 1-\frac{p_1-\delta p_2}{1-\delta\theta}$$

$$0\leqslant p_t\leqslant p_2$$

$$0\leqslant p_d\leqslant p_1$$

$$p_1>\delta p_2$$

由于 Hessian 矩阵是负定的，目标函数为联合凹函数，可利用一阶条件求得无约束下的最优解为：$p_1^*=\frac{2\beta(1+\delta)(1-\delta\theta)}{2\beta(2-\delta-\delta\theta)-(1+\theta)(\beta^2+\delta^2)}$，$p_2^*=\frac{(\beta+\delta)(1+\theta)(1-\delta\theta)}{2\beta(2-\delta-\delta\theta)-(1+\theta)(\beta^2+\delta^2)}$，$p_t^*=\frac{\beta^2(\theta-s)(1+\theta)+\delta(1+\theta)(2-s\delta-\delta\theta)+2\beta(1+2s+\delta s-s\delta\theta-\theta-2\delta\theta)}{2[2\beta(2-\delta-\delta\theta)-(1+\theta)(\beta^2+\delta^2)]}$，$p_d^*=\frac{(\beta+\delta)(1-\delta\theta)}{2\beta(2-\delta-\delta\theta)-(1+\theta)(\beta^2+\delta^2)}$。该无约束最优解使上述最优化问题的约束条件 $q_t^*\leqslant q_1^*$ 恒不成立，而其他约束条件恒成立，因此，我们取 $q_t^*=q_1^*$ 为均衡解。

因此，均衡定价和销量为：$p_1^P=\frac{2\beta(1+\delta)(1-\delta\theta)}{2\beta(2-\delta-\delta\theta)-(1+\theta)(\beta^2+\delta^2)}$，

$p_2^P=\frac{(\beta+\delta)(1+\theta)(1-\delta\theta)}{2\beta(2-\delta-\delta\theta)-(1+\theta)(\beta^2+\delta^2)}$，

$$p_t^P=\frac{\beta^2(\theta-s)(1+\theta)+\delta(1+\theta)(2-s\delta-\delta\theta)+2\beta(1+2s+\delta s-s\delta\theta-\theta-2\delta\theta)}{2[2\beta(2-\delta-\delta\theta)-(1+\theta)(\beta^2+\delta^2)]},$$

$$p_d^P=\frac{(\beta+\delta)(1-\delta\theta)}{2\beta(2-\delta-\delta\theta)-(1+\theta)(\beta^2+\delta^2)},\quad q_1^P=\frac{\beta(2+\delta-\delta\theta-\beta-\beta\theta)}{2\beta(2-\delta-\delta\theta)-(1+\theta)(\beta^2+\delta^2)},$$

$$q_2^P=\frac{(\beta-\delta)(1+\delta)}{2\beta(2-\delta-\delta\theta)-(1+\theta)(\beta^2+\delta^2)},\quad q_t^P=\frac{\theta+s}{2\theta},\quad q_d^P=0。$$

（2）在渗透定价情形中，企业在第二阶段的最优化定价问题的表达式为

$$\max_{p_1,p_2,p_t,p_d}\pi=p_1(1-p_1+\delta p_d)+\beta\left[(p_2-p_t+s)\left(1-\frac{p_2-p_t}{\theta}\right)+p_d(p_1-\delta p_d-p_d)\right]$$

$$\text{s. t. } 0\leqslant 1-p_1+\delta p_d\leqslant 1$$

$$0\leqslant p_1\leqslant 1$$

$$0\leqslant p_1-\delta p_d-p_d\leqslant 1-(1-p_1+\delta p_d)$$

$$0\leqslant 1-\frac{p_2-p_t}{\theta}\leqslant 1-p_1+\delta p_d$$

$$0\leqslant p_t\leqslant p_2$$

$$0\leqslant p_d\leqslant p_1$$

$$p_1\leqslant \delta p_2$$

由于 Hessian 矩阵是负定的，目标函数为联合凹函数，可利用一阶条件求得无约束下的最优解为：$p_1^*=\frac{2\beta(1+\delta)}{\beta(4-\beta)+\delta(2\beta-\delta)}$，$p_2^*=\frac{2\beta(1+\delta)}{\delta[\beta(4-\beta)+\delta(2\beta-\delta)]}$，$p_t^*=\frac{2\beta(1+\delta)}{\delta[\beta(4-\beta)+\delta(2\beta-\delta)]}-\frac{1}{2}(\theta-s)$，$p_d^*=\frac{\beta+\delta}{\beta(4-\beta)+\delta(2\beta-\delta)}$。该无约束最优解使上述最优化问题的约束条件 $q_t^*\leqslant q_1^*$ 恒不成立，而其他约束条件恒成立，因此，我们取 $q_t^*=q_1^*$ 为均衡解。

因此，均衡定价和销量为：$p_1^P=\frac{2\beta(1+\delta)}{\beta(4-\beta)+\delta(2\beta-\delta)}$，$p_2^P=\frac{2\beta(1+\delta)}{\delta[\beta(4-\beta)+\delta(2\beta-\delta)]}$，$p_t^P=\frac{2\beta(1+\delta)}{\delta[\beta(4-\beta)+\delta(2\beta-\delta)]}-\frac{1}{2}(\theta-s)$，$p_d^P=\frac{\beta+\delta}{\beta(4-\beta)+\delta(2\beta-\delta)}$，$q_1^P=\frac{\beta(2-\beta+\delta)}{\beta(4-\beta)+\delta(2\beta-\delta)}$，$q_2^P=0$，$q_t^P=\frac{\theta+s}{2\theta}$，$p_d^P=\frac{(\beta-\delta)(1+\delta)}{\beta(4-\beta)+\delta(2\beta-\delta)}$。

第5章

面对策略型消费者的灵活持续时间团购策略

5.1 引言

在化妆品行业，企业通常会选择单品换代方式进行产品更迭，在推出新一代产品的同时停止销售老一代产品（Boncompagni，2017）。由于货架空间的有限以及该行业批量生产的特点，对于每一类产品，企业一般只提供当前主打产品。然而，随着社交网络平台和在线论坛的快速发展与日益活跃，化妆品公司可以通过线上的某些特别活动为消费者提供与主打产品不同的特别版产品（Special-Edition Product），尤其是过去曾火爆销售但目前已退出市场的产品。2012年2月，雅诗兰黛公司旗下的两大化妆品品牌 Bobbi Brown Cosmetics 和 MAC Cosmetics 分别在 Facebook 社交平台上发起了名为“Bobbi Brings Back：Lip Color”（见图5-1）和“MAC by Request”的活动，让消费者在几种已经退出市场的口红单品中投票选择最希望被召回市场的产品（Boncompagni，2012；Gattis，2012）。在现实中，化妆品（口红）大多是批量进行生产的（Brumberg，1986），因此，仅当市场中潜在需求达到一定数量时，对于企业而言实施产品召回才是有利可图的。如果没有这些线上活动，企业就无法准确了解市场对于其他特别版产品的需求，要么不推出特别版产品导致失去这一部分销售的机会，要么在不适当的时机推出特别版产品导致无人问津。

事实上，类似的例子在现实中并不少见。随着社交媒体和网络的繁荣，人们的行动日趋集体化（Tang，2008），这使企业提供特别版产品或服务的团购活动成为可能。第一，许多旅游平台（携程、JK Travel、Titicaca Travel）在经

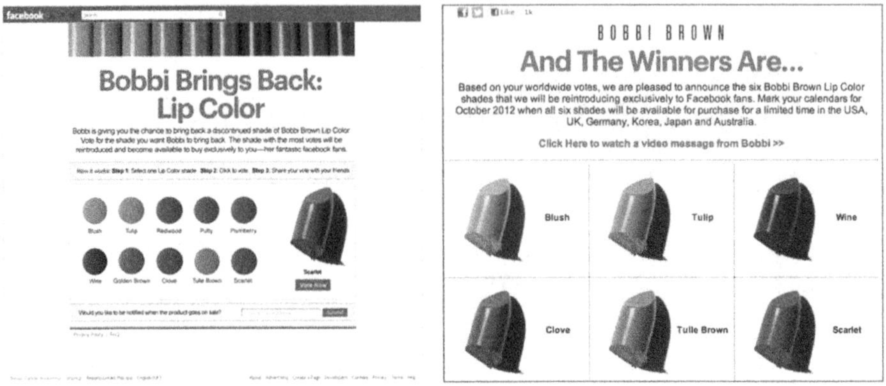

图 5-1　“Bobbi Brings Back：Lip Color”活动

典旅游线路之外，提供了特殊化、小众的旅游线路。然而，值得注意的是，市场需求事先无法确定，因此，这些小众的旅游产品仅在参加人数达到一定数量时才会成行，而经典旅游产品则没有最低人数的限制。第二，考虑当前国内外逐渐兴起的按需式交通服务（On-Demand Transportation）。除了销售实时提供的常规路线车票之外，Bus 网站还允许人们在线申请与常规产品不同的交通服务，譬如不同的路线、定制化的车型与服务，当且仅当对于服务的线上请求达到一定数量时才会被立即提供。其他类似的平台包括 Uber Central、Call-n-Ride。第三，中国国内的一些团购平台（网易拼、拼多多、拼好货、去拼团）也为消费者提供了类似的食品、服装、电子设备、酒店预订的团购。上述团购平台的共同点在于，对于在线提供的产品或服务团购并没有一个确切的截止时间，而只有一个提前设定的团购人数要求。一旦团购注册人数达到了该要求，团购立刻成功。换言之，这种团购时间是灵活的，消费者在决定加入团购时事先无法知道团购的确定成功时间，因此就不知道自己要等多久才能享受团购产品或服务。然而，除了团购这一途径之外，消费者仍旧可以选择企业销售的常规主流产品，而无须等待。

前文提到的团购策略是没有截止时间限制的，我们称之为灵活持续时间团购，其与文献中普遍研究的团购有一些共同之处（Tang，2008），譬如当且仅当团购注册人数达到某一要求时企业才会提供团购（Anand 和 Aron，2003；Chen 和 Roma，2011；Marinesi，等，2018）。然而值得注意的是，在以往研究传统团购的文献中，除了事先宣布团购注册人数要求外，企业也会公布一个团购截止时间，无论那时团购人数是否达到要求，团购都结束。因此，传统团购的结束时间是事先确定的，我们称之为确定截止时间团购（Group Buying with a Deadline）。此外，在确定截止时间团购中，尽管早期加入团购的消费者面临着更高的不确定性与团购失败风险，但他们和后期加入团购的消费者等待时间差异不大。这是因为此类团购持续时间一般较短，譬如之前 Groupon 和 Living Social 推出的“A Deal a Day”活动中，团购持续时间大多为 1 天。而灵活持续时间团购与上述传统团购存在三点显著差异。第一，没有事先确定的截止时间，只有一个事先确定的团购人数要求。第二，团购持续时间是灵活的、事先不确定的。第三，加入团购的消费者等待时间不同。然而，团购“All-or-Nothing（全赢或全输）”的本质并没有改变，换言之，如果团购注册人数没有达到要求，团购不会成功。确定截止时间团购与灵活持续时间团购二者之间的区别与 Roth 和 Ockenfels（2002）提出的有/无截止时间拍卖有类似之处。

如上所述，在现实中类似灵活持续时间团购的现象十分普遍。然而，对于其究竟能否提高企业收益、如何进行此种团购活动的机制设计以及其对于消费者的影响如何，我们尚未得知。普遍来讲，对于灵活持续时间团购的考虑要从两个方面出发。一方面，从积极的角度来说，在传统产品之外提供特别版产品的团购可以进一步开拓消费者群体，挖掘其产品偏好，可以为企业实现市场扩张并且更好地进行市场划分。具体而言，企业可以将市场拓展到原本未提供团购时未遍及的消费者群体中而提高收益。即使没有市场扩张的作用，企业也可以从特别版产品的高价格中获得更多的利润。从消极的角度来说，企业为了推出团购而不得不让消费者进行等待，等待会产生效率损失。如果市场中对于特别版产品的需求不高，那么加入团购的消费者就不得不面临很长的等待时间，这会削弱团购的吸引力。另一方面，企业可能会将特别版产品面向广阔的消费者市场，使团购等待时间大大缩短。然而这种情况下，企业可能会损失来自特别版产品潜在的高边际利润，也会侵蚀常规产品的市场。因此，对于这一团购进行优化设计是十分必要的。

考虑到上述问题，本章通过构建理论模型分析企业在销售的常规产品之外，通过灵活持续时间团购的形式推出某一特别版产品。消费者对产品的支付意愿具有异质性，分为高端消费者和低端消费者，其到达服从泊松分布，后到达的消费者可以观察到已经加入团购的消费者数量。每个消费者在到达后决定立即购买常规产品，还是加入团购等待特别版产品。随着到达时间的不同，加入团购的消费者面临着不同的等待时间与等待成本。对于每一个消费者而言，等待时间是不确定的，然而需要对在其之后到达的消费者的到达时间、购买行为进行理性预期，并由此对自身的期望等待时间进行合理估计。更重要的是，企业在决定是否提供该团购以及如何进行最优设计时，也需要考虑到消费者的理性决策行为。我们的研究表明，上述问题依赖于供应端特征和需求端特征的交互作用，具体而言，供应端特征是指产品的经济生产批量（团购最低人数要求），需求端特征是指市场中消费者的异质性。这强调了企业在制定产品决策时，综合考虑运营与市场多方面因素及其交互作用的重要性。

在本章研究的团购中，由于截止时间的不确定性，加入团购的消费者可能会等待很长的时间，尤其是在产品的经济生产批量很大时。因此，企业在进行产品定价时需要考虑由于团购中的等待行为导致的效率损失。由于消费者支付意愿异质性的存在，企业有动机让不同类型的消费者加入团购，以缓解等待带来的效率损失。在某种情况下，企业可能会把团购设计为不同类型的消费者在团购的不同时期进行加入，我们称之为跨时期消费者划分。换言之，在团购的动态加入过程中，加入团购的消费者群体会发生改变。我们发现，跨时期消费者划分是灵活持续时间团购的独特特征，并且有以下三个方面的影响。

第一，由于消费者等待带来的效率损失可能会随着经济生产批量的增加而降低。这一发现有些出乎意料，因为通常人们会认为，随着经济生产批量（团购最低人数要求）的增加，团购成功的等待时间恒增加，因而效率损失恒增加。而本章发现，随着经济生产批量的增加，效率损失并非恒增加。当经济生产批量比较小时，企业会选择仅让高端消费者加入团购，从而获益于团购产品带来的高边际收益。然而，随着经济生产批量的增加，团购成功的等待时间增加，企业有动机适当降低团购产品的定价，以吸引低端消费者也加入团购，特别是在团购的后期。这是因为，在团购后期低端消费者的加入，会缩短所有消费者的等待时间，从而降低效率损失。更重要的是，由于效率损失的降低，这种跨时期消费者划分可以在表现上优于完全消费者划分（Perfect Consumer Segmentation），即只有高端消费者加入团购。

第二，由于跨时期消费者划分带来的第二个影响体现在企业有动机提供特别版产品团购的条件上。如果仅考虑供应端因素，产品经济生产批量的增加总是会降低企业提供团购的动机。然而，本章研究表明，供应端因素的这一作用会被需求端因素（市场中消费者的异质性）调节。具体而言，尽管企业提供团购与否是关于经济生产批量的阈值策略，即当生产批量低于某阈值时企业有动机提供团购，然而该阈值和市场异质性程度之间存在非单调变化关系。随着市场异质性程度的增加，企业的团购策略是非单调变化的。也就是说，关于市场异质性程度存在两个不连续的区间，企业都有动机提供团购。企业团购策略的非单调性是完全消费者划分和跨时期消费者划分两者在均衡时的转换导致的。

第三，企业、高端消费者、低端消费者这三方都能够同时获益于灵活持续时间团购。从企业角度而言，只要经济生产批量不是极端大，企业提供灵活持续时间团购都能带来更高的利润。此外，团购总能够提高企业的产品销量，扩大市场份额。而从消费者角度而言，团购的提供总能够使高端消费者和低端消费者获得更高的消费者福利。这是因为，一方面，团购的存在，使低端消费者有可能通过“搭便车”加入团购从而得到特别版产品；而如果没有团购的存在，低端消费者是不可能支付得起特别版产品的价格的。另一方面，低端消费者的加入会缩短团购成功的等待时间，从而让高端消费者也获益。总而言之，灵活持续时间团购的存在可以实现企业、高端消费者、低端消费者三者之间的共赢。

随后，我们对基本模型进行了拓展。首先，我们放松了企业对团购产品实施统一定价的假设，考虑企业可以根据消费者加入团购时的状态进行差异化定价的情形。与传统关于确定截止时间团购研究不同的是，我们发现，在灵活持续时间团购中，企业有动机为后加入团购的消费者提供折扣。这一情况发生在经济生产批量不是极端大的情形中。原因在于，在这一情形下，企业为激励后加入团购的消费者比激励先加入团购的消费者更为有效。为了更好地理解，我们考虑只为一个消费者提供团购的特殊情形。如果为最后一个加入团购的消费者提供折扣，那么前面所有消费者都会预期到团购最后阶段的加速，以及等待时间的降低。换言之，团购后期的加速可以被所有在此之前到达的消费者预期到，从而提高了所有在此之前到达的消费者加入团购的意愿。因此，企业可以对他们制定更高的价格从而获得更高的收益。与之对比，如果企业为第一个加入团购的消费者提供折扣，这对于后面到达的消费者没有任何影响，无论是等待时间上，还是加入团购的意愿上。因此，企业无法通过这种折扣形式提高自身利润。我们的这一结论与传统团购研究形成了鲜明对比，因为在确定截止时间团购中企业更偏好为先加入团购的消费者提供折扣，以增加团购的成功概率。除此之外，我们发现，企业采用状态相关定价恒占优于基本模型中的统一定价。

其次，我们研究了企业不向消费者披露当前加入团购人数信息的情形，并称之为不可观测的团购（Unobservable Group Buying）。与之对比，基本模型可以叫作可观测的团购（Observable Group Buying）。与传统关于确定截止时间团购研究不同的是，我们发现，在灵活持续时间团购中，企业有动机不披露加入团购的人数信息，尤其是当团购的特别版产品相对常规产品质量足够高时。这是因为，在灵活持续时间团购中，企业不得不制定一个足够低的价格来吸引团购的第一个消费者，以补偿他面临的最高的等待成本。当企业披露团购人数信息时，团购的第一个消费明确地知道他是等待时间最长的人，因此企业需要补偿的程度最高，导致无法定高价。而如果企业不披露团购人数信息，团购的第一个消费者就无法得知其等待时间是最长的，因而只能根据平均等待时间来决定是否加入团购。因此，企业可以利用这一信息不对称性降低对于消费者等待时间的补偿，从而提高收益。

本章的研究贡献如下。首先，据我们所知，尚未有文献研究灵活持续时间团购及其最优设计。我们的模型抓住了灵活持续时间团购的最主要特点，即消费者等待成本的差异性，这也是以往关于确定截止时间团购的文献未考虑的地方。因此，本章得到的管理启示与以往文献有较大差异。其次，我们的研究结果强调了企业在制定产品策略时，同时考虑供应端和需求端因素的重要性。具体而言，企业应该考虑消费者序贯到达的本质特点，以及动态加入团购的行为。每个消费者到达的时间不同，出于对其后到达消费者行为的理性预期，其等待团购成功的时间成本也不同。如果这一策略性等待行为被企业忽视，那么企业推出团购的决策将是次优的。最后，本章首次提出跨时期消费者划分这一概念，并探讨了在何种条件下，与完全消费者划分相比，跨时期消费者划分能给企业带来更高的利润。

本章之后的章节安排如下。第 5.2 小节进行模型描述与假设的介绍。之后，第 5.3 小节求解了基本模型的理性预期均衡，并分析了企业提供团购与否对于企业和消费者的影响。第 5.4 小节对基本模型进行了三种不同角度的扩展。第 5.5 小节对其他可能的影响因素进行了讨论与分析。第 5.6 小节对本章的主要结论进行了总结，并对未来的研究方向进行了展望。

5.2　基本模型

5.2.1　模型描述与假设

本章研究一个销售一种常规产品的企业。[①] 消费者的到达过程服从参数为 λ 的泊松分布。消费者对于单位产品质量的支付意愿具有异质性，即以 $\gamma(0<\gamma<1)$ 的概率为高端消费者，以 $1-\gamma$ 的概率为低端消费者。具体而言，高端消费者对于单位产品质量的支付意愿为 H，而低端消费者对于单位产品质量的支付意愿为 L，且假设 $H>L>0$。换言之，高端消费者的到达过程服从参数为 $\gamma\lambda$ 的泊松分布，而低端消费者的到达过程服从与之独立的、参数为 $(1-\gamma)\lambda$ 的泊松分布。在基本模型中，我们假设 γ 是企业和消费者的公共知识。[②] 每个消费者至多购买一单位产品。企业只知道消费者支付意愿的分布，而每个消费者的类型（支付意愿的高低）对于企业而言是私有信息。

---

① 大多数化妆品或服装企业在某一特定时间某一特定类别只会销售一种主打产品。

② 在 5.5 小节中，我们将讨论高端消费者比例 γ 对于企业和消费者均为未知时的情形。

为了更好地对高端、低端消费者进行价格歧视，从而提高自身收益，企业可以选择为消费者提供一种高端产品的线上团购。本章假设高端产品和常规产品在质量上具有纵向差异性（Vertical Differentiation），质量分别为 $\theta(\theta>1)$ 和 1。[①] 尽管在本章中我们将 θ 解释为产品质量，事实上它可以代表一系列产品特征的组合，譬如大小、规格。当企业选择提供该团购时，企业需要在销售季开始之前公布团购的实施方案，包括：高端产品的团购价格 r、最小团购成功人数 N，以及常规产品的销售价格 p。当且仅当团购参加人数到达 N 时，企业以 N 为批量大小生产高端产品并配送给当前参与团购的消费者。值得注意的是，以往文献大多假设了一个团购活动的特定时长，当且仅当在到达该时间时团购人数足够多才视为团购成功。而与以往研究团购的文献不同的是，我们假设每当团购参与人数到达 N 时团购即视为成功，即本章研究的团购活动没有指定的时长。在本章中，我们假设最小团购成功人数 N 为外生参数。在现实中，企业可能会决策每次生产的批量大小。然而，通常情况下，生产批量至少要达到某一个大小企业才能够享有经济规模（Economies of Scale）。[②] 因此，外生给定的 N 定性描绘了这一临界值的高低。企业事先决策价格 r 和 p，以期最大化长期平均利润。在基本模型中，我们假设 r 和 p 分别只能有一个取值。[③]

由于团购成功需要等待，本章假设消费者的单位时间等待成本相同，均为 $c>0$。[④] 对于任意一个消费者而言，等待时间越长，总的等待成本越高。每位消费者到达时需决策是立即购买常规产品，还是加入团购等待高端产品（如果企业提供团购的话），抑或是不参与任何购买。为了简化模型，我们假设消费者若不参与任何购买则效用为零。只有消费者参与团购的期望效用高于立即

---

① 在 5.4.1 小节中，我们考虑团购产品为低端产品的情形，即 $\theta<1$。

② 为了保证模型的简洁，我们没有外生地考虑两种产品的生产成本，而是假设两种产品拥有不同的经济生产批量。这一假设的合理性如下。通常来说，常规产品和高端产品拥有不同的生产准备成本（Setup Cost），我们将其分别表示为 K_1 和 K_2。常规产品是企业的主打产品，它的生产线通常是连续的，因此 K_1 相对较小。与之对比，特殊版本的高端产品是额外定制化的，K_2 相对较大，因此 $K_1 \ll K_2$。不失一般性，我们将 K_1 标准化为零，令 $K_2=K$。此外，生产准备成本 K 等价于经济生产批量 N，意味着需要生产 N 个产品才能刚好抵销生产准备成本 K。

③ 在 5.4.2 小节中，我们将研究高端产品团购价格 r 可以依据消费者到达状态不同而进行差异设定的情形。

④ 在 5.5 小节中，我们将讨论两种类型消费者具有不同的单位时间等待成本的情形。

购买时，才会选择加入团购，而一旦加入，消费者不能食言。在每个消费者决策之前，都可以观察到价格 r 和 p、团购成功临界值 N，以及距离 N 当前还缺少的人数 n($1 \leqslant n \leqslant N$)。我们将 n 称为团购状态，并在基本模型中假设 n 是可以被观测到的，原因如下：一方面，在现实生活中，许多企业都会向消费者披露实时团购参与人数信息（N-n）；另一方面，本章研究的团购是在线提供的，譬如企业官网，消费者在参与团购时能很容易地了解这一信息。[①] 消费者在做出决策时，需要考虑自身的类型（H 或 L），以及对于期望等待时长 w(n) 的理性预期。不失一般性，本章假设两种产品的单位生产成本均为零。此外，所有外生参数均为企业和消费者的共同知识，包括 H、L、λ、γ、c 和 θ。

5.2.2　关于模型假设的讨论

本章的基本模型捕捉住了企业考虑团购时最为重要的几个因素，包括：市场异质性、消费者序贯到达并依次做出加入团购的决策、不同的团购等待时长，以及企业和消费者对于未来参与团购人数的理性预期。接下来，我们对模型的几点关键假设进行讨论。

（1）高端团购产品。在基本模型中，我们假设团购产品是具有比常规产品更高质量水平的高端产品，即 $\theta>1$，因此主要吸引的是高端消费者用户群。这一假设与现实情况相符，因为许多企业提供特别版产品给其最忠实的消费者（高端消费者）。然而，我们在 5.4.1 小节中分析了团购产品为低端产品的情形，即 $\theta<1$，来探究本章得到的消费者加入团购的动态特征是否会发生改变，以及其与基本模型的差异体现在哪里。

（2）统一定价决策。在基本模型中，我们假设无论消费者何时到达、无论消费者加入时的团购状态 n 的大小如何，其需要支付的团购产品价格 r 都相同，即统一定价策略（Uniform Pricing Strategy）。这一假设与现实中我们观察到的案例也相吻合。许多第三方团购平台为了实施的便利性，对于同一种团购产品或服务都设置了一种价格，譬如 Cudo、Scoopon、Groupon 和 Living Social。

---

① 在 5.4.3 小节中，我们将研究消费者无法观测到团购状态 n 的情形。

然而，在 5.4.2 小节中，我们将放松该假设，研究高端产品团购价格 r 可以依据消费者到达时的团购状态 n 不同而差异设定的情形，即状态相关定价策略。研究结果表明，消费者加入团购的动态行为并没有发生显著改变，此外我们还将得到一些新的启示。

（3）可观测的团购状态信息。在基本模型中，我们假设消费者可以观测到当前加入团购的人数（N-n），因此，团购状态信息是可观测的。这一假设也与现实生活相一致。许多团购网站都将实时团购人数信息披露给消费者来吸引更多的人参加，譬如 Kickstarter、Cudo 和 Ouffer。此外，包括 Bobbi Brown Cosmetics 和 MAC Cosmetics 在内的化妆品公司，会通过举办 Facebook 竞选的方式，让粉丝在几种已经退出市场的产品中投票选出最喜欢的产品，并将其重新召回市场（Boncompagni，2017）。消费者也可以根据其他人的评论或反馈了解哪种产品是呼声最高的（Kahn，2013）。而与之对比，在 5.4.3 小节中，我们将研究消费者无法观测到团购状态 n 的情形，即不可观测的团购状态信息，并分析其对于消费者加入团购的动态均衡的影响。

（4）市场构成信息。在基本模型中，我们假设全部市场构成信息（Market Composition Information）对于企业和消费者都是公共知识，包括两类消费者的支付意愿和比例。在 5.5 小节中，我们将放松该假设，讨论高端消费者比例 γ 这一信息对于企业和消费者均为未知时的情形，并分析其对于消费者加入团购的动态均衡的影响。

（5）广告效应。在现实生活中，某些经典产品的团购可以作为企业的广告，吸引更多的消费者前来购买（Edelman，等，2016）。因此，在 5.5 小节中，我们考虑广告效应对于消费者加入团购的动态均衡的影响。

5.3 模型分析

在基本模型中，我们研究了企业和消费者之间的斯塔克尔伯格（Stackelberg）博弈，其中，企业是领导者，而消费者是跟随者。具体而言，企业首先决策是否提供该以旧换新项目以及相应的价格；之后，消费者在到达时基于自身支付意愿以及当前团购人数来决定是否加入团购。利用逆向归纳法，我们求解得到基本模型的理性预期均衡。本章所涉及的全部证明均总结在附录中。

5.3.1　提供团购时的理性预期均衡

在基本模型中，我们用上角标“G”表示企业提供团购时的情形。在提供高端产品团购的策略下，企业可以通过控制价格 r^G 和 p^G 的高低来实现任意状态 n 下参加团购的消费者群体，譬如只有高端消费者、只有低端消费者、两类消费者同时加入团购。我们将消费者参与团购行为的主要特征总结在下面的引理中。

引理 1（消费者参与团购行为的连续性）　给定任意 $\theta \neq 1$ 和 N，如果在任意状态 $n(1 \leqslant n \leqslant N)$ 下高端（低端）消费者加入了团购，那么在接下来的任意状态 $n'(1 \leqslant n' \leqslant n)$ 下所有的（低端）消费者都会加入团购。

从引理 1 中我们可以推断出，均衡时可能的五种消费者划分分别是：第一，只有高端消费者加入团购（表示为情景 {H}）；第二，高端消费者先加入团购，然后低端消费者加入团购（表示为情景 {H；H+L}）；第三，高端、低端消费者同时加入团购（表示为情景 {H+L}）；第四，只有低端消费者加入团购（表示为情景 {L}）；第五，低端消费者先加入团购，然后高端消费者加入团购（表示为情景 {L；H+L}）。引理以及对应的五种消费者划分不仅对于基本模型是适用的，在接下来的若干扩展模型中也仍旧是成立的（无论 $\theta>1$ 还是 $\theta<1$）。然而，当 $\theta>1$ 时，上述五种情景中只有前三种情形可能出现在均衡中，详见下文的命题及其证明。①

命题 1（企业提供高端产品团购时的消费者划分）　给定任意 $\theta>1$ 和 N，无论价格 r^G 和 p^G 如何，均衡时的消费者划分都只可能是以下三种情景中的一种：{H}、{H；H+L}、{H+L}。

我们将上述三种情景用它们的共同特征来进行定义：第一个，即 $n=N$ 时加入团购的消费者都是高端消费者。为了简化符号表示，我们用 $\lfloor x \rfloor$ 表示不超

① 当 $\theta<1$ 时，上述五种情景中只有后三种情形可能出现在均衡中，详见 5.4.1 小节。

过 x 的最大整数。定义$\lfloor \bar{n}^G \rfloor(0\leqslant\lfloor \bar{n}^G \rfloor\leqslant N)$为转换状态（Tipping State），也就是说，参与团购的消费者类型会在团购状态 n 到达$\lfloor \bar{n}^G \rfloor$之后发生改变。[①] 以情景 {H；H+L} 为例进行说明：对于到达比较早的消费者，即在任意状态$n(\lfloor \bar{n}^G \rfloor<n\leqslant N)$下到达的消费者中，只有高端消费者选择加入团购；而对于到达比较晚的消费者，即在任意状态$n(1\leqslant n\leqslant\lfloor \bar{n}^G \rfloor)$下到达的消费者中，高端消费者和低端消费者均选择加入团购。因此，我们可以用转换状态$\lfloor \bar{n}^G \rfloor$的不同取值来分别表示三种情景。具体而言，$\lfloor \bar{n}^G \rfloor=0$、$1\leqslant\lfloor \bar{n}^G \rfloor<N$、$\lfloor \bar{n}^G \rfloor=N$分别代表情景 {H}、{H；H+L}、{H+L}。企业无法观测到每一位消费者的类型，只能通过设定价格让每位消费者自我选择最为偏好的产品，即能带来最高消费者个人福利的产品。在均衡时，价格r^G和p^G应该满足个体理性（Individual Rationality，IR）约束和激励相容约束（Incentive Compatibility，IC）。基本模型中的 IR 约束和 IC 约束的表达式为

$$\begin{cases} IR_H:\ \theta H-r^G-c\cdot w(n)\geqslant 0 & 1\leqslant n\leqslant N, \\ IC_H:\ \theta H-r^G-c\cdot w(n)\geqslant H-p^G & 1\leqslant n\leqslant N, \\ IR_{L1}:\ L-p^G\geqslant 0 & \bar{n}^G<n\leqslant N, \\ IC_{L1}:\ L-p^G\geqslant \theta L-r^G-c\cdot w(n) & \bar{n}^G<n\leqslant N, \\ IR_{L2}:\ \theta L-r^G-c\cdot w(n)\geqslant 0 & 1\leqslant n\leqslant \bar{n}^G, \\ IC_{L2}:\ \theta L-r^G-c\cdot w(n)\geqslant L-p^G & 1\leqslant n\leqslant \bar{n}^G, \end{cases} \tag{5-1}$$

其中，$\bar{n}^G$满足$0\leqslant\bar{n}^G\leqslant N$，期望等待时长 w(n) 的表达式为

$$w(n)=\begin{cases} \dfrac{n-1}{\lambda} & 1\leqslant n\leqslant \bar{n}^G, \\ \dfrac{\bar{n}^G}{\lambda}+\dfrac{n-\bar{n}^G-1}{\gamma\lambda} & \bar{n}^G<n\leqslant N. \end{cases} \tag{5-2}$$

式（5-1）中的个体理性约束IR_H、IR_{L1}和IR_{L2}保证了高端消费者、低端消费者都有动机购买企业的产品（无论是常规产品还是团购产品）。而激励相

---

① 我们用$\lfloor \bar{n}^G \rfloor$而不是$\bar{n}^G$来表示转换状态，其中，$\bar{n}^G$可能是［0，N］区间内的任何数，而$\lfloor \bar{n}^G \rfloor$是［0，N］区间的任何整数。出于分析的严谨性，我们用$\lfloor \bar{n}^G \rfloor$在正文中进行表述，用$\bar{n}^G$在附录中对均衡进行分析。

容约束 IC_H、IC_{L1} 和 IC_{L2} 保证了高端消费者、低端消费者的自我选择。其中，高端消费者始终更偏好团购的高端产品，而低端消费者的偏好可能会发生改变：或始终偏好常规产品；或始终偏好团购产品；或在团购开始初期更偏好常规产品，在团购后期更偏好团购的高端产品。

在均衡时，约束 IR_{L1} 取等，因此 $p^G=L$。而约束 IC_H 或 IC_{L2} 谁取等取决于转换状态 $\bar{n}^G$ 的相对大小。由于 $w(n)$ 随 n 恒单调递增，因此约束 IC_H 或 IC_{L2} 无论谁取等均发生在最大的可能状态 n 上。定义 $\bar{r}_1^G(\bar{n}^G)\equiv\theta L-c\cdot w(\bar{n}^G)$，$\bar{r}_2^G(\bar{n}^G)\equiv(\theta-1)H+L-c\cdot w(N)$。当 $\bar{n}^G>\bar{n}_1^G$ 时，$\bar{r}_1^G(\bar{n}^G)<\bar{r}_2^G(\bar{n}^G)$ 成立，其中，$\bar{n}_1^G\equiv N-1+\gamma-(\theta-1)(H-L)\gamma\lambda/c$。因此，我们可以把 r^G 写为关于转换状态 $\bar{n}^G$ 的函数，其表达式为

$$r^G=\begin{cases}\bar{r}_2^G(\bar{n}^G) & 1\leqslant\bar{n}^G\leqslant\bar{n}_1^G,\\ \bar{r}_1^G(\bar{n}^G) & \bar{n}_1^G<\bar{n}^G\leqslant N.\end{cases}\tag{5-3}$$

接下来，我们将企业的长期平均利润 π^G 的表达式写为

$$\begin{aligned}\pi^G&=[r^G\cdot\gamma\lambda+p^G\cdot(1-\gamma)\lambda]\cdot P(n>\bar{n}^G)+(r^G\cdot\lambda)\cdot P(n\leqslant\bar{n}^G)\qquad(5\text{-}4)\\&=\frac{[r^G\cdot\gamma\lambda+L(1-\gamma)\lambda]\cdot\dfrac{N-\bar{n}^G}{\gamma\lambda}+(r^G\cdot\lambda)\cdot\dfrac{\bar{n}^G}{\lambda}}{\dfrac{\bar{n}^G}{\lambda}+\dfrac{N-\bar{n}^G}{\gamma\lambda}}\\&=\frac{r^G\cdot\gamma\lambda N+L(1-\gamma)\lambda(N-\bar{n}^G)}{N-(1-\gamma)\bar{n}^G}\end{aligned}$$

其中，$P(n>\bar{n}^G)$ 和 $P(n\leqslant\bar{n}^G)$ 分别代表团购状态 n 满足 $n>\bar{n}^G$ 和 $n\leqslant\bar{n}^G$ 的概率，可以用 $n>\bar{n}^G$ 和 $n\leqslant\bar{n}^G$ 的期望时长来表示。通过将 r^G 的表达式替换到 π^G 中，我们可以将 π^G 整理为关于转换状态 $\bar{n}^G$ 的函数。因此，通过最优化 $\pi^G(\bar{n}^G)$ 我们可以求解出最优转换状态 $\bar{n}^G$、最优价格 r^G、最优利润 π^G，以及相应条件。命题 2 介绍了当企业提供团购时，在理性预期均衡中的消费者划分。图 5-2 所示为提供团购时均衡下的消费者划分。在附录中，我们给出了均衡的具体求解过程，以及不同情形下均衡的具体取值。

命题 2（提供高端产品团购时的理性预期均衡） 给定任意 $\theta>1$ 和 N，

(1) 当 $H/L \leq 1/\gamma$ 时，企业设定 r^G 和 p^G 使均衡时的消费者划分如下：

(1.1) 如果 $N \leq \widetilde{N}_1^G$，则 {H+L} 是均衡时的消费者划分；

(1.2) 如果 $N > \widetilde{N}_1^G$，则 {H；H+L} 是均衡时的消费者划分。

(2) 当 $H/L > 1/\gamma$ 时，企业设定 r^G 和 p^G 使均衡时的消费者划分如下：

(2.1) 如果 $N \leq \widetilde{N}_2^G$，则 {H} 是均衡时的消费者划分；

(2.2) 如果 $N > \widetilde{N}_2^G$，则 {H；H+L} 是均衡时的消费者划分。

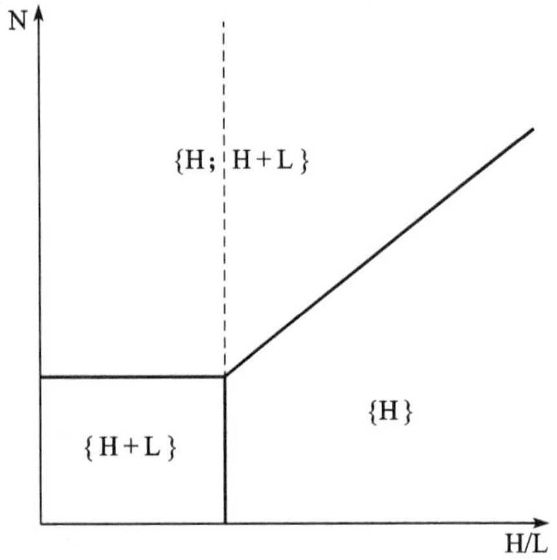

图 5-2 提供团购时均衡下的消费者划分

根据命题 2，我们可以看出，均衡取决于供应端和需求端的特征，即生产批量 N 和消费者差异化程度 H/L。较高（较低）的 H/L 意味着消费者差异较大（较小），而 H/L=1 意味着不具有任何市场异质性。通常，当生产批量 N 足够小且市场异质性 H/L 足够低时，企业的最优策略是让所有消费者都加入团购购买高端产品（对应情形 1.1 和图 5-2 中的 {H+L} 区域）。这是因为 $\theta > 1$ 且 N 足够小（等待时间短），对于企业而言，高端产品比常规产品边际收益更高。又因为 H/L 比较低，企业没有动机对两类消费者进行价格歧视。事实上，情形 1.1 退化为企业销售的常规产品没有消费者购买。然而，随着生产批量 N 逐渐增大，或者随着市场异质性 H/L 逐渐增高，企业有动机对两类消费者进行价格歧视，即对团购的高端产品制定更高的价格。此时，低端消费者只能转向购买常规产品。接下来，我们具体讨论这两种变化。

一方面，当生产批量 N 足够小且市场异质性 H/L 足够高时，企业可能将低端消费者完全排除在团购之外（对应情形 2.1 和图 5-2 中的 {H} 区域）。我们将这一情形称为企业对两类消费者进行完全消费者划分。此时，企业既可以获利于将团购产品卖给高端消费者的高边际利润，也不会失去低端消费者（其选择立即购买常规产品）。结合情形 1.1 和 1.2 我们可以发现，当生产批量 N 比较小时，N 的改变并不会影响均衡时的消费者划分，而市场异质性 H/L 的改变会影响消费者划分。这一结果与 Netessine 和 Taylor（2007）的文章中的第 3.2 小节的研究发现类似。

另一方面，当生产批量 N 足够大时，均衡结果与现有文献存在着非常大的差异。直觉上说我们会认为 N 越大，企业越有动机对两类消费者进行完全价格歧视，即只让高端消费者加入团购。然而，我们的分析结果显示了另一种不同的均衡，即高端消费者先加入团购，随后当团购累积到一个阈值数量（$N-\lfloor n^G \rfloor$）之后，低端消费者与高端消费者一起加入团购（对应情形 1.2、2.2 和图 5-2 中的 {H；H+L} 区域）。我们将这一情形称为跨时期消费者划分。均衡为跨时期消费者划分时的团购计数过程如图 5-3 所示，其中，浅色表示高端消费者加入团购，深色表示低端消费者加入团购。

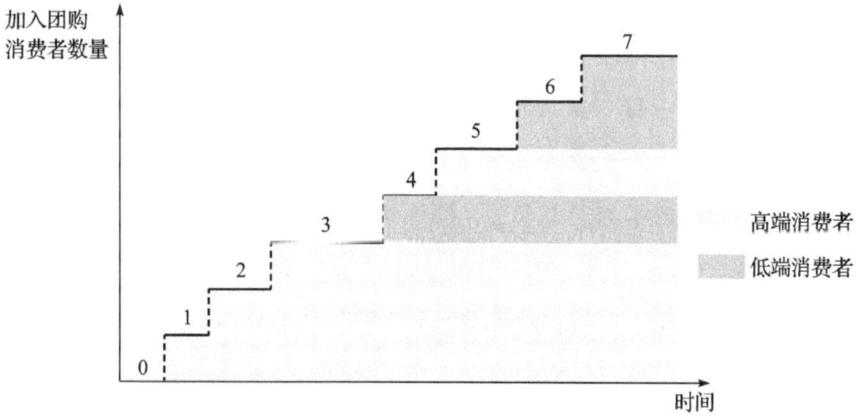

图 5-3　均衡为跨时期消费者划分时的团购计数过程

从命题 2 中我们还可以发现，当生产批量 N 足够大时，跨时期消费者划分占优于完全消费者划分（总结在推论 1 中）。为了更好地理解这一均衡的内在特点，我们分析企业在提供团购时权衡的两个方面因素，即价格歧视能力和效率损失的高低。一方面，随着生产批量 N 的增加，消费者等待的时间显著提高。因此，为了维持团购的吸引力，企业不得不想办法降低等待时间。一个非常简单的方法便是降低团购产品的价格 r^G，允许低端消费者也加入团购（注意是在团购进程的后期）。也就是说，低端消费者在团购后期可以“搭便车”购买高端团购产品，加快了团购后期的进程，缩短了所有加入团购的消费者的等待时间，从而一定程度上缓解了效率损失，尽管在此过程中企业放弃了一部分通过价格歧视获取的高边际利润。事实上，这种跨时期消费者划分不仅对低端消费者有帮助，也可以使企业和高端消费者同时受益。对于高端消费者而言，后期低端消费者的参与加快了其团购的进程，降低了其等待团购成功的时间。

推论 1（两种消费者划分的对比） 当生产批量 N 足够大时，跨时期消费者划分占优于完全消费者划分。否则，完全消费者划分占优于跨时期消费者划分。

除此之外，值得注意的是，上面提到的企业关于生产批量 N 的考虑会受到市场异质性 H/L 的影响。我们发现，一方面，随着市场异质性 H/L 的增加，关于生产批量 N 的阈值 $\widetilde{N}_2^G$ 逐渐提高，这说明由于潜在的价格歧视能力提高了，企业更倾向于选择完全消费者划分。另一方面，消费者等待带来的效率损失可能会随着生产批量 N 的增加而降低。这一发现有些出乎意料，因为通常人们会认为，随着生产批量（团购最低人数要求）的增加，团购成功的等待时间恒增加，因而效率损失恒增加。而本章发现，随着经济生产批量的增加，效率损失并非恒增加。当经济生产批量比较小时，企业会选择仅让高端消费者加入团购，从而获益于团购产品带来的高边际收益。然而，随着经济生产批量的增加，团购成功的等待时间增加，企业有动机适当降低团购产品的定价，以吸引低端消费者也加入团购，特别是在团购的后期（见图 5-2 中的 {H} 区域到 {H；H+L} 区域的变化）。这是因为，在团购后期低端消费者的加入，会缩短所有消费者的等待时间，从而降低效率损失。此外，基于本章的假设，所有加入团购的消费者均可以得到团购的高端产品，区别在于不同时刻加入团购的消费者等待时长不同。换句话说，本章研究的灵活持续时间团购成功率为1，这也是与以往研究确定截止时间团购文献的最主要区别（Hu，等，2013；Liu 和 Tunca，2016）。

5.3.2　不提供团购时的均衡

为了评估企业提供团购带来的潜在利润大小，我们将两种常见的策略作为基准，将团购策略与其进行对比。在两种基准策略下，企业不提供团购，并且只销售常规产品。一种策略叫作销量策略（Volume Strategy），在该策略下企业制定相对较低的售价，旨在吸引更多的消费者，即薄利多销。另一种策略叫作利润策略（Margin Strategy），在该策略下企业制定相对较高的售价，只面向高端消费者。我们用上角标“V”表示企业选择销量策略时的情形，用上角标“M”表示企业选择利润策略时的情形。

基于本章的模型假设，在销量策略的均衡下，企业选择定价 $p^V=L$，对应的企业长期平均利润 $\pi^V=L\lambda$。每个低端消费者得到的福利为零，每个高端消费者得到的福利为 H-L，因此消费者长期平均福利为 $s^V=(H-L)\gamma\lambda$。而在利润策略的均衡下，企业选择定价 $p^M=H$，对应的长期平均利润 $\pi^M=H\gamma\lambda$。每个消费者得到的福利均为零，因此消费者长期平均福利 $s^M=0$。在企业不考虑提供团购的情况下，当市场异质性 H/L 足够高时（当 $H/L>1/\gamma$ 时），企业选择销量策略；否则，企业选择利润策略。该均衡如命题 3 所示。

命题 3（不提供团购时的均衡）

（1）当 $H/L\leqslant 1/\gamma$ 时，企业有动机选择销量策略，使高端消费者和低端消费者都选择购买常规产品；

（2）当 $H/L>1/\gamma$ 时，企业有动机选择利润策略，使只有高端消费者选择购买常规产品。

根据命题 3 我们发现，当企业只销售常规产品时，企业的销售策略和定价决策只受到市场异质性 H/L 高低的影响。企业需要权衡产品边际收益的高低与市场份额的大小。一方面，当市场异质性 H/L 比较低时，企业倾向于同时让高端消费者和低端消费者都选择购买常规产品。然而，尽管两类消费者的支付意愿差异比较小，企业损失的产品边际收益仍然不可忽视。另一方面，当市场异质性 H/L 比较高时，企业倾向于只让高端消费者选择购买常规产品。然而，由于低端消费者流失带来的损失，不仅局限于市场份额的降低、利润的损失，还有消费者忠诚度的降低等。值得一提的是，如果企业提供特别版产品的灵活持续时间团购，边际收益与市场份额两个因素都可以被兼顾到。接下来，我们以这两种模型作为基准来衡量企业除销售常规产品之外，还提供高端产品的团购时带来的潜在利润。

5.3.3 提供团购与否的对比

基于上述均衡分析，我们接下来从企业和消费者角度分别比较不同策略的表现。我们用企业的长期平均利润作为评价标准。当且仅当企业能获得更高的长期平均利润时，企业才有动机提供团购。下面的定理 1 总结了从企业角度对于团购策略和另外两种基准策略的比较。图 5-4 所示为最优团购策略以及相应消费者划分。我们用“G”或“R”分别表示团购产品和常规产品，用“NG”表示不提供团购产品。此外，“H”“L”“H+L”“H；H+L”“L；Ø”分别表示购买团购产品“G”或常规产品“R”的消费者划分，其中，“Ø”表示没有消费者购买。我们以“G(H；H+L)，R(L；Ø)”为例进行说明，代表在该区域内企业会有动机提供团购，并且在团购初期只有高端消费者加入团购，此时低端消费者购买常规产品，而在团购后期高端消费者和低端消费者都加入团购，此时没有人购买常规产品。

定理 1（企业的最优团购策略） 假设 $\theta>1$。

（1）当 $H/L\leq 1/\gamma$ 时，随着 N 的增加，企业的团购策略变化为：{G(H+L)，R(Ø)}→{G(H；H+L)，R(L；Ø)}→{NG，R(H+L)}；

（2）当 $1/\gamma<H/L\leq \widetilde{m}^G$ 时，随着 N 的增加，企业的团购策略变化为：{G(H)，R(L)}→{G(H；H+L)，R(L；Ø)}→{NG，R(H)}；

（3）当 $H/L>\widetilde{m}^G$ 时，随着 N 的增加，企业的团购策略变化为：{G(H)，R(L)}→{NG，R(H)}。

定理 1 介绍了企业的最优团购策略以及相应消费者划分。我们可以看出，

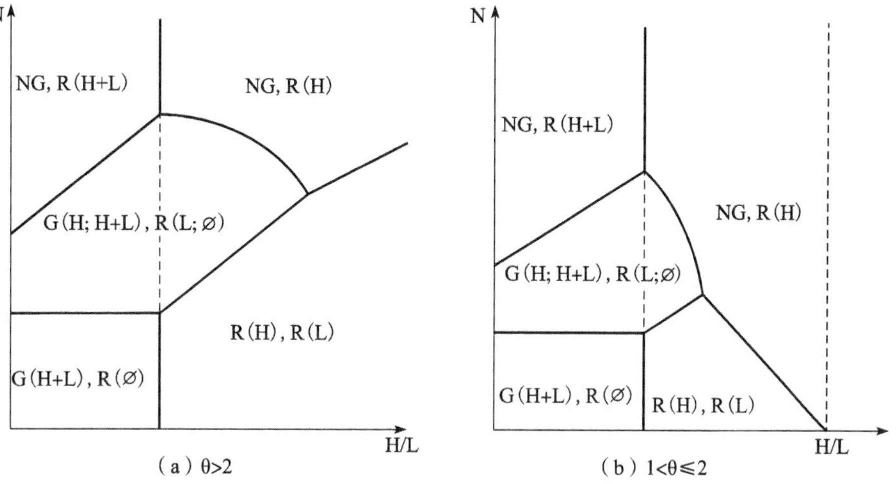

图 5-4　最优团购策略以及相应消费者划分

企业的最优团购策略不仅取决于供应端和需求端的特征，即生产批量 N 和消费者差异化程度 H/L，还受到团购产品质量水平 θ 的影响。当市场中的消费者差异化程度 H/L 比较低时，企业的最优团购策略以及对应的消费者划分不受 θ 的影响；而当市场中的消费者差异化程度 H/L 比较高时，企业的最优团购策略以及对应的消费者划分受到三个因素的交互影响。具体而言，θ>2 和 1<θ≤2 时对应的企业的最优团购策略不同，因为较小的 θ 限制了团购活动的盈利能力。接下来，我们将分别从供应端和需求端特征的角度讨论企业的最优团购策略以及对应的消费者划分。

推论 2（团购策略的非单调性） 当 N 处于中间（Intermediate）的范围时，企业的最优团购策略是关于 H/L 非单调的（Non-Monotonic）。具体而言，随着 H/L 的增加，企业的最优团购策略变化为：NG→G→NG→G。

首先，我们从需求端特征的角度分析。当 N 处于中间的范围时，企业的最优团购策略是关于 H/L 非单调的。也就是说，随着 H/L 的增加，企业的最优团购策略变化为：NG→G→NG→G（见推论 2）。然而，当 N 足够大或者足够小时，企业的最优团购策略是关于 H/L 单调变化的。具体而言，最优团购策略为 G(→NG) 或 NG(→G)。那么，出现上述变化的原因何在呢？回顾我们在命题 2 之后对于企业提供团购时权衡因素的分析。企业提供团购产品的动机在于对不同类型的消费者进行价格歧视，即价格歧视效应（Price Discrimination Effect）。然而，为了实施团购，企业和消费者不得不等待足够多的人加入才能获得团购的成功，消费者的等待导致了效率的损失，即效率损失效应（Efficiency Loss Effect）。为了使消费者做出激励相容的决策，企业不得不通过适当降低团购产品的价格来补偿参与团购消费者的等待成本。因此，提供团购的盈利能力取决于价格歧视效应和效率损失效应的相对强弱。也就是说，无论是价格歧视效应足够强，还是效率损失效应足够弱，企业都能够通过提供团购来获得更高的收益。值得一提的是，价格歧视效应会随着市场中消费者差异化程度 H/L 的增加而增加，而效率损失效应会随着生产批量 N 的增加而增加。

第一，当生产批量 N 足够小时，企业总是有动机提供团购，因为此时的效率损失效应非常弱，可以被忽略。当市场中消费者差异化程度 H/L 比较低时，此时的价格歧视效应相对较弱，企业会倾向于所有消费者都加入团购［对应图 5-4 中的“G(H+L)，R(Ø)”区域］。而当市场中消费者差异化程度 H/L 比较高时，此时的价格歧视效应相对较强，企业会倾向于只让高端消费者加入团购，让低端消费者购买常规产品［对应图 5-4 中的“G(H)，R(L)”区域］。上述发现有些类似于关于具有纵向差异性的产品线设计研究中的基本结论，即企业的最优产品线设计取决于消费者支付意愿差异化的程度（Moorthy, 1984）。然而，当生产批量 N 并非足够小时，消费者的等待导致的效率损失不容忽视，我们的结果也会显著区别于以往的文献。

第二，当生产批量 N 足够大时，此时消费者等待带来的效率损失非常大，并且企业不再有动机对消费者进行补偿。因此，此时的价格歧视效应会被效率损失效应占优，导致企业放弃提供团购而只销售常规产品［对应图 5-4 中的“NG，R(H+L)”和“NG，R(H)”区域］。

第三，当生产批量 N 处于中间的范围时，此时企业的最优团购策略是关于 H/L 非单调的，因此分析会相对复杂些（见推论 2）。在一个消费者相对同质性的市场中（H/L=1），不存在企业进行价格歧视的可能性，因此企业更偏好销量策略［对应图 5-4 中的“NG，R(H+L)”区域］。之后，随着 H/L 的增加，价格歧视效应逐渐增强，企业能够对不同类型的消费者实施价格歧视，因此，企业此时有动机提供团购产品。值得注意的是，此时的效率损失效应不容忽视。所以，企业有动机让低端消费者在团购后期加入，以此来降低等待时间过长而导致的效率损失［对应图 5-4 中由“NG，R(H+L)”区域到“G(H; H+L)，R(L; Ø)”区域的变化］。接下来，随着 H/L 的进一步增加，价格歧视效应进一步增强。然而此时，与团购策略比起来，采用不提供团购的利润策略对企业而言更有吸引力。这是因为，企业不需要降低对于产品的定价（企业边际收益）来吸引低端消费者在后期加入团购，以补偿前期高端消费者的等待成本［对应图 5-4 中由“G(H; H+L)，R(L; Ø)”区域到“NG，R(H)”区域的变化］。最后，随着 H/L 的进一步增加，团购策略重新获得吸引力。这是因为，企业可以通过实施完全消费者划分来获得更高的边际收益［对应图 5-4 中由“NG，R(H)”区域到“G(H)，R(L)”区域的变化］。

推论 3（参与团购的消费者群体） 企业的最优团购策略中，当 H/L 足够低时，高端消费者和低端消费者都会参与团购；当 H/L 足够高时，只有高端消费者会参与团购。

其次，我们从供应端特征的角度分析。无论市场中的消费者差异化程度 H/L 高低，随着生产批量 N 的增加，企业的最优团购策略变化为 G→NG。然而，对应的消费者划分仍旧受到 H/L 变化的影响。我们将关于参与团购的消费者群体规律总结在推论 3 中。企业的最主要考虑因素是平衡由价格歧视带来的利润和可能的效率损失。因此，当 H/L 足够低时，企业为了适度降低由于等待带来的效率损失，会让高端消费者和低端消费者都参与团购；而当 H/L 足够高时，价格歧视带来的利润更吸引人，因此企业只让高端消费者参与团购。

从这种意义上讲，团购可以作为有效地实施价格歧视的手段，既可以是完全消费者划分，也可以是跨时期消费者划分。当不提供团购时，企业要么以较低的价格同时销售常规产品给两类消费者［对应图 5-4 中的“NG，R(H+L)”区域］，要么以较高的价格只销售常规产品给高端消费者［对应图 5-4 中的“NG，R(H)”区域］。通过在销售常规产品之外提供高端产品的团购，企业可以在消费者差异化程度 H/L 比较低时实施跨时期消费者划分［对应图 5-4 中的"G(H; H+L), R(L; Ø)"区域］，而在消费者差异化程度 H/L 比较高时实施完全消费者划分［对应图 5-4 中的"G(H), R(L)"区域］。

推论 4（企业销量的对比） 当企业在销售常规产品之外提供团购产品时总销量最高，即 $q^G=q^V>q^M$。

除了利润之外，产品的总销量（市场份额）也是企业需要考虑的重要因素。因此，我们在推论 4 中给出了不同策略下企业总销量的比较。结果表明，企业在销售常规产品之外提供团购产品时，能够服务更多的消费者群体，因此获得更高的市场份额。

人们或许会好奇为什么企业不在最开始直接提供两种差异化的产品呢？这是因为，在化妆品行业，受到货架空间、库存空间等因素的限制，直接提供两种差异化的产品有可能需要额外的货架空间与库存空间，也会带来其他额外的成本，同时企业对于产品的需求情况也不了解。而通过线上团购形式提供另一种产品，并不需要额外的货架空间与库存空间，企业也不需要承担额外的库存成本、管理成本等，也能通过团购的进程对真实的需求情况进行掌控。总而言之，在常规产品之外提供特别版产品的在线团购，与传统的产品线策略有相似之处，但具有产品线策略不具备的优势。

5.3.4 消费者福利的对比

为了评估一个机制的效果，不仅企业的利润很重要，消费者福利也是重要的考虑因素，我们用消费者的长期平均福利作为评价标准。当企业提供团购时，长期平均消费者福利 s^G 的表达式为

$$s^G = \underbrace{\sum_{n=1}^{N} s_H^G(n)\cdot\gamma\lambda\cdot P(n) + \sum_{n=1}^{\lfloor \bar{n}^G \rfloor} s_L^G(n)\cdot(1-\gamma)\lambda\cdot P(n)}_{\text{由团购产品带来的消费者福利}} + \underbrace{\sum_{n=\lfloor \bar{n}^G \rfloor+1}^{N} s_L^G(n)\cdot(1-\gamma)\lambda\cdot P(n)}_{\text{由常规产品带来的消费者福利}}$$

其中，团购状态 $n(1\leqslant n\leqslant N)$ 下到达的高端、低端消费者的个人福利的

表达式分别为

$$s_H^G(n)=\theta H-r^G-c\cdot w(n), \tag{5-5}$$

$$s_L^G(n)=\begin{cases}\theta L-r^G-c\cdot w(n) & 1\leqslant n\leqslant\lfloor\bar{n}^G\rfloor,\\ 0 & \lfloor\bar{n}^G\rfloor<n\leqslant N.\end{cases} \tag{5-6}$$

此外，$P(n)$ 代表团购状态 $n(1\leqslant n\leqslant N)$ 的发生概率，可以看作在一次团购中状态处于 n 的时间长度比例。由于泊松过程的无记忆性（Memoryless Property)，团购状态 n 时到达的消费者的期望等待时长 $w(n)$ 和消费者的到达时间是无关的。除此之外，本章定义 s_H^G 和 s_L^G 分别为企业提供团购时高端消费者与低端消费者群体的长期平均福利，定义 s_H^V 和 s_L^V 分别为企业采用销量策略时高端消费者与低端消费者群体的长期平均福利，定义 s_H^M 和 s_L^M 分别为企业采用利润策略时高端消费者与低端消费者群体的长期平均福利。定理 2 总结了从消费者角度对于团购策略和另外两种基准策略的比较。

定理 2（消费者福利的对比）

（1）从整体而言，消费者总能获益于企业在销售常规产品之外提供团购产品，即 $s^G>s^V>s^M$。

（2）从不同消费者群体角度看，高端消费者与低端消费者总能获益于企业在销售常规产品之外提供团购产品，即 $s_H^G>s_H^V>s_H^M$，$s_L^G\geqslant s_L^V=s_L^M$。

定理 2 表明，无论是从整体角度看，还是从高端、低端消费者群体角度看，消费者恒获益于企业在销售常规产品之外提供团购产品。原因如下。一方面，对于高端消费者而言，即使是第一个加入团购的高端消费者也能获得非负的个人福利（不低于企业不提供团购情形下高端消费者的个人福利），虽然他得到的个人福利相比随后到达并加入团购的高端消费者是最低的。换句话说，高端消费者到达得越晚，等待时间越短，获得的个人福利越高。另一方面，低端消费者也能获益于企业提供的团购，这是因为在没有团购的情况下，低端消费者的福利总是为零。而在企业提供团购的情况下，低端消费者能够在团购后期“搭便车”，加入团购从而享受高端产品，并且获得正的个人福利。同样地，低端消费者到达得越晚，获得的个人福利越高。除此之外，低端消费者的加入也能够增加高端消费者的福利，这是因为期望等待时长降低了。总而言之，企业在销售常规产品之外提供团购产品，对于企业、高端消费者、低端消费者是共赢的。

5.4 扩展模型

5.4.1 不同质量的团购产品

在本小节中，我们假设企业所提供的团购产品质量低于常规产品，即 $\theta<1$，称之为低端产品。我们旨在探究前文得到的均衡特征是否会发生改变，以及其与基本模型的差异体现在哪里。在该扩展模型中，我们用上角标“I”表示企业提供低端产品时的均衡。

回顾在命题 1 中，我们发现当团购产品为高端产品时，即 $\theta>1$，高端消费者总是会选择率先加入团购，而低端消费者在某些情形下会选择在团购后期参加。然而，当团购产品为低端产品时，均衡时的消费者划分发生了显著改变。低端产品主要面向的是低端消费者，低端消费者总是会选择率先加入团购。因此，均衡时的消费者划分只可能出现在以下三种情景中：{L}、{L；L+H}、{L+H}。我们发现，这与高端产品团购的情形是互补的（见命题 1）。接下来，与第 5.3.1 小节的分析过程类似，我们得到团购产品为低端产品情形下的理性预期均衡，如命题 4 所示。

命题 4（提供低端产品团购时的理性预期均衡） 给定任意 $\theta<1$ 和 N，企业设定 r^I 和 p^I 使均衡时的消费者划分如下：

（1）如果 $N\leqslant\widetilde{N}^I$，则 {L} 是均衡时的消费者划分；

（2）如果 $N>\widetilde{N}^I$，则 {L；L+H} 是均衡时的消费者划分。

从命题 4 中我们可以看出，如果企业提供的团购产品是低端产品，则企业没有动机让高端消费者和低端消费者从最开始全部都加入团购，而没有人购买常规产品（$\lfloor\bar{n}^I\rfloor<N$ 恒成立）。回顾命题 2 中的发现，如果企业提供的团购产品是高端产品（$\theta>1$），只要生产批量 N 足够小且市场异质性 H/L 足够低，企业会让所有消费者都加入团购购买高端产品（{H+L} 情景)，并可以从中获得最高的长期平均利润。出现这种差异的原因主要在于低端产品不具有高端产品的高边际利润，因此不足以让企业放弃常规产品市场。

除此之外，对比命题 4 和命题 2 我们发现，当生产批量 N 足够大时，高端产品和低端产品团购两种情形下的均衡有类似之处，都可以看作高端、低端消费者之间的合作。当 $\theta>1(\theta<1)$ 时，在团购开始初期只有高端（低端）消费者加入，而当消费者累积了足够数量之后，在团购后期低端（高端）消费者会“搭便车”加入购买高端（低端）团购产品的队伍，而在这个过程中，初期加入的高端（低端）消费者也能够获益于团购更早成功而等待时间缩短。然而，从企业角度看却不同。当 $\theta>1$ 时，企业可以获益于这种高端和低端消费者之间的合作，这是因为后期低端消费者的加入帮助团购更容易成功；而当 $\theta<1$ 时，高端、低端消费者之间的这种合作却让企业在团购后期损失了更多的利润（来自高端消费者购买常规产品)。

定理 3（提供低端产品团购时的企业利润对比） 当且仅当生产批量 N 处于适中的范围时，企业有动机提供低端产品团购（$\theta<1$）。此时，市场中高端消费者的比例 γ 足够高。

在定理 3 中，我们总结了企业提供低端产品团购与否时的企业长期平均利润比较。结果表明，当企业选择提供低端产品作为额外的团购产品时，仍旧能够提高自身的利润。然而，低端产品自身的低边际收益，导致团购能带来的潜在盈利能力受到了限制。因此，企业有动机提供低端产品团购的有效区域比提供高端产品团购的有效区域要小得多。此外，我们发现，低端产品团购只有在市场中高端消费者的比例 γ 足够高时才会给企业带来更高的利润。这是因为，只有在市场中高端消费者的数量比较多时，企业提供额外的低端产品（相比利润策略）才不会损失来自高端消费者的利润。

5.4.2 状态相关定价策略

在基本模型中，我们假设企业采用统一定价策略，也就是说，无论消费者何时到达，无论消费者到达时团购状态如何，企业对其加入团购的定价都是相同的。然而，在不同状态下加入团购的消费者等待时间是不同的，因此，如果企业对不同状态下加入团购的消费者进行差别定价，即状态相关定价策略，是否能进一步提高企业利润。我们用上角标“C”表示企业采用状态相关定价策略时的均衡。为了获得易于处理的结果，我们研究了企业为团购产品指定两种不同价格的情况，即 r_1^C 和 r_2^C。

求解状态相关定价策略下企业提供团购的理性预期均衡，我们发现，均衡结构（均衡时的消费者划分）与统一定价情形（基本模型）保持了很大的一致性，这也证明了我们从基本模型中得到的管理启示的稳健性。图 5-5 所示为统一定价策略到状态相关定价策略的均衡变化。很容易发现，在状态相关定价情形中，{H；H+L} 这一消费者划分更容易出现在均衡中（对应图 5-5 中 {H+L}→{H；H+L} 和 {H}→{H；H+L} 两个阴影区域）。一方面，当市场中消费者的异质性 H/L 相对较低时，在统一定价策略下企业会选择不对消费者实施价格歧视（{H+L}），然而此时企业从团购产品获得的边际利润却较低。而状态相关定价策略使企业可以从团购状态 n 的角度进行价格歧视（此时团购产品有两种不同价格 r_1^C 和 r_2^C），因此企业选择对消费者实施跨时期消费者划分（{H；H+L}）。另一方面，当市场中消费者的异质性 H/L 相对较高时，在统一定价策略下企业会选择对消费者实施完全消费者划分（{H}），然而此时由于消费者等待造成的效率损失却很高。而状态相关定价策略使企业可以在

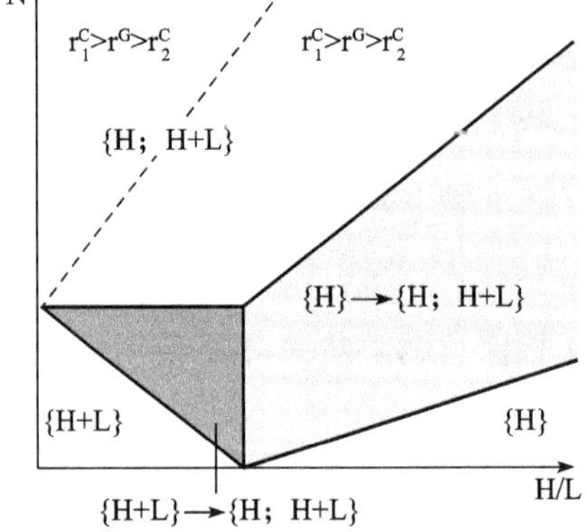

图 5-5 统一定价策略到状态相关定价策略的均衡变化

团购后期再吸引低端消费者加入，同时又不损失在团购产品上的边际利润（此时团购产品有两种不同价格 r_1^C 和 r_2^C），因此企业会更倾向于选择对消费者实施跨时期消费者划分（{H；H+L}）。

除此之外，我们对于均衡中的消费者划分还有两个发现。第一，团购产品价格可以改变，企业能够同时考虑价格歧视效应和效率损失效应，也就是说，与统一定价相比，企业能够在增强价格歧视效应的同时降低效率损失效应。第二，回顾基本模型，在灵活持续时间团购的背景下，跨时期消费者划分可以比完全消费者划分拥有更好的表现。而差别定价进一步增强了跨时期消费者划分的潜在盈利能力。这是因为，状态相关定价策略下的跨时期消费者划分是二阶价格歧视和三阶价格歧视的结合，也就是说，差别定价同时发生在不同质量产品和不同消费者到达时间上。

推论 5（企业提供团购折扣的动态性） 在状态相关定价策略下，存在关于生产批量 N 的阈值，低于该阈值时企业为后加入团购的消费者提供折扣，即 $r_1^C>r^G>r_2^C$；高于该阈值时企业为先加入团购的消费者提供折扣，即 $r_1^C<r^G<r_2^C$。

在传统的确定截止时间团购背景下（Hu，等，2013；Liu 和 Tunca，2016），企业有动机为先加入团购的消费者提供折扣（Early-Bird Discount），这样能够增加团购成功的概率。然而，值得一提的是，在本章研究的灵活持续时间团购背景下，结果则可能截然相反。当生产批量 N 相对其他因素较低时，企业有动机为后加入团购的消费者提供折扣（End-of-Cycle Discount），即 $r_1^C>r_2^C$（对应图 5-5 中虚线下面的区域）。此外，我们还可以发现，对先（后）加入团购的价格 r_1^C（r_2^C）要高于（低于）统一定价情形中的团购价格 r^G，即 $r_1^C>r^G>r_2^C$。原因在于，当生产批量 N 并非极端大时，相比提供先加入团购的折扣，企业通过提供后加入团购的折扣更能有效激励消费者加入团购，加速团购成功的进程。这是因为，一方面所有先到达的消费者在做出是否加入团购决策时，会基于对未来等待时间的理性预期。而所有后到达的消费者都能够缩短先前到达的消费者对未来等待时间的理性预期，提高他们对于加入团购的支付意愿。而另一方面，当生产批量 N 非常大时，企业需要为最先加入团购的消费者提供折扣，因为此时等待时间过长，需要较低的团购价格来补偿过高的等待成本，即

$r_1^C<r^G<r_2^C$（对应图 5-5 中虚线上面的区域）。否则，没有消费者愿意作为第一个加入团购的人，也就导致了团购的失败。此外，我们发现，先加入团购的折扣更容易出现在市场中消费者异质性 H/L 相对较低时。因为此时，高端消费者和低端消费者之间的差异并不是很大，然而高端消费者会率先加入团购，他们承担了更高的等待成本。因此，企业在这种情况下需要补偿这些先加入团购的高端消费者。

对于推论 5 我们还有另外两个发现。首先，企业为先加入还是后加入团购的消费者提供折扣并不影响均衡中的消费者划分，因为划分两种折扣的界限（$r_1^C=r_2^C$）完全位于消费者划分｛H；H+L｝所在区域中（见图 5-5 中的虚线）。其次，企业为先加入团购还是后加入团购的消费者提供折扣可以作为平衡高端消费者和低端消费者福利的一种方式。这是因为，在基本模型中的统一定价情形下，与先到达的消费者相比，后到达并且加入团购的消费者总是能够获得更高的消费者福利。然而，在状态相关定价情形下则不然。这是不同类型团购折扣对消费者福利进行重新平衡的结果。具体而言，当 $r_1^C<r_2^C$ 时，尽管后加入团购的消费者等待团购成功的时间更短，但支付的价格更高些。从这个角度看，状态相关定价一定程度上比统一定价在消费者间更为公平。

命题 5（无策略性等待行为） 即使当消费者存在策略性时，也不会等待后加入团购的折扣（当 $r_1^C>r_2^C$ 时），想要加入团购的消费者依旧会在到达时立即加入。

人们或许会好奇，如果先加入团购的消费者要支付更高的价格时，他们会不会策略性地等待后面的团购折扣？我们将这一结论总结在了命题 5 中。我们考虑 $r_1^C>r_2^C$ 时的情形，假设消费者具有策略性，并且可以在到达市场时得知全部价格和团购状态信息，即 r_1^C、r_2^C 和 n。在转换状态 $\lfloor \bar{n}^C \rfloor$（$0\leqslant\lfloor \bar{n}^C \rfloor\leqslant N$）前后，企业对于团购产品的定价发生变化。当 $n\leqslant\lfloor \bar{n}^C \rfloor$（$n>\lfloor \bar{n}^C \rfloor$）时，消费者加入团购需支付 r_1^C（r_2^C）。我们只考虑纯策略对称均衡（Pure Strategy Symmetric Equilibrium），也就是说，所有高端消费者在到达时若看到价格为 r_2^C 则选择立即加入团购（对应 $n>\lfloor \bar{n}^C \rfloor$），否则选择等待（对应 $n\leqslant\lfloor \bar{n}^C \rfloor$）。消费者的这一加入团购的策略与团购状态 n 有关，而与消费者是否初次到达无关。考虑任意

一个在状态 $n>\lfloor \bar{n}^C \rfloor$ 的情况下到达的高端消费者会基于上述均衡策略选择等待价格从 r_1^C 降到 r_2^C 再加入团购。其他高端消费者基于同样的均衡策略，也会选择在状态 $n>\lfloor \bar{n}^C \rfloor$ 的情况下等待价格降低。因此，没有任何消费者会选择在状态 $n>\lfloor \bar{n}^C \rfloor$ 的情况下加入团购。这将导致团购永远无法成功，导致选择等待的消费者期望福利为零。而预期到这一点，先到达的高端消费者会选择立即加入团购，以获得正的消费者福利。命题 5 已在此处进行逻辑证明，便不在“本章附录”进行赘述。

在现实生活中，我们也能见到后加入的折扣。我们考虑企业提供某一班车服务（Shuttle Bus Service），由于价格较高，在正常情况下只有高端消费者愿意乘坐。班车司机只有在客满的情况下才会出发。当绝大部分票都被售出时，为了更早地出发，班车司机可能会选择打折出售剩下的票，使低端消费者也有机会乘车。这可以让司机和消费者同时受益，因为高端消费者和司机都能够更早地开始旅程，等待时间被缩短，而低端消费者则有机会“搭便车”享受原先负担不起的服务。此外，即使高端消费者预期到未来有可能降价，也不会选择一直不上车而等待。

定理 4（状态相关定价策略下的最优团购策略） 当企业采用状态相关定价时，企业的最优团购策略与统一定价基本保持一致，除了在 $H/L>1/\gamma$ 时，随着 N 的增加，企业的团购策略变化为：{G(H)，R(L)}→{G(H；H+L)，R（L；Ø)}→{NG，R(H)}。

定理 4 介绍了在状态相关定价情形下企业的最优团购策略以及相应消费者划分。图 5-6 为定理 4 的示例，其中的符号含义与图 5-2 类似。状态相关定价情形下的均衡结构与基本模型中的均衡结构相似，因此最优团购策略也有很大的共通性。我们在基本模型中已经验证，基于统一定价方式的团购平衡了价格歧视效应和效率损失效应，能为企业带来更高的利润水平。然而，状态相关定价方式能同时针对不同类型的消费者和不同到达时间的消费者进行价格歧视，其价格歧视效应更强。值得注意的是，当企业提供本章研究的这种没有截止时间限制的团购时，与统一定价策略相比，企业总可以通过状态相关定价策略提高自身利润，并增强提供团购的动机（见推论 6）。额外的利润来源可以分为两部分，且有可能同时出现在同一个区域内。一方面，企业可以通过差别化分层定价（Tiered Pricing）从消费者身上获取更多的福利。这可以看作社会福利简单地从消费者身上转移到企业身上，而并没有产生新的社会福利。企业的这部分利润是由于价格歧视效应的增加带来的［对应图 5-6 中的“G(H；H+L)，R(L；Ø)”区域］。而另一方面，通过吸引更多的低端消费者在团购后期加入，整个团购进程的时间被缩短了。因此，不仅整体的消费者等待时间被减少了，与此同时，先到达的消费者对于团购的信心也增强了。企业这部分的利润是由于效率损失效应的降低带来的，可以看作源于额外新增的社会福利［对应图 5-5 中的｛H｝→｛H；H+L｝区域，对应图 5-6 中的“G(H；H+L)，R(L；Ø)”部分区域］。这两种效应共同作用，进一步提高了状态相关定价策略下团购的潜在盈利能力。我们将其总结在推论 6 中。

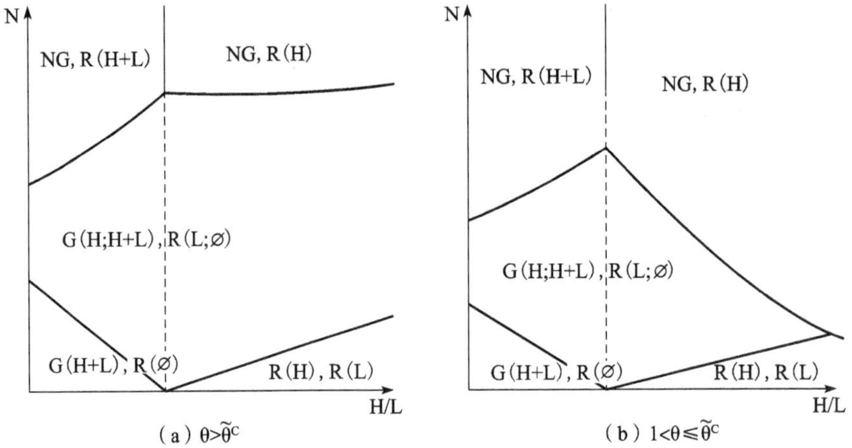

图 5-6　状态相关定价策略下的最优团购策略以及相应消费者划分

推论 6（状态相关定价的盈利能力）　与统一定价策略相比，企业总可以通过状态相关定价策略提高自身利润，并增强提供团购的动机。

在基本模型的统一定价情形中，当生产批量 N 处于中间的范围时，企业的最优团购策略关于 H/L 是非单调的，即随着 H/L 的增加，企业的最优团购策略变化为：NG→G→NG→G（见推论 2 和图 5-4）。然而，在状态相关定价情形下，这一非单调的特征将消失。这种变化进一步证明了当企业为消费者提供灵活持续时间团购时，状态相关定价策略的潜在盈利能力。而在统一定价情形下，通过团购对消费者进行价格歧视的盈利能力不足以补偿消费者等待导致的效率损失（详见推论 2 下面的讨论）。然而，在状态相关定价情形下，企业能够在增强价格歧视效应的同时降低效率损失效应。

在上述分析中，我们一直考虑的是状态相关定价策略的一种特殊情形，即只有两个价格 r_1^C 和 r_2^C。而对于最一般的情形而言，如果企业可以对每一种团购状态 $n(1 \leqslant n \leqslant N)$ 都进行差别定价 r_n^C，那么此时的均衡分析与本小节类似，之前得到的管理启示也是适用的。我们将两种可能的价格路径总结在图 5-7 中。值得注意的是，团购产品的价格在从状态 N 到 $\lfloor \bar{n}^C \rfloor + 1$ 变化时单调递增（此时只有高端消费者加入团购），在从状态 $\lfloor \bar{n}^C \rfloor$ 到 1 变化时也单调递增（此时两类消费者均加入团购）。此外，图 5-7（a）和图 5-7（b）分别对应推论 5 中提到的两种价格折扣（对应图中虚线位置的变化）。此时，所有的消费者剩余完全被企业榨取（对应图中浅色和深色阴影区域）。也就是说，消费者的剩余均为零，状态相关定价的盈利能力达到最高。

5.4.3　不可观测团购

在上一小节中，我们验证了当企业提供团购时，与统一定价策略相比，选择状态相关定价策略有更高的潜在盈利能力。在现实中，企业除了控制定价策略之外，还可以通过决策提供给消费者的信息结构来进行机制设计。在本章研究的团购背景下，企业可以选择是否披露团购加入人数信息给消费者。这对企业而言是一把双刃剑。尽管披露当前团购加入人数的信息，可以在团购后期增强消费者对于团购成功的信心，加快团购进程。然而，在团购开始初期，加入团购的人数较少，披露该信息可能会大大削弱消费者加入团购的动机。

因此，在本小节中，我们研究了企业不向消费者提供团购状态信息（当前已经加入团购的人数）的情形。我们将基本模型称为可观测团购，将本小节研究的模型称为不可观测团购，并且用上角标“U”表示企业不提供团购状态信息时的均衡，将其总结在下面的命题中。可以发现，当企业不提供团购状态信息时，企业通过团购对不同类型消费者进行价格歧视的能力被削弱。同样地，我们在图 5-8 中表明了均衡时消费者划分的变化。

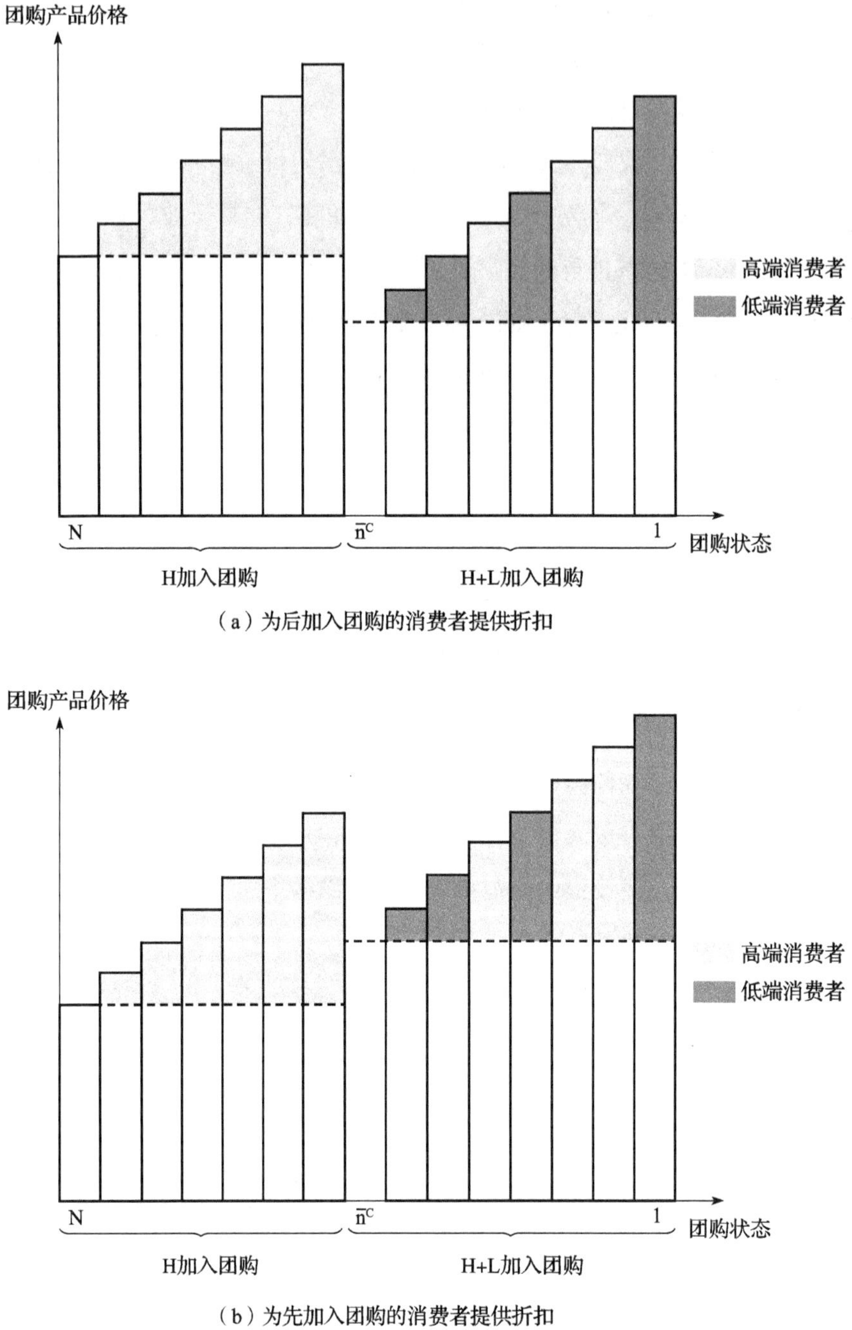

图 5-7 状态相关定价策略下的价格路径

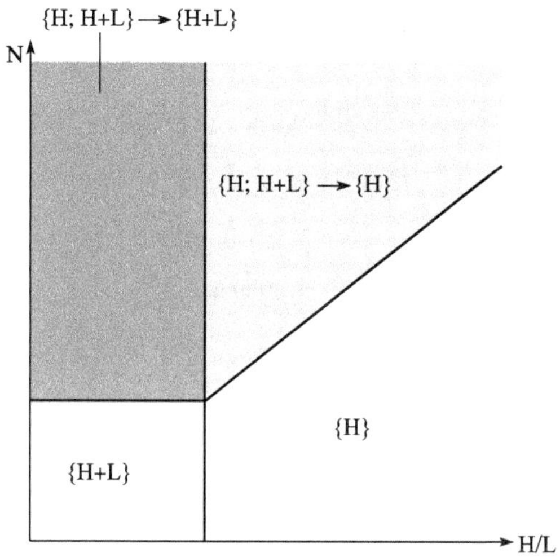

图 5-8　可观测团购到不可观测团购的均衡变化

命题 6（不可观测团购下的理性预期均衡）　给定任意 $\theta>1$ 和 N，企业设定 r^U 和 p^U 使均衡时的消费者划分如下：

（1）如果 $H/L\leqslant 1/\gamma$，则｛H+L｝是均衡时的消费者划分；

（2）如果 $H/L>1/\gamma$，则｛H｝是均衡时的消费者划分。

对比命题 2 和命题 6，我们可以看出，信息结构的改变令均衡时的消费者划分发生了显著的改变。一方面，消费者到达时无法观测团购状态 n，因此企业只能从消费者类型角度进行价格歧视，而无法从消费者到达状态角度进行价格歧视。具体而言，根据命题 2 中的结论，在团购状态可观测的情形下，无论消费者的异质性 H/L 高低，只要生产批量 N 大小适中，企业有动机在团购的不同时期让不同类型的消费者加入（对应消费者划分｛H；H+L｝）。然而，在团购状态不可观测的情形下，消费者划分｛H；H+L｝是不会出现在均衡中的（对应图 5-8 中的｛H；H+L｝→｛H+L｝和｛H；H+L｝→｛H｝两个阴影区域）。另一方面，通过向消费者隐藏团购状态 n 这一信息，企业可以对团购产品定更高的价格，即 $r^U>r^G$。这是因为，在团购状态不可观测的情形下（即使是第一个到达的消费者），无论消费者何时到达，他们对于期望等待时间的预期都是一样的。因此，企业无须在团购初期，为了鼓励首个消费者加入团购而补偿他的高等待成本。当然，即使是在这种情况下，不同团购状态下到达的消费者，加入团购后的实际等待时间依旧是不同的。这样看来，无论是状态相关定价决策，还是不可观测团购，都可以使企业的表现更加具有侵略性（体现在定价上），并且能够获得更高的消费者福利。

定理 5（不可观测团购下的最优团购策略） 假设 θ>1。

（1）当 H/L≤1/γ 时，随着 N 的增加，企业的团购策略变化为：{G(H+L)，R(Ø)}→{NG，R(H+L)}；

（2）当 H/L>1/γ 时，随着 N 的增加，企业的团购策略变化为：{G(H)，R(L)}→{NG，R(H)}。

定理 5 介绍了在团购状态不可观测的情形下企业的最优团购策略以及相应消费者划分。图 5-9 为定理 5 的示例，其中的符号含义与图 5-2 类似。不可观测团购下的均衡结构和可观测团购的均衡结构差异很大，因此最优团购策略也发生了显著的变化。如图 5-9 所示，在隐藏团购状态信息的情况下，企业能通过团购获得更高的利润，因此企业更有动机提供团购。我们将这一发现的严格规律总结在下面的推论 7 中。

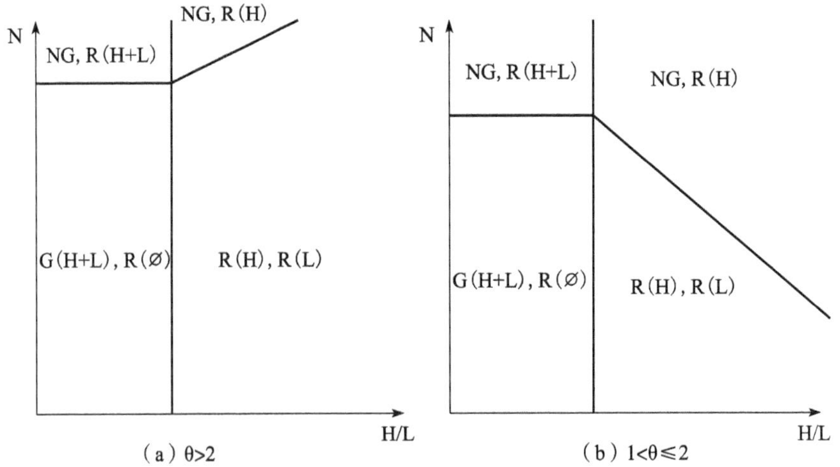

图 5-9 不可观测团购下的最优团购策略以及相应消费者划分

推论 7（隐藏团购状态信息的盈利能力） 当 θ 足够高时，与公开团购状态信息相比，企业可以通过隐藏团购状态信息提高自身利润，并增强提供团购的动机。

在前人关于确定截止时间团购的研究中，企业向消费者披露团购状态信息恒由于公开团购状态信息的情形，能够带来更高的团购成功率（Hu，等，2013）。换句话说，在传统确定截止时间团购的背景下，企业总是有动机告诉消费者当前加入团购的人数有多少。然而，本章的研究发现，对于不存在截止日期的团购类型而言，情况则不然（见推论 7）。我们接下来讨论背后的潜在原因。首先，对于图 5-8 中的区域｛H+L｝和区域｛H｝而言，均衡时的消费者划分和可观测团购中的消费者划分相同（见图 5-2）。然而，在团购状态 n 可观测的情况下，企业在对团购产品进行定价时不得不补偿第一个加入团购的消费者的高等待成本，导致企业在后续每一个加入团购的消费者身上都损失了一定的高边际收益。与之对比，在团购状态 n 不可观测的情况下，企业不需要牺牲高边际收益来弥补首个加入团购的消费者的高等待成本（此时团购状态 n=N）。其次，对于图 5-8 中的区域｛H；H+L｝→｛H+L｝而言，均衡时的消费者划分和可观测团购中的消费者划分发生了改变（见图 5-2）。此时，企业让高端消费者和低端消费者同时加入团购之中。最后，对于图 5-8 中的区域｛H；H+L｝→｛H｝而言，均衡时的消费者划分和可观测团购中的消费者划分也发生了改变（见图 5-2）。此时，企业对高端消费者和低端消费者实施完全消费者划分，将低端消费者排除在团购之外。

推论 8　企业在提供低端产品团购时没有动机隐藏团购状态信息。

前文的定理 3 表明，即使企业提供低端产品的团购，也能够提高自身收益。这是发生在企业向消费者披露团购参加人数信息的背景下的。然而，推论 8 表明，如果企业向消费者隐藏团购参加人数信息，则情况不然。这是因为，在此背景下，消费者划分｛L；L+H｝是无法出现在均衡中的。而在第 5.4.1 小节中，我们发现，当且仅当均衡时的市场划分为｛L；L+H｝时，企业才有动机提供低端产品团购。因此，企业在提供低端产品团购时没有动机隐藏团购状态信息。

5.5 其他讨论

在本节中，我们简要讨论本章研究的基本模型在其他假设上的一些拓展，观察本章的结果是否具有稳健性，以及假设的改变会如何影响企业和消费者之间的动态博弈。

（1）未知的市场构成信息。在基本模型中，我们研究了全部市场构成信息对于企业和消费者都是公共知识的情形，包括两类消费者的支付意愿和高端消费者的比例。但是，如果市场构成的信息对于企业和消费者都是未知的，那么结果会如何？假设高端消费者的比例 γ 服从两点分布，γ 既可能很高（γ_H），也可能很低（γ_L），而 $\gamma_H-\gamma_L$ 的大小衡量了市场构成信息不确定性的程度。结果表明，市场构成信息未知的情况下，均衡时的消费者划分以及对应的区域并不会发生改变。然而，在消费者跨时期动态加入团购的情形下，低端消费者更加容易“搭便车”。这是因为市场构成信息的未知性的存在，令消费者对于加入团购的信心降低，因此，企业无法维持对于团购产品的高边际价格，不得不降低对于两种类型消费者的价格歧视程度。而在此过程中，无论是高端消费者还是低端消费者，都可以利用这种未知性而获得更高的消费者个人福利，尤其是在后期到达的消费者。

（2）广告效应。在现实生活中，某些经典产品的团购可以作为企业的广告，吸引更多的消费者前来购买（Edelman，等，2016）。当考虑广告效应时，均衡中消费者跨时期动态加入团购（跨时期消费者划分）的区域会缩小。并且，在消费者跨时期动态加入团购的情形下，低端消费者“搭便车”变得更难。这是因为，由于广告效应的存在而被吸引前来的高端消费者，缩短了消费者加入团购后的等待时间。在这种情况下，企业不需要为了鼓励早期的消费者加入团购，而吸引低端消费者在后期参加。因此，企业可以进一步提高团购产品的边际价格，提高对于两种类型消费者的价格歧视程度。然而，从消费者角度看，尽管广告效应的存在令等待时间缩短，但是无论是高端消费者还是低端消费者的个人福利都降低了。这是因为，高端消费者为了加入团购要支付更高的价格，而低端消费者则变得更难“搭便车”来加入高端产品的团购。

（3）非对称的等待成本。在本章中，我们自始至终假设两类消费者的耐心程度相同，也就是说，单位时间的等待成本是相同的。然而，为了获得高端的团购产品，高端消费者可能比低端消费者更有耐心。同样地，为了获得低端（但是更便宜）的团购产品，低端消费者可能比高端消费者更有耐心。以高端产品团购为例，如果高端消费者比低端消费者更具有等待的耐心，那么企业对于两类消费者的价格歧视更强。因此，跨时期消费者划分对于企业的吸引力会降低，从而均衡中消费者跨时期动态加入团购的区域会缩小。否则，企业为了鼓励在团购后期低端消费者的加入，就要补偿更多（因为低端消费者更不耐心），也就代表着放弃了来自高端消费者的巨大潜在利润。类似地，企业更有动机去实施完全消费者划分。

（4）库存持有成本。在本章的研究中，我们考虑的效率损失只是源于消费者的等待时间。那么一个简单的解决办法，就是事先提前把产品生产出来，这样所有加入团购的消费者都能立即得到而无须等待。然而，这样会给企业带来其他的成本，也就是库存持有成本。在 Netessine 和 Taylor（2007）的研究中，企业同时提供两种纵向质量差异的产品给消费者。他们在考虑企业库存持有成本的情况下，研究了企业的最优产品线策略。事实上，我们的研究可以作为他们研究的补充，我们同时考虑了供应端和需求端的特征。这也是我们的研究与 Netessine 和 Taylor（2007）最主要的区别：他们考虑的都是供应端的特征，效率损失源于企业库存持有成本；而我们同时考虑了供应端和需求端的特征，效率损失源于消费者的等待。一般而言，当企业的库存持有成本加上其他可能的管理成本相对比较高，而消费者相对比较耐心时，本章研究中提出的团购更为适用，能给企业带来更高的利润。此外，许多企业采用单品换代（One In，One Out）的策略，在正常销售季通常只有一个常规产品。因此，与 Netessine 和 Taylor（2007）相比，本章的研究更符合这一种商业模式。

5.6 结论与展望

我们在同时考虑了供应端和需求端特征的背景下，提出了一种全新的团购策略，并探讨了不同类型消费者基于理性预期动态加入团购的过程，分析了企业的最优团购策略以及对应的最优消费者划分。与以往文献不同，本章研究的团购策略是没有截止时间限制的，也就是说，每当参与团购的人数到达指定数量时，团购即视为成功。市场中的消费者按照对单位产品质量支付意愿的不同分为高端消费者和低端消费者。与前人研究的团购有一点相同之处，就是团购体现了消费者的依次到达以及动态加入的过程。消费者的到达服从泊松分布，后到达的消费者可以观察到已经加入团购的消费者数量，而先到达的消费者在做出自身决策时需要基于对之后到达的消费者行为的理性预期。为了决策是否向消费者提供该团购，以及如何制定团购决策，企业需要着重考虑和平衡价格歧视效应与效率损失效应这两种作用方向截然相反的效应。

由于截止时间的不确定性，加入团购的消费者可能会等待很长的时间，尤其是在产品的经济生产批量很大时。因此，企业在进行产品定价时需要考虑由于团购中的等待行为导致的效率损失。由于消费者支付意愿异质性的存在，企业有动机让不同类型的消费者加入团购，以缓解等待带来的效率损失。在某种情况下，企业可能会把团购设计为不同类型的消费者在团购的不同时期进行加入，我们称之为跨时期消费者划分。换言之，在团购的动态加入过程中，加入团购的消费者群体会发生改变。我们发现，跨时期消费者划分是灵活持续时间团购的独特特征。

本章分析得到的主要结论如下。

第一，消费者等待带来的效率损失可能会随着经济生产批量的增加而降低。这一发现有些出乎意料，因为通常人们会认为，随着经济生产批量（团购最低人数要求）的增加，团购成功的等待时间恒增加，因而效率损失恒增加。而本章发现，随着经济生产批量的增加，效率损失并非恒增加。当经济生产批量比较小时，企业会选择仅让高端消费者加入团购，从而获益于团购产品带来的高边际收益。然而，随着经济生产批量的增加，团购成功的等待时间增加，企业有动机适当降低团购产品的定价，以吸引低端消费者也加入团购，特别是在团购的后期。这是因为，在团购后期低端消费者的加入，会缩短所有消费者的等待时间，从而降低效率损失。更重要的是，由于效率损失的降低，这种跨时期消费者划分可以在表现上优于完全消费者划分，即只有高端消费者加入团购。

第二，如果仅考虑供应端因素，产品经济生产批量的增加总是会降低企业提供团购的动机。然而，本章研究表明，供应端因素的这一作用会被需求端因素（市场中消费者的异质性）调节。具体而言，尽管企业提供团购与否是关于经济生产批量的阈值策略，即当生产批量低于某阈值时企业有动机提供团购，然而该阈值与市场异质性程度之间存在非单调变化关系。随着市场异质性程度的增加，企业的团购策略是非单调变化的。也就是说，关于市场异质性程度存在两个不连续的区间，企业都有动机提供团购。企业团购策略的非单调性是完全消费者划分和跨时期消费者划分两者在均衡时的转换导致的。

第三，企业、高端消费者、低端消费者这三方都能够同时获益于灵活持续时间团购。从企业角度而言，只要经济生产批量不是极端大，企业提供灵活持续时间团购都能带来更高的利润。此外，团购总能够提高企业的产品销量，扩大市场份额。而从消费者角度而言，团购的提供总能够使高端消费者和低端消费者获得更高的消费者福利。这是因为，一方面，团购的存在，使低端消费者有可能“搭便车”加入团购从而得到特别版产品；而如果没有团购的存在，低端消费者是不可能支付得起特别版产品的价格的。另一方面，低端消费者的加入会缩短团购成功的等待时间，从而让高端消费者也获益。总而言之，灵活持续时间团购的存在可以实现企业、高端消费者、低端消费者三者之间的共赢。

第四，考虑企业可以根据消费者加入团购时的状态进行差异化定价的情形。与传统关于确定截止时间团购研究不同的是，我们发现，在灵活持续时间团购中，企业有动机为后加入团购的消费者提供折扣。这一情况发生在经济生产批量不是极端大的情形中。我们的这一结论与传统团购研究形成了鲜明对比，因为在确定截止时间团购中企业更偏好为先加入团购的消费者提供折扣，以增加团购的成功概率。除此之外，我们发现，企业采用状态相关定价恒占优于基本模型中的统一定价。

第五，我们研究了企业不向消费者披露当前加入团购人数信息的情形，并称之为不可观测的团购。与传统关于确定截止时间团购研究不同的是，我们发现，在灵活持续时间团购中，企业有动机不披露加入团购的人数信息，尤其是当团购的特别版产品相对常规产品质量足够高时。这是因为，在灵活持续时间团购中，企业不得不制定一个足够低的价格来吸引团购的第一个消费者，以补偿他面临的最高的等待成本。如果企业不披露团购人数信息，团购的第一个消费者就无法得知其等待时间是最长的，因而只能根据平均等待时间来决策是否加入团购。因此，企业可以利用这一信息不对称性降低对于消费者等待时间的补偿，从而提高收益。

总体而言，本章的研究成果表明了企业在制定最优团购策略时，同时考虑供应端和需求端因素的重要性，例如供应端的经济生产批量以及需求端的市场异质性和消费者等待。据我们所知，尚未有文献同时在考虑了供应端和需求端特征的背景下，研究没有截止时间限制的团购策略以及如何对其进行机制设计。因此，本章得到的管理启示与以往文献有较大差异。本章也是首次提出跨时期消费者划分这一概念，并探讨了在何种条件下，与完全消费者划分相比，企业实施跨时期消费者划分能获得更高的利润。除此之外，本章的研究对于开创新的团购形式，以及后续的研究与商业实践都具有指导意义。

当然，本章仍存在一定的拓展方向供未来研究。第一，本章研究的团购包括完全信息（对应第 5.3.1 小节）和不完全信息（No Information，对应第 5.4.3 小节）两种情形，并且表明了在一定情况下隐藏团购状态信息反而对企业更加有利。然而，在现实生活中存在另外一种情形，即部分信息（Partial Information）情形。企业可以只披露当前加入团购数量相比团购成功最低人数的高低，而不披露具体的参加团购人数，或者只在团购人数距离成功还差比较少的时候才披露具体人数。这种只披露部分信息的方法可能对企业来说更加有效，因为企业既可以减少在团购开始初期对于消费者的补偿（导致了较低的定价)，又可以在团购后期加快团购成功的速度。第二，本章的研究中没有考虑竞争因素的影响。而竞争对手的存在，一方面会激励企业提供团购和对手竞争，另一方面又会限制企业提供团购的潜在盈利能力。因此，当考虑竞争企业的影响时，企业的最优团购策略可能会发生改变。第三，本章假设消费者决定加入团购后不会反悔，这是因为，一方面，企业可以令消费者在决定加入时就支付费用；另一方面，这一假设与前人的文献假设也保持了一致（Wu，等，2015）。然而，未来可以放松该假设，相比事先支付全部费用，研究两部支付费用（Two-Part Tariff）的方法。消费者在决定加入团购时，只需要支付一笔不可退款的定金（Admission Fee）。因此在团购进行过程中，消费者可能会因为等待过长而反悔并放弃定金。未来上述几种研究方向都可以尝试进一步拓展。

本章附录

引理 1 证明：

我们利用归纳法来证明引理 1。对于在任意状态 $n(1\leqslant n\leqslant N)$ 下是哪类消费者加入团购，一共有三种可能：只有高端消费者加入（情形 1）、只有低端消费者加入（情形 2）、高端消费者和低端消费者一起加入（情形 3）。首先，假设在状态 n 时只有高端消费者加入团购（情形 1），这意味着下面的 IR 约束和 IC 约束会被满足：

$$\begin{cases} IR_H: \theta H-r^G-c\cdot w(n)\geqslant 0, \\ IC_H: \theta H-r^G-c\cdot w(n)\geqslant H-p^G。\end{cases}$$

无论 r^G 和 p^G 的定价如何，由于 $w(n)$ 关于 n 是单调递增的，且高端消费者购买常规产品的消费者福利保持不变（$H-p^G$），因此，$\theta H-r^G-c\cdot w(n-1)\geqslant H-p^G$ 恒成立。换句话说，接下来到达的高端消费者（状态 n-1 下到达的高端消费者）也会选择加入团购，即下面的 IR 约束和 IC 约束依旧会被满足：

$$\begin{cases} IR_H: \theta H-r^G-c\cdot w(n-1)\geqslant 0, \\ IC_H: \theta H-r^G-c\cdot w(n-1)\geqslant H-p^G。\end{cases}$$

一方面，上面的分析保证了一旦高端消费者在任意状态 n 下加入团购，那么接下来到达的所有高端消费者都会选择加入团购。而另一方面，如果在任意状态 n 时高端消费者没有加入团购，也就是说，$\theta H-r^G-c\cdot w(n-1)<\max\{0, H-p^G\}$。然而这并不能保证接下来到达的所有高端消费者不会选择加入团购。因此情形 1 得证。而情形 2 和情形 3 也可以被类似的方法证明。

命题 1 证明：

根据引理 1，如果高端消费者先加入团购，对应三种可能的情景：{H}、{H; H+L}、{H+L}，我们定义这三种情景共同为情形Ⅰ。如果低端消费者先加入团购，对应三种可能的情景：{L}、{L; L+H}、{L+H}，我们定义这三种情景共同为情形Ⅱ。为了避免重复，我们在接下来的分析中将 {L+H} 暂时从情形Ⅱ中排除。我们用转换状态 $\bar{n}^G(0\leqslant\bar{n}^G\leqslant N)$ 表示不同的情景。在情形Ⅰ中，$\bar{n}^G=0$、$1\leqslant\bar{n}^G<N$、$\bar{n}^G=N$ 分别代表情景 {H}、{H; H+L}、{H+L}。在情形Ⅱ中，$\bar{n}^G=0$、$1\leqslant\bar{n}^G<N$ 分别代表情景 {L}、{L; L+H}。对于情形Ⅱ，IR 约束和 IC 约束的表达式为

$$\begin{cases} IR_L:\ \theta L-r^G-c\cdot w(n)\geqslant 0 & 1\leqslant n\leqslant N, \\ IC_L:\ \theta L-r^G-c\cdot w(n)\geqslant L-p^G & 1\leqslant n\leqslant N, \\ IR_{H1}:\ H-p^G\geqslant 0 & \bar{n}^G<n\leqslant N, \\ IC_{H1}:\ H-p^G\geqslant \theta H-r^G-c\cdot w(n) & \bar{n}^G<n\leqslant N, \\ IR_{H2}:\ \theta H-r^G-c\cdot w(n)\geqslant 0 & 1\leqslant n\leqslant\bar{n}^G, \\ IC_{H2}:\ \theta H-r^G-c\cdot w(n)\geqslant H-p^G & 1\leqslant n\leqslant\bar{n}^G。 \end{cases}$$

其中，$\bar{n}^G$ 满足 $0\leqslant\bar{n}^G<N$，期望等待时长 $w(n)$ 的表达式为

$$w(n)=\begin{cases} \dfrac{n-1}{\lambda} & 1\leqslant n\leqslant\bar{n}^G, \\ \dfrac{\bar{n}^G}{\lambda}+\dfrac{n-\bar{n}^G-1}{(1-\gamma)\lambda} & \bar{n}^G<n\leqslant N。 \end{cases}$$

在均衡时，约束 IR_L 在状态 $n=N$ 时取等，因此 $r^G=\theta L-c\cdot w(N)$。定义 $\bar{p}_1^G(\bar{n}^G)\equiv r^G-(\theta-1)H+c\cdot w(\bar{n}^G)$，$\bar{p}_2^G(\bar{n}^G)\equiv r^G-(\theta-1)L+c\cdot w(N)$。由于

$H>L$，且 $w(n)$ 随 n 恒单调递增，因此 $\bar{p}_1^G(\bar{n}^G)<\bar{p}_2^G(\bar{n}^G)$ 恒成立。为了同时满足约束 IC_{H1} 和 IC_L，价格 p^G 需要符合 $p^G<\bar{p}_1^G(\bar{n}^G)$ 和 $p^G\geqslant\bar{p}_2^G(\bar{n}^G)$。然而，由于 $\bar{p}_1^G(\bar{n}^G)<\bar{p}_2^G(\bar{n}^G)$ 恒成立，因此约束 IC_{H1} 和 IC_L 不可能在 $\theta>1$ 的情况下同时被满足。因此，情形Ⅱ在 $\theta>1$ 的情况下不可能成为均衡。

命题 2 证明：

我们在此继续正文中对于情形Ⅰ的分析。对于 $\bar{n}_1^G<\bar{n}^G\leqslant N$，将 $r^G=\bar{r}_1^G(\bar{n}^G)$ 代入到 π^G 中，则 π^G 可以写为关于 $\bar{n}^G$ 的函数，其表达式为

$$\pi^G(\bar{n}^G)=\frac{\bar{r}_1^G(\bar{n}^G)\cdot\gamma\lambda N+L(1-\gamma)\lambda(N-\bar{n}^G)}{N-(1-\gamma)\bar{n}^G}$$

$$=\frac{\theta L\gamma\lambda N+L(1-\gamma)\lambda(N-\bar{n}^G)-c\gamma N(\bar{n}^G-1)}{N-(1-\gamma)\bar{n}^G}。$$

对 $\pi^G(\bar{n}^G)$ 关于 $\bar{n}^G$ 求一阶导数可得

$$\frac{\partial\pi^G(\bar{n}^G)}{\partial\bar{n}^G}=\frac{\gamma N[L(1-\gamma)(\theta-1)\lambda-c(N-1+\gamma)]}{[N-(1-\gamma)\bar{n}^G]^2}。$$

我们可以看出，当且仅当 $N\leqslant\widetilde{N}_1^G$ 时，$\frac{\partial\pi^G(\bar{n}^G)}{\partial\bar{n}^G}\geqslant0$，其中，$\widetilde{N}_1^G\equiv(\theta-1)(1-\gamma)L\lambda/c+1-\gamma$。因此，对于 $\bar{n}_1^G<\bar{n}^G\leqslant N$，当 $N\leqslant\widetilde{N}_1^G$ 时，企业决策最优转换状态为 $\bar{n}^G=N$；当 $N>\widetilde{N}_1^G$ 时，企业决策最优转换状态为 $\bar{n}^G=\bar{n}_1^G$。此外，当且仅当 $N>\widetilde{N}_2^G$ 时，$\bar{n}_1^G>0$；当且仅当 $H/L>1/\gamma$ 时，$\widetilde{N}_1^G<\widetilde{N}_2^G$。其中，$\widetilde{N}_2^G\equiv(\theta-1)(H-L)\gamma\lambda/c+1-\gamma$。

对于 $1\leqslant\bar{n}^G<\bar{n}_1^G$，将 $r^G=\bar{r}_2^G(\bar{n}^G)$ 代入到 π^G 中，则 π^G 可以写为关于 $\bar{n}^G$ 的函数，其表达式为

$$\pi^G(\bar{n}^G)=\frac{\bar{r}_2^G(\bar{n}^G)\cdot\gamma\lambda N+L(1-\gamma)\lambda(N-\bar{n}^G)}{N-(1-\gamma)\bar{n}^G}$$

$$=\frac{[(\theta-1)H+L]\gamma\lambda N+L(1-\gamma)\lambda(N-\bar{n}^G)-cN(N-1)+c(1-\gamma)N\bar{n}^G}{N-(1-\gamma)\bar{n}^G}。$$

对 $\pi^G(\bar{n}^G)$ 关于 $\bar{n}^G$ 求一阶导数可得

$$\frac{\partial\pi^G(\bar{n}^G)}{\partial\bar{n}^G}=\frac{(1-\gamma)N[c+(\theta-1)H\gamma\lambda]}{[N-(1-\gamma)\bar{n}^G]^2}>0。$$

我们可以看出，$\frac{\partial \pi^{G}(\bar{n}^{G})}{\partial \bar{n}^{G}}>0$ 恒成立。因此，对于 $1\leqslant \bar{n}^{G}<\bar{n}_1^{G}$，企业决策最优转换状态为 $\bar{n}^{G}=\bar{n}_1^{G}$。

结合情形Ⅰ和情形Ⅱ的结果，我们定义关于生产批量 N 的两个阈值的表达式为

$$\widetilde{N}_1^{G}\equiv\frac{(\theta-1)(1-\gamma)L\lambda}{c}+1-\gamma,$$

$$\widetilde{N}_2^{G}\equiv\frac{(\theta-1)(H-L)\gamma\lambda}{c}+1-\gamma。$$

其中，$\widetilde{N}_2^{G}$ 随 H/L 单调递增，$\widetilde{N}_1^{G}$ 不受 H/L 影响。此外，当且仅当 $H/L>1/\gamma$ 时，$\widetilde{N}_2^{G}>\widetilde{N}_1^{G}$。因此，当 $\theta<1$ 时，企业提供团购的理性预期均衡的表达式为：

（1）当 $H/L\leqslant 1/\gamma$ 时，

（1.1）若 $N\leqslant \widetilde{N}_1^{G}$，则 $\bar{n}^{G}=N$，$p^{G}=L$，$r^{G}=\theta L-c(N-1)/\lambda$；

（1.2）若 $N>\widetilde{N}_1^{G}$，则 $\bar{n}^{G}=\bar{n}_1^{G}$，$p^{G}=L$，$r^{G}=\theta L+\gamma(\theta-1)(H-L)-c(N-2+\gamma)/\lambda$。

（2）当 $H/L>1/\gamma$ 时，

（2.1）若 $N\leqslant \widetilde{N}_2^{G}$，则 $\bar{n}^{G}=0$，$p^{G}=L$，$r^{G}=(\theta-1)H+L-c(N-1)/\gamma\lambda$；

（2.2）若 $N>\widetilde{N}_2^{G}$，则 $\bar{n}^{G}=\bar{n}_1^{G}$，$p^{G}=L$，$r^{G}=\theta L+\gamma(\theta-1)(H-L)-c(N-2+\gamma)/\lambda$。

命题 3 证明：

比较销量策略和利润策略下的均衡利润，即可得到命题 3 的结论。

定理 1 证明：

根据命题 2 和命题 3，比较三种策略下的均衡利润，即可得到定理 1 的结论。我们定义关于生产批量 N 的四个阈值的表达式为

$$\widetilde{N}_3^{G}\equiv\frac{(\theta-1)L\lambda}{c}+1,$$

$$\widetilde{N}_4^{G}\equiv\frac{(\theta-1)[(1-\gamma)L+\gamma H]\lambda}{c}+2-\gamma,$$

$$\widetilde{N}_5^{G}\equiv\frac{[L+(\theta-2)\gamma H]\lambda}{c}+1,$$

$$\widetilde{N}_6^G \equiv \frac{\{[\gamma+(1-\gamma)\theta]L+\gamma(\theta-2)H\}\lambda}{2c}+1-\frac{\gamma}{2}+\frac{\sqrt{A}}{2c\gamma}。$$

其中，$A \equiv \{4(1-\gamma)(L-H\gamma)\lambda[c(1-\gamma)+(H-L)(\theta-1)\gamma\lambda]+\gamma[c(2-\gamma)+(L\gamma+L\theta-L\gamma\theta+H\gamma\theta\lambda-2H\gamma\lambda)^2]\}\gamma$。$\widetilde{N}_3^G$ 只受 L 影响；$\widetilde{N}_4^G$ 随 H/L 单调递增；$\widetilde{N}_5^G$ 在 $\theta>2$ 时随 H/L 单调递增，在 $1<\theta\leqslant 2$ 时随 H/L 单调递减；$\widetilde{N}_6^G$ 随 H/L 单调递减。此外，$\widetilde{N}_4^G>\widetilde{N}_3^G>\widetilde{N}_1^G$ 恒成立。为了简要表示，我们进一步定义关于生产批量 N 的阈值其表达式为

$$\widetilde{N}^G \equiv \begin{cases} \widetilde{N}_4^G & H/L\leqslant 1/\gamma, \\ \max\{\widetilde{N}_5^G, \widetilde{N}_6^G\} & H/L>1/\gamma。\end{cases}$$

当 $\theta>2$ 时，$\widetilde{N}_5^G>0$ 恒成立；当 $1<\theta\leqslant 2$ 时，当且仅当 $H/L<\widetilde{m}^G$ 时，$\widetilde{N}_5^G>0$ 成立；其中，$\widetilde{m}^G(\widetilde{m}^G>1/\gamma)$ 代表关于消费者异质性 H/L 的阈值，是 $\widetilde{N}_2^G=\widetilde{N}_6^G$ 的唯一解。

推论 4 证明：

根据命题 1 和命题 2，比较三种策略下的均衡销量，即可得到推论 4 的结论。

定理 2 证明：

销量策略下的消费者福利为 $s^V=s_H^V=(H-L)\gamma\lambda$，$s_L^V=0$。利润策略下的消费者福利为 $s^M=s_L^M=s_L^M=0$。至于团购策略，当 $H/L\leqslant 1/\gamma$ 且 $N\leqslant\widetilde{N}_1^G$ 时，消费者福利为 $s^G=(H-L)\theta\gamma\lambda+c(N-1)/2$；当 $H/L>1/\gamma$ 且 $N\leqslant\widetilde{N}_2^G$ 时，消费者福利为 $s^G=(H-L)\gamma\lambda+c(N-1)/2$；当 $N>\max\{\widetilde{N}_1^G, \widetilde{N}_2^G\}$ 时，消费者福利的表达式为

$$s^G = \sum_{n=1}^{N} s_H^G(n)\cdot\gamma\lambda\cdot P(n) + \sum_{n=1}^{\bar{n}_1^G} s_L^G(n)\cdot(1-\gamma)\lambda\cdot P(n),$$

$$s_H^G = \sum_{n=1}^{N} s_H^G(n)\cdot\gamma\lambda\cdot P(n),$$

$$s_L^G = \sum_{n=1}^{\bar{n}_1^G} s_L^G(n)\cdot(1-\gamma)\lambda\cdot P(n)。$$

其中，$s_H^G(n)=\theta H-r^G-c\cdot w(n)$ 和 $s_L^G(n)=\theta L-r^G-c\cdot w(n)$ 分别表示在

状态 n 时高端消费者和低端消费者的个人消费者剩余。根据约束 IC_H、IR_{L1} 和 IR_{L2}，我们可以知道，$s_H^G(n)\geqslant H-L$ 和 $s_L^G(n)\geqslant 0$ 在任意状态 $n(1\leqslant n\leqslant N)$ 下均成立。并且，$s_H^G(n)\geqslant H-L$ 取等只可能发生在 n=1 时（但并非 n=1 时恒取等），$Zs_L^G(n)\geqslant 0$ 对任意 n 取等只发生在 $H/L>1/\gamma$ 且 $N\leqslant \widetilde{N}_2^G$ 时。此外，$\sum_{n=1}^{N}P(n)=1$，且 $P(n)>0$ 在任意状态 $n(1\leqslant n\leqslant N)$ 下均成立。因此，$s^G>(H-L)\gamma\lambda$，$s_H^G>(H-L)\gamma\lambda$，$s_L^G>0$，进而该定理得证。

命题 A1（企业提供低端产品团购时的消费者划分） 给定任意 $\theta(\theta<1)$ 和 N，无论价格 r^I 和 p^I 如何，均衡时的消费者划分都只可能是以下三种情景中的一种：{L}、{L; L+H}、{L+H}。

命题 A1 证明：

与命题 1 的证明类似，我们定义 $\bar{n}^I(0\leqslant\bar{n}^I\leqslant N)$ 为转换状态。根据引理 1，有五种可能的情景。如果低端消费者先加入团购，对应三种可能的情景：{L}、{L; L+H}、{L+H}，我们定义这三种情景共同为情形Ⅰ。如果高端消费者先加入团购，对应三种可能的情景：{H}、{H; H+L}、{H+L}，我们定义这三种情景共同为情形Ⅱ。为了避免重复，我们在接下来的分析中将 {H+L} 暂时从情形Ⅱ中排除。我们用转换状态 $\bar{n}^I(0\leqslant\bar{n}^I\leqslant N)$ 表示不同的情景。在情形Ⅰ中，$\bar{n}^I=0$、$1\leqslant\bar{n}^I<N$、$\bar{n}^I=N$ 分别代表情景 {L}、{L; L+H}、{L+H}。在情形Ⅱ中，$\bar{n}^I=0$、$1\leqslant\bar{n}^I<N$ 分别代表情景 {H}、{H; H+L}。对于情形Ⅱ，IR 约束和 IC 约束的表达式为

$$\begin{cases} IR_H:\ \theta H-r^I-c\cdot w(n)\geqslant 0 & 1\leqslant n\leqslant N,\\ IC_H:\ \theta H-r^I-c\cdot w(n)\geqslant H-p^G & 1\leqslant n\leqslant N,\\ IR_{L1}:\ L-p^I\geqslant 0 & \bar{n}^I<n\leqslant N,\\ IC_{L1}:\ L-p^I\geqslant\theta L-r^I-c\cdot w(n) & \bar{n}^I<n\leqslant N,\\ IR_{L2}:\ \theta L-r^I-c\cdot w(n)\geqslant 0 & 1\leqslant n\leqslant\bar{n}^I,\\ IC_{L2}:\ \theta L-r^I-c\cdot w(n)\geqslant L-p^I & 1\leqslant n\leqslant\bar{n}^I。\end{cases}$$

其中，$\bar{n}^I$ 满足 $0\leqslant\bar{n}^I<N$，期望等待时长 $w(n)$ 的表达式为

$$w(n)=\begin{cases}\dfrac{n-1}{\lambda} & 1\leqslant n\leqslant \bar{n}^I,\\ \dfrac{\bar{n}^I}{\lambda}+\dfrac{n-\bar{n}^I-1}{\gamma\lambda} & \bar{n}^I<n\leqslant N。\end{cases}$$

在均衡时，约束 IC_{L1} 需要 $r^I\geqslant-(1-\theta)L+p^I-c\cdot w(\bar{n}^I)$。约束 IC_H 需要 $r^I\leqslant-(1-\theta)H+p^I-c\cdot w(N)$。由于 $w(\bar{n}^I)\leqslant w(N)$，因此 $-(1-\theta)L+p^I-c\cdot w(\bar{n}^I)>-(1-\theta)H+p^I-c\cdot w(N)$ 恒成立，所以约束 IC_{L1} 和约束 IC_H 不可能在 $\theta<1$ 的情况下同时被满足。因此，情形Ⅱ在 $\theta<1$ 的情况下不可能成为均衡。

命题 4 证明：

基于命题 A1，我们在此继续对于情形Ⅰ进行分析。IR 约束和 IC 约束的表达式为

$$\begin{cases}IR_L:\ \theta L-r^I-c\cdot w(n)\geqslant 0 & 1\leqslant n\leqslant N,\\ IC_L:\ \theta L-r^I-c\cdot w(n)\geqslant L-p^I & 1\leqslant n\leqslant N,\\ IR_{H1}:\ H-p^I\geqslant 0 & \bar{n}^I<n\leqslant N,\\ IC_{H1}:\ H-p^I\geqslant \theta H-r^I-c\cdot w(n) & \bar{n}^I<n\leqslant N,\\ IR_{H2}:\ \theta H-r^I-c\cdot w(n)\geqslant 0 & 1\leqslant n\leqslant \bar{n}^I,\\ IC_{H2}:\ \theta H-r^I-c\cdot w(n)\geqslant H-p^I & 1\leqslant n\leqslant \bar{n}^I。\end{cases}$$

其中，$\bar{n}^I$ 满足 $0\leqslant\bar{n}^I\leqslant N$，期望等待时长 w（n）的表达式为

$$w(n)=\begin{cases}\dfrac{n-1}{\lambda} & 1\leqslant n\leqslant \bar{n}^I,\\ \dfrac{\bar{n}^I}{\lambda}+\dfrac{n-\bar{n}^I-1}{(1-\gamma)\lambda} & n^I<n\leqslant N。\end{cases}$$

假设 $p^I\geqslant L$，则均衡下约束 IR_L 在状态 $n=N$ 时取等，因此 $r^I(\bar{n}^I)=\theta L-c\cdot w(N)$。此外，约束 IR_{H1} 弱于约束 IC_{H1}，约束 IR_{H2} 弱于约束 IC_{H2}。为了在状态 $n=\bar{n}^I$ 时同时满足约束 IC_{H1} 和约束 IC_{H2}，价格 p^I 需要同时满足条件 $H-p^I\geqslant\theta H-r^I-c\cdot w(\bar{n}^I)$ 和 $\theta H-r^I-c\cdot w(\bar{n}^I)\geqslant H-p^I$，这意味着 $H-p^I=\theta H-r^I-c\cdot w(\bar{n}^I)$。因此，$p^I(\bar{n}^I)=(1-\theta)H+\theta L-c\cdot w(N)+c\cdot w(\bar{n}^I)$。截至目前，我们已经将 $r^I(\bar{n}^I)$ 和 $p^I(\bar{n}^I)$ 写为 $\bar{n}^I$ 的函数。为了满足 $p^I\geqslant L$，转换状态 $\bar{n}^I$ 需要满足 $\bar{n}^I\geqslant$

$\bar{n}_1^I$，其中，$\bar{n}_1^I \equiv N-\gamma-(1-\gamma)(1-\theta)(H-L)\lambda/c$。接下来，我们将企业的长期利润 π^I 的表达式写为

$$\pi^I(\bar{n}^I)=[r^I(\bar{n}^I)\cdot(1-\gamma)\lambda+p^I(\bar{n}^I)\cdot\gamma\lambda]\cdot P(n>\bar{n}^I)+[r^I(\bar{n}^I)\cdot\lambda]\cdot P(n\leqslant\bar{n}^I)$$

$$=\frac{[r^I(\bar{n}^I)\cdot(1-\gamma)\lambda+p^I(\bar{n}^I)\cdot\gamma\lambda]\cdot\dfrac{N-\bar{n}^I}{(1-\gamma)\lambda}+[r^I(\bar{n}^I)\cdot\lambda]\cdot\dfrac{\bar{n}^I}{\lambda}}{\dfrac{\bar{n}^I}{\lambda}+\dfrac{N-\bar{n}^I}{(1-\gamma)\lambda}}$$

$$=\frac{r^I(\bar{n}^I)\cdot(1-\gamma)\lambda N+p^I(\bar{n}^I)\cdot\gamma\lambda(N-\bar{n}^I)}{N-\gamma\bar{n}^I}$$

将 $r^I(\bar{n}^I)$ 和 $p^I(\bar{n}^I)$ 代入到 π^I 中，则 π^I 可以写为关于 $\bar{n}^I$ 的函数，其表达式为

$$\pi^I(\bar{n}^I)=\frac{\begin{bmatrix}\theta L\lambda N+(1-\theta)H\gamma\lambda N-cN(N-1)-[\theta L+(1-\theta)H]\gamma\lambda\bar{n}^I\\+c\gamma N\bar{n}^I-c\gamma(N-\bar{n}^I-\gamma)(N-\bar{n}^I)/(1-\gamma)\end{bmatrix}}{N-\gamma\bar{n}^I}$$

对 $\pi^I(\bar{n}^I)$ 关于 $\bar{n}^I$ 求二阶导数，我们发现，$\dfrac{\partial^2\pi^I(\bar{n}^I)}{\partial\bar{n}^{I^2}}<0$ 恒成立，说明 $\pi^I(\bar{n}^I)$ 是关于 $\bar{n}^I$ 的凹函数。因此，我们利用一阶条件求解最优 $\bar{n}^I$。我们定义 $\bar{n}_2^I$ 为 $\dfrac{\partial\pi^I(\bar{n}^I)}{\partial\bar{n}^I}=0$ 的唯一合理解（另一个解由于恒大于 N 我们不予考虑）。很容易验证 $\bar{n}_1^I<N$ 和 $\bar{n}_2^I<N$ 恒成立，并且，当且仅当 $H/L\geqslant\widetilde{m}^I$ 或 $N<\widetilde{N}_1^I$ 时，$\bar{n}_2^I\geqslant\bar{n}_1^I$；当且仅当 $N>\widetilde{N}_2^I$ 时，$\bar{n}_2^I>0$；当且仅当 $N>\widetilde{N}_3^I$ 时，$\bar{n}_1^I>0$。因此，当 $H/L\geqslant\widetilde{m}^I$ 或 $N<\widetilde{N}_1^I$ 时，企业决策最优转换状态为 $\bar{n}^I=\max\{\bar{n}_2^I,0\}$；否则，企业决策最优转换状态为 $\bar{n}^I=\max\{\bar{n}_1^I,0\}$。

假设 $p^I<L$，则均衡下约束 IC_L 在状态 $n=N$ 时取等，因此，$r^I=p^I-(1-\theta)L-c\cdot w(N)$。同样地，为了在状态 $n=\bar{n}^I$ 时同时满足约束 IC_{H1} 和约束 IC_{H2}，价格 p^I 需要同时满足条件 $H-p^I\geqslant\theta H-r^I-c\cdot w(\bar{n}^I)$ 和 $\theta H-r^I-c\cdot w(\bar{n}^I)\geqslant H-p^I$，这意味着 $p^I=(1-\theta)H+r^I+c\cdot w(\bar{n}^I)$。代入 r^I，我们得到 $(1-\theta)(H-L)=c\cdot w(N)-c\cdot w(\bar{n}^I)$，这意味着 $\bar{n}^I=\bar{n}_1^I$，也就是说，$p^I=L$。因此，$p^I<L$ 无法在情形 I 下成为均衡。

结合上述分析结果，我们定义关于生产批量 N 的阈值，其表达式为

$$\widetilde{N}^{I}\equiv\begin{cases}\min\{\widetilde{N}_{2}^{I},\widetilde{N}_{3}^{I}\} & H/L\leqslant\widetilde{m}^{I}\\ \widetilde{N}_{2}^{I} & H/L>\widetilde{m}^{I}\end{cases},$$

$$\widetilde{m}^{I}\equiv 1-\frac{c(1+\gamma)}{(1-\gamma)(1-\theta)L\lambda},$$

$$\widetilde{N}_{1}^{G}\equiv\frac{\gamma[c\gamma+(1-\gamma)(1-\theta)(H-L)\lambda]^{2}}{c(1-\gamma)[(1-\gamma)(1-\theta)(2L-H)\lambda-c(1+\gamma)]},$$

$$\widetilde{N}_{2}^{G}\equiv\frac{(1-\gamma)^{2}[(1-\theta)H\lambda-c]}{c(2-\gamma)},$$

$$\widetilde{N}_{3}^{G}\equiv\frac{(1-\gamma)(1-\theta)(H-L)\lambda}{c}+\gamma。$$

其中，$\widetilde{m}^{I}$ 是关于 H/L 的阈值，随 L 单调递增。$\widetilde{N}_{1}^{G}$ 和 $\widetilde{N}_{3}^{G}$ 随 H/L 单调递增，$\widetilde{N}_{2}^{G}$ 随 H 单调递增。因此，当 $\theta<1$ 时企业提供团购的理性预期均衡的表达式为：

（1）当 $H/L\leqslant\widetilde{m}^{I}$ 时，

（1.1）若 $N\leqslant\min\{\widetilde{N}_{2}^{I},\ \widetilde{N}_{3}^{I}\}$，则 $\bar{n}^{I}=0$，$p^{I}=(1-\theta)H+\theta L-c(N-\gamma)/[(1-\gamma)\lambda]$，$r^{I}=\theta L-c(N-1)/[(1-\gamma)\lambda]$；

（1.2）若 $\min\{\widetilde{N}_{2}^{I},\ \widetilde{N}_{3}^{I}\}<N\leqslant\max\{\widetilde{N}_{2}^{I},\ \widetilde{N}_{3}^{I}\}$，则 $\bar{n}^{I}=\bar{n}_{2}^{I}$，$p^{I}=(1-\theta)H+\theta L-c\cdot w(N)+c\cdot w(\bar{n}^{I})$，$r^{I}=\theta L-c\cdot w(N)$；

（1.3）若 $N>\max\{\widetilde{N}_{2}^{I},\ \widetilde{N}_{3}^{I}\}$，则 $\bar{n}^{I}=\bar{n}_{1}^{I}$，$p^{I}=L$，$r^{I}=\theta L-\gamma(1-\theta)(H-L)-c(N-1-\gamma)/\lambda$。

（2）当 $H/L>\widetilde{m}^{I}$ 时，

（2.1）若 $N\leqslant\widetilde{N}_{2}^{I}$，则 $\bar{n}^{I}=0$，$p^{I}=(1-\theta)H+\theta L-c(N-\gamma)/[(1-\gamma)\lambda]$，$r^{I}=\theta L-c(N-1)/[(1-\gamma)\lambda]$；

（2.2）若 $N>\widetilde{N}_{2}^{I}$，则 $\bar{n}^{I}=\bar{n}_{2}^{I}$，$p^{I}=(1-\theta)H+\theta L-c\cdot w(N)+c\cdot w(\bar{n}^{I})$，$r^{I}=\theta L-c\cdot w(N)$。

定理 3 证明：

当 $N>\widetilde{N}^{I}$ 时，最优转换状态为 $\bar{n}^{I}=\max\{\bar{n}_{1}^{I},\ \bar{n}_{2}^{I}\}$；当 $N\leqslant\widetilde{N}^{I}$ 时，最优转换状态为 $\bar{n}^{I}=0$。当 $\bar{n}^{I}=\bar{n}_{1}^{I}$ 时，我们可以严格证明，$\pi^{I}<L\lambda=\pi^{V}\leqslant\max\{\pi^{V},\ \pi^{M}\}$

恒成立。当 $\bar{n}^{I}=0$ 时，我们可以证明，当 $H/L>1/\gamma$，$\pi^{I}<\pi^{V}$；当 $H/L\leqslant 1/\gamma$，$\pi^{I}<\pi^{M}$。因此，$\pi^{I}<\max\{\pi^{V},\ \pi^{M}\}$ 在 $\bar{n}^{I}=0$ 时恒成立。

对于 $\bar{n}^{I}=\bar{n}_2^{I}$ 的情形，我们可以证明，当 $N\leqslant\widetilde{N}_4^{I}$ 时，$\pi^{I}\geqslant\pi^{V}$；当 $N\leqslant\widetilde{N}_5^{I}$ 时，$\pi^{I}\geqslant\pi^{M}$。其中，$\widetilde{N}_4^{I}$ 和 $\widetilde{N}_5^{I}$ 分别为等式 $\pi^{I}=\pi^{V}$ 和 $\pi^{I}=\pi^{M}$ 的唯一正解。此外，当且仅当 $H/L<1/\gamma$ 时，$\widetilde{N}_4^{I}<\widetilde{N}_5^{I}$。因此，当且仅当 $\widetilde{N}^{I}<N\leqslant\min\{\widetilde{N}_4^{I},\ \widetilde{N}_5^{I}\}$ 时，$\pi^{I}\geqslant\max\{\pi^{V},\ \pi^{M}\}$。此外，可以证明当 $\gamma\to 1$ 时，$\lim\limits_{\gamma\to 1}\pi^{I}=+\infty>H\lambda=\pi^{M}\geqslant\max\{\pi^{V},\ \pi^{M}\}$，此时 $\pi^{I}>\max\{\pi^{V},\ \pi^{M}\}$ 恒成立。因此，对于一个足够小的 ε 而言，当 $\gamma\in[1-\varepsilon,\ 1]$ 时，由于连续性，$\pi^{I}>\max\{\pi^{V},\ \pi^{M}\}$ 依旧成立。

命题 A2（状态相关定价策略下的理性预期均衡） 给定任意 $\theta>1$ 和 N，

（1）当 $H/L\leqslant 1/\gamma$ 时，企业设定 r^{C} 和 p^{C} 使均衡时的消费者划分如下：

（1.1）如果 $N\leqslant\widetilde{N}_2^{C}$，则 $\{H+L\}$ 是均衡时的消费者划分；

（1.2）如果 $N>\widetilde{N}_2^{C}$，则 $\{H;\ H+L\}$ 是均衡时的消费者划分。

（2）当 $H/L>1/\gamma$ 时，企业设定 r^{C} 和 p^{C} 使均衡时的消费者划分如下：

（2.1）如果 $N\leqslant\widetilde{N}_3^{C}$，则 $\{H\}$ 是均衡时的消费者划分；

（2.2）如果 $N>\widetilde{N}_3^{C}$，则 $\{H;\ H+L\}$ 是均衡时的消费者划分。

命题 A2 证明：

与命题 1 的证明类似，我们定义 $\bar{n}^{C}(0\leqslant\bar{n}^{C}\leqslant N)$ 为转换状态。根据引理 1，共有五种可能的情景，定义为两种情形。在情形Ⅰ中，$\bar{n}^{C}=0$、$1\leqslant\bar{n}^{C}<N$、$\bar{n}^{C}=N$ 分别代表情景 $\{H\}$、$\{H;\ H+L\}$、$\{H+L\}$。在情形Ⅱ中，$\bar{n}^{C}=0$、$1\leqslant\bar{n}^{C}<N$ 分别代表情景 $\{L\}$、$\{L;\ L+H\}$。对于情形Ⅰ，IR 约束和 IC 约束的表达式为

$$
\begin{cases}
IR_{H1}:\ \theta H-r_1^{C}-c\cdot w(n)\geqslant 0 & \bar{n}^{C}<n\leqslant N,\\
IC_{H1}:\ \theta H-r_1^{C}-c\cdot w(n)\geqslant H-p^{C} & \bar{n}^{C}<n\leqslant N,\\
IR_{H2}:\ \theta H-r_2^{C}-c\cdot w(n)\geqslant 0 & 1\leqslant n\leqslant\bar{n}^{C},\\
IC_{H2}:\ \theta H-r_2^{C}-c\cdot w(n)\geqslant H-p^{C} & 1\leqslant n\leqslant\bar{n}^{C},\\
IR_{L1}:\ L-p^{C}\geqslant 0 & \bar{n}^{C}<n\leqslant N,\\
IC_{L1}:\ L-p^{C}\geqslant\theta L-r_1^{C}-c\cdot w(n) & \bar{n}^{C}<n\leqslant N,\\
IR_{L2}:\ \theta L-r_2^{C}-c\cdot w(n)\geqslant 0 & 1\leqslant n\leqslant\bar{n}^{C},\\
IC_{L2}:\ \theta L-r_2^{C}-c\cdot w(n)\geqslant L-p^{C} & 1\leqslant n\leqslant\bar{n}^{C}。
\end{cases}
$$

其中，$\bar{n}^C$ 满足 $0\leqslant\bar{n}^C\leqslant N$，期望等待时长 w(n) 的表达式为

$$w(n)=\begin{cases}\dfrac{n-1}{\lambda} & 1\leqslant n\leqslant\bar{n}^C,\\[2ex] \dfrac{\bar{n}^C}{\lambda}+\dfrac{n-\bar{n}^C-1}{\gamma\lambda} & \bar{n}^C<n\leqslant N。\end{cases}$$

在均衡时，约束 IR_{L1} 取等，因此 $p^C(\bar{n}^C)=L$。由于约束 IC_{H1} 在状态 n=N 时取等，因此 $r_1^C(\bar{n}^C)=(\theta-1)H+L-c\cdot w(N)$。此外，因为 $(\theta-1)(H-L)>0$ 恒成立，因此约束 IC_{H2} 强于约束 IC_{L2}。为了在状态 n=时满足约束 IC_{H2}，我们有 $r_2^C(\bar{n}^C)=\theta L-c\cdot w(\bar{n}^C)$。接下来，我们将企业的长期利润 π^C 的表达式写为

$$\pi^C(\bar{n}^C)=[r_1^C(\bar{n}^C)\cdot\gamma\lambda+p^C(\bar{n}^C)\cdot(1-\gamma)\lambda]\cdot P(n>\bar{n}^C)+[r_2^C(\bar{n}^C)\cdot\lambda]\cdot P(n\leqslant\bar{n}^C)$$

$$=\frac{[r_1^C(\bar{n}^C)\cdot\gamma\lambda+p^C(\bar{n}^C)\cdot(1-\gamma)\lambda]\cdot\dfrac{N-\bar{n}^C}{\gamma\lambda}+[r_2^C(\bar{n}^C)\cdot\lambda]\cdot\dfrac{\bar{n}^C}{\lambda}}{\dfrac{\bar{n}^C}{\lambda}+\dfrac{N-\bar{n}^C}{\gamma\lambda}}$$

$$=\frac{[r_1^C(\bar{n}^C)\cdot\gamma\lambda+p^C(\bar{n}^C)\cdot(1-\gamma)\lambda]\cdot(N-\bar{n}^I)+[r_2^C(\bar{n}^C)\cdot\lambda]\cdot\overline{\gamma n}^C}{N-(1-\gamma)\bar{n}^C}$$

将 $r_1^C(\bar{n}^C)$、$r_2^C(\bar{n}^C)$ 和 $p^C(\bar{n}^C)$ 代入到 π^C 中，则 π^C 可以写为关于 $\bar{n}^C$ 的函数，其表达式为

$$\pi^C(\bar{n}^C)=\frac{\left\{\begin{array}{c}[(\theta-1)H\gamma+L]\lambda(N-\bar{n}^C)+\theta L\gamma\lambda\bar{n}^C-c\gamma(N-1)\bar{n}^C\\ -c(N-\bar{n}^C-1)(N-\bar{n}^C)\end{array}\right\}}{N-(1-\gamma)\bar{n}^C}$$

对 $\pi^C(\bar{n}^C)$ 关于 $\bar{n}^C$ 求二阶导数，我们发现，在 $N>\widetilde{N}_1^C$ 时，$\dfrac{\partial^2\pi^C(\bar{n}^C)}{\partial\,\bar{n}^{C2}}<0$ 成立，其中，当且仅当 $H/L<1/\gamma$ 时，$\widetilde{N}_1^C>0$。因此，我们利用一阶条件求解最优 $\bar{n}^C$。我们定义 n_1^C 为 $\dfrac{\partial\pi^C(\bar{n}^C)}{\partial\bar{n}^C}=0$ 的唯一合理解（另一个解由于恒大于 N 我们不予考虑）。很容易验证，当且仅当 $N>\widetilde{N}_2^C$ 时，$n_1^C<N$；当且仅当 $N>\widetilde{N}_3^C$ 时，$n_1^C>0$；当 $H/L<1/\gamma$ 时，$\widetilde{N}_2^C>0$；当 $H/L>1/\gamma$ 时，$\widetilde{N}_3^C>0$。因此，在情形 I 下，当 $N>\max\{\widetilde{N}_2^C,\ \widetilde{N}_3^C\}$ 时，企业决策最优转换状态为 $\bar{n}^C=n_1^C$；否则，当 $N\leqslant\widetilde{N}_2^C$

$(N\leqslant\widetilde{N}_3^C)$，企业决策最优转换状态为 $\bar{n}^C=N(\bar{n}^C=0)$。

对于情形Ⅱ，IR 约束和 IC 约束的表达式为

$$\begin{cases} IR_{L1}:\ \theta L-r_1^C-c\cdot w(n)\geqslant 0 & \bar{n}^C<n\leqslant N,\\ IC_{L1}:\ \theta L-r_1^C-c\cdot w(n)\geqslant L-p^C & \bar{n}^C<n\leqslant N,\\ IR_{L2}:\ \theta L-r_2^C-c\cdot w(n)\geqslant 0 & 1\leqslant n\leqslant \bar{n}^C,\\ IC_{L2}:\ \theta L-r_2^C-c\cdot w(n)\geqslant L-p^C & 1\leqslant n\leqslant \bar{n}^C,\\ IR_{H1}:\ H-p^C\geqslant 0 & \bar{n}^C<n\leqslant N,\\ IC_{H1}:\ H-p^C\geqslant \theta H-r_1^C-c\cdot w(n) & \bar{n}^C<n\leqslant N,\\ IR_{H2}:\ \theta H-r_2^C-c\cdot w(n)\geqslant 0 & 1\leqslant n\leqslant \bar{n}^C,\\ IC_{H2}:\ \theta H-r_2^C-c\cdot w(n)\geqslant H-p^C & 1\leqslant n\leqslant \bar{n}^C。\end{cases}$$

其中，$\bar{n}^C$ 满足 $0\leqslant\bar{n}^C<N$，期望等待时长 $w(n)$ 的表达式为

$$w(n)=\begin{cases}\dfrac{n-1}{\lambda} & 1\leqslant n\leqslant\bar{n}^C,\\ \dfrac{\bar{n}^C}{\lambda}+\dfrac{n-\bar{n}^C-1}{(1-\gamma)\lambda} & \bar{n}^C<n\leqslant N。\end{cases}$$

在均衡时，约束 IC_{L1} 需要 $r_1^C\leqslant(\theta-1)L+p^C-c\cdot w(N)$，约束 IC_{H1} 需要 $r_1^C\geqslant(\theta-1)H+p^C-c\cdot w(\bar{n}^C)$。由于 $w(\bar{n}^C)\leqslant w(N)$，因此约束 IC_{L1} 和约束 IC_{H1} 不可能在 $\theta>1$ 的情况下同时被满足。因此，情形Ⅱ在 $\theta>1$ 的情况下不可能成为均衡。

结合情形Ⅰ和情形Ⅱ的结果，我们定义关于生产批量 N 的三个阈值，其表达式为

$$\widetilde{N}_1^C\equiv\frac{(\theta-1)(L-H\gamma)(1-\gamma)\lambda}{c},$$

$$\widetilde{N}_2^C\equiv\frac{(\theta-1)(L-H\gamma)\lambda}{c},$$

$$\widetilde{N}_3^C\equiv\frac{(\theta-1)(H\gamma-L)\gamma\lambda}{c}。$$

其中，$\widetilde{N}_1^C$ 和 $\widetilde{N}_2^C$ 随 H/L 单调递减，$\widetilde{N}_3^C$ 随 H/L 单调递增。此外，当且仅

当 $H/L<1/\gamma$ 时，$\widetilde{N}_2^C>\widetilde{N}_1^C>0$；当且仅当 $H/L>1/\gamma$ 时，$\widetilde{N}_3^C>0$，并且 $\widetilde{N}_2^C<\widetilde{N}_1^G$ 和 $\widetilde{N}_3^C<\widetilde{N}_2^G$ 恒成立。因此，当 $\theta<1$ 时，企业在状态相关定价策略下提供团购的理性预期均衡的表达式为

（1）当 $H/L\leqslant 1/\gamma$ 时，

（1.1）若 $N\leqslant\widetilde{N}_2^C$，则 $\bar{n}^C=N$，$p^C=L$，$r_1^C=(\theta-1)H+L-cN/\lambda+c/(\gamma\lambda)$，$r_2^C=\theta L-c(N-1)/\lambda$；

（1.2）若 $N>\widetilde{N}_2^C$，则 $\bar{n}^C=\bar{n}_1^C$，$p^C=L$，$r_1^C=(\theta-1)H+L-c\cdot w(N)$，$r_2^C=\theta L-c\cdot w(\bar{n}^C)$。

（2）当 $H/L>1/\gamma$ 时，

（2.1）若 $N\leqslant\widetilde{N}_3^C$，则 $\bar{n}^C=0$，$p^C=L$，$r_1^C=(\theta-1)H+L-c(N-1)/(\gamma\lambda)$，$r_2^C=\theta L$；

（2.2）若 $N>\widetilde{N}_3^C$，则 $\bar{n}^C=\bar{n}_1^C$，$p^C=L$，$r_1^C=(\theta-1)H+L-c\cdot w(N)$，$r_2^C=\theta L-c\cdot w(\bar{n}^C)$。

推论 5 证明：

我们通过对比命题 A2 中的 r_1^C 和 r_2^C 来证明推论 5。当 $N>\max\{\widetilde{N}_2^C,\widetilde{N}_3^C\}$ 时，当且仅当 $N<\widetilde{N}_8^C$ 时，可证 $r_1^C>r^G>r_2^C$，其中，$\widetilde{N}_8^C$ 为 $r_1^C=r_2^C$ 的唯一合理解。此外，$\widetilde{N}_8^C>\max\{\widetilde{N}_1^C,\widetilde{N}_2^C\}>\max\{\widetilde{N}_2^C,\widetilde{N}_3^C\}$ 恒成立。当 $N\leqslant\max\{\widetilde{N}_2^C,\widetilde{N}_3^C\}$ 时，$r_1^C>r_2^C$ 恒成立。因此，推论 5 得证。

定理 4 证明：

根据命题 A2 和命题 3，比较三种策略下的均衡利润，即可得到定理 4 的结论。我们定义关于生产批量 N 的阈值，其表达式为

$$\widetilde{N}^C\equiv\begin{cases}\widetilde{N}_5^C & H/L\leqslant 1/\gamma,\\ \max\{\widetilde{N}_3^C,\widetilde{N}_7^C\} & H/L>1/\gamma,\widetilde{N}_6^C>\widetilde{N}_3^C,\\ \min\{\widetilde{N}_3^C,\widetilde{N}_6^C\} & H/L>1/\gamma,\widetilde{N}_6^C\leqslant\widetilde{N}_3^C。\end{cases}$$

$$\widetilde{N}_4^C\equiv\frac{(\theta-1)L\lambda}{c}+1,$$

$$\widetilde{N}_6^C\equiv\frac{[L+(\theta-2)\gamma H]\lambda}{c}+1。$$

其中，$\widetilde{N}_5^C$ 和 $\widetilde{N}_7^C$ 分别是等式 $\pi^C=\pi^V$ 和 $\pi^C=\pi^M$ 的唯一合理解。我们通过比较可知，$\widetilde{N}_4^C=\widetilde{N}_3^G>\widetilde{N}_2^C$，$\widetilde{N}_5^C>\widetilde{N}_2^C$。$\widetilde{N}_4^C$ 只受 L 影响。$\widetilde{N}_5^C$ 随 H/L 单调递增。$\widetilde{N}_6^C$ 在 $\theta>2$ 时，随 H/L 单调递增；在 $1<\theta\leqslant 2$ 时，随 H/L 单调递减。$\widetilde{N}_7^C$ 在 $\theta>\widetilde{\theta}^C$ 时，随 H/L 单调递增；在 $1<\theta\leqslant\widetilde{\theta}^C$ 时，随 H/L 单调递减。此外，在 $\theta>\widetilde{\theta}^C$ 时，我们有 $\widetilde{N}_6^C>\widetilde{N}_3^C$。

推论 6 证明：

通过对比命题 A2 和命题 2，我们可以得到 $\pi^C>\pi^G$ 恒成立。此外，通过比较定理 1 和定理 4 中关于生产批量 N 的各个阈值，推论 6 的第二部分可以得证。具体而言，$\widetilde{N}_5^C>\widetilde{N}_4^G$，$\widetilde{N}_6^C>\widetilde{N}_5^G$，$\widetilde{N}_7^C>\widetilde{N}_5^G$，$\widetilde{N}_7^C>\widetilde{N}_6^G$ 恒成立。

命题 6 证明：

当团购状态 n 不可被消费者观测时，只有三种可能的情景，即只有高端消费者加入团购（{H}）、只有低端消费者加入团购（{L}）、高端消费者和低端消费者一起加入团购（即 {H+L}）。

对于第一种情景（{H}），IR 约束和 IC 约束的表达式为

$$\begin{cases} IR_L: L-p^U\geqslant 0, \\ IC_L: L-p^U\geqslant \theta L-r^U-c\cdot w, \\ IR_H: \theta H-r^U-c\cdot w\geqslant 0, \\ IC_H: \theta H-r^U-c\cdot w\geqslant H-p^U。\end{cases}$$

其中，期望等待时长 w 的表达式为

$$w=\sum_{n=1}^{N}\frac{n-1}{\gamma\lambda}\cdot P(n)=\frac{N-1}{2\gamma\lambda}$$

在均衡时，约束 IR_L 和约束 IC_H 取等。因此，$p^U=L$，$r^U=(\theta-1)H+L-c\cdot w$。

对于第二种情景（{L}），IR 约束和 IC 约束的表达式为

$$\begin{cases} IR_L: \theta L-r^U-c\cdot w\geqslant 0, \\ IC_L: \theta L-r^U-c\cdot w\geqslant L-p^U, \\ IR_H: H-p^U\geqslant 0, \\ IC_H: H-p^U\geqslant \theta H-r^U-c\cdot w。\end{cases}$$

其中，期望等待时长 w 的表达式为

$$w=\sum_{n=1}^{N}\frac{n-1}{(1-\gamma)\lambda}\cdot P(n)=\frac{N-1}{2(1-\gamma)\lambda}$$

在均衡时，约束 IC_L 需要 $r^U\leqslant(\theta-1)L+p^U-c\cdot w$，约束 IC_H 需要 $r^U\geqslant(\theta-1)H+p^U-c\cdot w$。二者矛盾，导致约束 IC_L 和约束 IC_H 不能同时被满足。因此，该情景不能成为均衡。

对于第三种情景（$\{H+L\}$），IR 约束和 IC 约束的表达式为

$$\begin{cases}IR_L:\ \theta L-r^U-c\cdot w\geqslant 0,\\ IC_L:\ \theta L-r^U-c\cdot w\geqslant L-p^U,\\ IR_H:\ \theta H-r^U-c\cdot w\geqslant 0,\\ IC_H:\ \theta H-r^U-c\cdot w\geqslant H-p^U。\end{cases}$$

其中，期望等待时长 w 的表达式为

$$w=\sum_{n=1}^{N}\frac{n-1}{\lambda}\cdot P(n)=\frac{N-1}{2\lambda}$$

在均衡时，$p^U=\theta L$，$r^U=\theta L-c\cdot w$。

对比以上情景，我们得到，当 $\theta>1$ 时，若团购状态不可观测，则企业提供团购的理性预期均衡的表达式为：

（1）当 $H/L\leqslant 1/\gamma$ 时，$p^U=\theta L$，$r^U=\theta L-c\cdot w$；

（2）当 $H/L>1/\gamma$ 时，$p^U=L$，$r^U=(\theta-1)H+L-c\cdot w$。

定理 5 证明：

根据命题 3 和命题 6，比较三种策略下的均衡利润，即可得到定理 5 的结论。我们定义关于生产批量 N 的阈值，其表达式为：

$$\widetilde{N}^U\equiv\begin{cases}\widetilde{N}_1^U & H/L\leqslant 1/\gamma,\\ \widetilde{N}_2^U & H/L>1/\gamma,\end{cases}$$

$$\widetilde{N}_1^U\equiv\frac{2(\theta-1)L\lambda}{c}+1,$$

$$\widetilde{N}_2^U \equiv \frac{2[L+(\theta-2)\gamma H]\lambda}{c}+1。$$

其中，$\widetilde{N}_1^U$ 只受 L 影响；$\widetilde{N}_2^U$ 在 $\theta>2$ 时随 H/L 单调递增，在 $1<\theta\leqslant 2$ 时随 H/L 单调递减；$\widetilde{N}_2^U$ 在 $\theta>\widetilde{\theta}^C$ 时随 H/L 单调递增，在 $1<\theta\leqslant\widetilde{\theta}^C$ 时随 H/L 单调递减。此外，在 $H/L<1/\gamma$ 时，$\widetilde{N}_1^U>\widetilde{N}_2^U$。

推论 7 证明：

通过对比命题 2 和命题 6，我们可以证明，当 $N\leqslant\max\{\widetilde{N}_1^G, \widetilde{N}_2^G\}$ 时，$\pi^U>\pi^G$ 恒成立。而当 $N>\max\{\widetilde{N}_1^G, \widetilde{N}_2^G\}$ 时，我们可以找到 $\pi^U>\pi^G$ 成立的充分条件。当 $\theta\to+\infty$ 时，$\lim\limits_{\theta\to+\infty}\pi^U=+\infty>cN[\gamma H+(1-\gamma)L]/[(1-\gamma)(H-L)]+L\lambda=\lim\limits_{\theta\to+\infty}\pi^G$。这意味着存在关于 θ 的阈值 $\widetilde{\theta}_0^U$，使 $\pi^U>\pi^G$ 在 $\theta>\widetilde{\theta}_0^U$ 时成立。此外，通过比较定理 1 和定理 5 中关于生产批量 N 的各个阈值，推论 7 的第二部分可以得证。具体而言，当 $\theta>\widetilde{\theta}_1^U$ 时，$\widetilde{N}_1^U>\widetilde{N}_4^G$；当 $\theta>\widetilde{\theta}_2^U$ 时，$\widetilde{N}_2^U>\widetilde{N}_5^G$；当 $\theta>\widetilde{\theta}_3^U$ 时，$\widetilde{N}_2^U>\widetilde{N}_5^G$；当 $\theta>\widetilde{\theta}_4^U$ 时，$\widetilde{N}_2^U>\widetilde{N}_6^G$ 恒成立。其中，关于 θ 的各个阈值的表达式为

$$\widetilde{\theta}_1^U \equiv \frac{c(1-\gamma)}{[L-(H-L)\gamma]\lambda}+1,$$

$$\widetilde{\theta}_2^U \equiv 2-\frac{L}{H\gamma},$$

$$\widetilde{\theta}_3^U \equiv \frac{2(H\gamma-L)\lambda-c\gamma}{[2H\gamma-L(1-\gamma)]\lambda}+1,$$

$$\widetilde{\theta}^U \equiv \begin{cases} \widetilde{\theta}_1^U & H/L\leqslant 1/\gamma, \\ \max\{\widetilde{\theta}_2^U, \widetilde{\theta}_3^U, \widetilde{\theta}_4^U\} & H/L>1/\gamma。\end{cases}$$

推论 8 证明：

当团购状态 n 不可被消费者观测时，只有三种可能的情景，即只有低端消费者加入团购（{L}）、只有高端消费者加入团购（{H}）、高端消费者和低端消费者一起加入团购（{H+L}）。

对于第一种情景（{L}），IR 约束和 IC 约束的表达式为

$$\begin{cases} IR_L: \theta L-r^U-c\cdot w\geqslant 0, \\ IC_L: \theta L-r^U-c\cdot w\geqslant L-p^U, \\ IR_H: H-p^U\geqslant 0, \\ IC_H: H-p^U\geqslant \theta H-r^U-c\cdot w。\end{cases}$$

其中，期望等待时长 w 的表达式为

$$w=\sum_{n=1}^{N}\frac{n-1}{(1-\gamma)\lambda}\cdot P(n)=\frac{N-1}{2(1-\gamma)\lambda}$$

在均衡时，约束 IR_L 和 IC_H 取等。因此，$p^U=\theta L-c\cdot w$，$r^U=\theta L+(1-\theta)H$。由于当 $H/L<1/\gamma$ 时，$\pi^U<\pi^V$ 恒成立；当 $H/L>1/\gamma$ 时，$\pi^U<\pi^M$ 恒成立。所以，$\pi^U<\max\{\pi^V, \pi^M\}$ 恒成立。因此，企业没有动机在该情景下提供团购。

对于第二种情景（$\{H\}$），IR 约束和 IC 约束的表达式为

$$\begin{cases} IR_L: L-p^U\geqslant 0, \\ IC_L: L-p^U\geqslant \theta L-r^U-c\cdot w, \\ IR_H: \theta H-r^U-c\cdot w\geqslant 0, \\ IC_H: \theta H-r^U-c\cdot w\geqslant H-p^U。\end{cases}$$

其中，期望等待时长 w 的表达式为

$$w=\sum_{n=1}^{N}\frac{n-1}{\gamma\lambda}\cdot P(n)=\frac{N-1}{2\gamma\lambda}$$

在均衡时，约束 IC_L 需要 $r^U\geqslant-(1-\theta)L+p^U-c\cdot w$，约束 IC_H 需要 $r^U\leqslant-(1-\theta)H+p^U-c\cdot w$。二者矛盾，导致约束 IC_L 和约束 IC_H 不能同时被满足。因此，该情景不能成为均衡。

对于第三种情景（$\{H+L\}$），IR 约束和 IC 约束的表达式为

$$\begin{cases} IR_L: \theta L-r^U-c\cdot w\geqslant 0, \\ IC_L: \theta L-r^U-c\cdot w\geqslant L-p^U, \\ IR_H: \theta H-r^U-c\cdot w\geqslant 0, \\ IC_H: \theta H-r^U-c\cdot w\geqslant H-p^U。\end{cases}$$

其中，期望等待时长 w 的表达式为

$$w = \sum_{n=1}^{N} \frac{n-1}{\lambda} \cdot P(n) = \frac{N-1}{2\lambda}$$

在均衡时，$p^U = \theta L$，$r^U = \theta L - c \cdot w$。由于 $\pi^U < L\lambda = \pi^V \leqslant \max\{\pi^V, \pi^M\}$ 恒成立，因此，企业没有动机在该情景下提供团购。

第6章 面对策略型消费者的最优产品创新策略

6.1 引言

技术创新是企业获得竞争力与利润增长、扩大市场份额的必要手段，是企业实现可持续发展的重要因素，是企业在竞争中生存发展的关键之一（Frambach和Schillewaert，2012；盛光华和张志远，2015）。Christensen（1997）根据创新程度的高低把技术创新分为两种：突破式技术创新和渐进式技术创新。突破式技术创新是对现有主流市场进行颠覆的创新，体现了企业的重大技术创造，可以为企业带来更大的收益，然而同时也面临风险高、投资周期长、市场不确定性大等问题；而渐进式技术创新则是对现有主流市场产品性能的提升做出贡献的创新，体现了现有产品在功能、质量上的改进，成本与风险都相对较低（Van de Ven，1986；Christensen，1997；Esteve，2010）。而现实中，尤其是在智能手机、笔记本电脑、平板电脑等行业，很多企业都采取了不同程度的技术创新，有的类似于突破式创新，有的则更类似于渐进式创新。从2008年开始，苹果公司保持每年发布一款新手机的更新速度，并且每一代手机之间都保持了较高的创新差异（突破式创新）。然而，2016年苹果公司却进行了一种新的尝试，除了在9月照常发布了新一代iPhone 7之外，在3月还发布了功能和价格均不及iPhone 7的iPhone SE（渐进式创新）。从短期来看，发布质量与创新水平相对较低的iPhone SE的确可以拓展中端市场，增加市场份额，获得短期盈利。但从整体考虑，是否会对新一代iPhone 7的销售造成冲击？是否反而会影响企业的总体收益？

以往文献关于两种技术创新模式的对比以及研究企业创新模式选择的影响因素，多从实证角度出发。譬如：Kortum 和 Lerner（1997）、Schankerman（1998）详细分析了两种技术创新模式的特点及其可能带来的影响；杨建君等（2014）基于管家理论研究了企业内部信任与技术创新模式选择的关系；孙永风等（2007）从战略导向的角度出发，研究了企业的创新选择和管理控制方式选择的关系；孙永风和李垣（2007）研究了中国企业在转型经济时期的创新选择行为，分析了环境变化和组织结构特点对企业创新选择行为的直接和间接影响。然而，鲜少有文献从理论模型角度为企业在技术创新的选择上提供管理启示与理论借鉴。盛光华和张志远（2015）通过构建演化博弈模型，分析了政府采取创新投入补贴和创新产品补贴对于斯坦克伯格双寡头竞争企业的创新模式选择的影响。Liang 等（2018）通过考虑一个在两阶段分别推出老产品、新产品，并决策新产品创新水平的垄断企业，研究了消费者的策略性是否能够加速企业产品创新。他们发现，当企业采用共生换代方式时，消费者的策略性购买行为可以促使企业提供更高创新水平的产品，但与此同时也会损害企业的利润；然而，当企业采用单品换代方式时，消费者的策略性购买行为并不会对企业的利润和产品创新提升水平产生影响。然而，迄今为止，尚未有学者探索企业在面对策略型消费者时，应该如何在两种技术创新模式上进行决策。

“策略型消费者”一词描述了消费者在销售季中以最大化自身效用为目的决策购买时间与购买与否的特点，已经被广泛应用在经济学、市场营销和运营管理文献中。与“短视型消费者”不同，策略型消费者在预期了未来产品降价与新产品发布的情况下，有可能选择延迟购买。Nair（2007）和 Li 等（2014）均为策略型消费者及其购买行为提供了实证证据。无论是在现实中还是在学界，消费者的策略性等待与购买行为对于企业运营的影响不容小觑，而忽视消费者的策略性则会给企业带来巨大的经济损失（Nair，2007；Parlaktürk，2012；Li，等，2014）。例如，Aviv 和 Pazgal（2008）的研究表明，如果错误地将所有消费者都看作短视型消费者，企业在动态定价时遭受的收益损失大概是 20%。早在十年以前，以 Aviv 和 Pazgal（2008），Su（2007），Su 和 Zhang（2008）的开创性研究为基础，越来越多的学者开始关注策略型消费者以及其对企业运营决策的影响，例如，如何向消费者公布库存信息（Yin，等，2009），如何进行定价承诺（Cachon 和 Feldman，2015），如何对产品设计进行快速响应（Cachon 和 Swinney，2009，2011）等。Shen 和 Su（2007）对于策略型消费者在收益管理领域的文献进行了回顾，并指出了未来的研究方向。除了国外的研究，国内学者在近年来也逐渐开始关注消费者的策略性等待行为对企业库存管理（刘晓峰和黄沛，2009）、定价决策（李贺，等，2012）、换代策略（巩天啸，等，2015）等多方面决策的影响。

通过对现有文献进行梳理，我们发现，迄今为止，尚未有文献在考虑策略型消费者的背景下研究企业的最优产品创新策略。当企业有能力发布更高创新水平的产品时，应该直接发布高创新产品？还是逐渐递进，先发布创新水平略低一些的产品？在本章中，我们把在发布高创新产品（用 H 表示）之前先发布低创新产品（用 L 表示）的策略叫作“渐进式创新策略”；把直接发布高创新产品的策略叫作“突破式创新策略”。与突破式创新策略相比，渐进式创新策略的优势体现在成本更低、资金投入更少、市场风险更小，此外，渐进式创新具有的产品多样性能够在一定程度上更好地对消费者进行划分，帮助企业盈利（Parlaktürk，2012）。然而，渐进式创新方式下，新推出的产品 L 有可能会对未来推出的产品 H 产生跨期竞食效应，尤其是在面对策略型消费者的背景下。因此，我们难以直观分析出究竟哪种产品创新策略对于企业更为适用。综上所述，本章通过构建两阶段动态博弈模型，研究面对策略型消费者时企业的最优产品创新策略，并利用数值分析研究了企业和消费者的策略性程度对于最优产品创新策略的影响。希望能够通过本章的研究，为面对策略型消费者的创新企业提供有理论借鉴的实际指导。

本章之后的章节安排如下。第 6.2 小节介绍模型描述与假设。第 6.3 小节分别求解两种创新策略下的最优定价与消费者细分。随后，第 6.4 小节比较分析两种创新策略并且给出企业的最优产品创新策略决策。接着，第 6.5 小节通过数值分析研究了企业与消费者的策略性程度对于企业最优产品创新策略的影响。最后，第 6.6 小节对本章的主要结论进行了总结，并对未来的研究方向进行了展望。

6.2 模型描述与假设

6.2.1 企业

本章研究一个两阶段动态博弈模型。企业通过技术创新向消费者发布新产品，可选的创新策略有两种：渐进式创新策略与突破式创新策略（盛光华和张志远，2015）。若选择“渐进式创新策略”，则企业在第一阶段先发布创新程度较低的产品 L，定价为 p_L^I，随后在第二阶段发布创新程度较高的产品 H，定价为 p_H^I。若选择“突破式创新策略”，则企业在第一阶段直接发布创新程度较高的产品 H，定价为 p_H^R，随后在第二阶段降价继续销售产品 H，定价为 $p_{H'}^R$。本章用上角标“I”和“R”分别表示渐进式创新策略与突破式创新策略。两种产品 L 和 H 的创新水平分别为 1 和 $1+\theta$，其中 $\theta(0\leqslant\theta\leqslant1)$ 表示产品 H 相对于产品 L 的创新提升水平（Ray，等，2005；Liang，等，2014）。

此外，两种产品的生产成本不同，假设产品 L 和产品 H 的单位生产成本分别为 c_L 和 c_H。对比两种产品可以看出，产品 H 更具创新优势，而产品 L 更具生产优势（Parlaktürk，2012）。不失一般性，我们假设 $c_L=0$，$c_H=c(0\leqslant c<1)$，其中，c 表示两种产品之间的成本差异，c 越大，说明 L 的生产成本优势越大。企业采用动态定价方式，通过选择合适的创新策略与相应产品定价实现最大化两阶段总利润的目标。

6.2.2 消费者

所有消费者均在第一阶段开始前到达，并在做出购买决策后离开市场。我们假设每个消费者最多可购买一单位产品（Parlaktürk，2012）。市场中消费者对于单位创新水平产品的支付意愿具有异质性。具体而言，消费者若选择购买产品 L 则效用为 v，本章参考 Zhou 等（2015），Bala 和 Carr（2009），Yin 和 Tang（2014）等人的研究，假设 v 服从［0，1］上的均匀分布（Zhou，等，2015；Bala 和 Carr，2009）。消费者若选择购买产品 H 则效用为 $(1+\theta)v$。该假设既可表征消费者自身支付意愿的差异化以及市场的不确定性，又可简化模型以便于分析。消费者的支付意愿与产品创新提升水平正相关，也表明了产品的纵向差异化。

假设潜在市场规模为 N，不失一般性，我们将 N 标准化为 1。本章研究的消费者是策略性的，体现在消费者在第一阶段做出购买决策时可以对第二阶段的价格做出理性预期（Yin，等，2015；Yin 和 Tang，2014；Dhebar，1994），以最大化自身消费者剩余为目标。消费者剩余存在折现因子 $\delta(0 \leqslant \delta \leqslant 1)$，表示了消费者延迟购买行为带来的机会成本（Aviv 和 Pazgal，2008；Cachon 和 Swinney，2011；Swinney，2011）。除此之外，δ 可以用来衡量消费者的策略性程度，δ 越大表示消费者策略性越强，而 $\delta=0$ 则表示消费者极度短视，仅根据当期效用做出购买决策而不考虑未来的潜在购买选择（Yin，等，2015；Yin 和 Tang，2014）。随着企业选择的创新策略的不同，消费者根据自己的支付意愿决策是否购买产品，若选择购买产品，消费者还需决策购买哪种产品以及在哪一阶段购买。

6.2.3　博弈结构

与 Liang 等（2014），Yin 等（2015），Yin 和 Tang（2014）等人的研究模型类似，本章假设在企业与消费者的两阶段动态博弈中，创新提升水平 θ、成本差异 c、消费者策略性程度 δ 为企业和消费者的公共知识。然而，消费者的支付意愿 v 对于企业而言是私有信息，企业只知道消费者支付意愿的分布而不知道每个消费者的支付意愿。因此，企业不能对消费者实行完全价格歧视。图 6-1 为企业选择不同创新策略下的博弈顺序。在第一阶段，策略型消费者选择立刻购买并离开市场或是在市场中等待。在第二阶段，仍在市场中尚未购买任何产品的消费者选择是否购买产品。

无论企业采取何种创新策略，消费者在第二阶段之前并不知道企业在第二阶段的定价决策。然而，参考 Dhebar（1994）的研究，策略型消费者可以对企业在第二阶段的定价决策进行理性预期。基于理性预期的子博弈完美纳什均衡可以表示为满足下列条件的企业定价策略与消费者购买策略（Yin，等，

2015；Yin 和 Tang，2014；Dhebar，1994）。

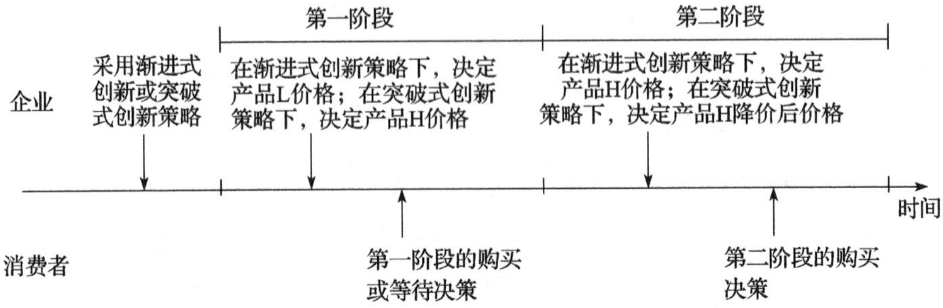

图 6-1　博弈顺序

（1）给定企业第一阶段产品定价，消费者基于理性预期以最大化自身两阶段总消费者剩余为目标，决定第一阶段是否购买产品。

（2）给定在第一阶段购买产品的消费者集合，企业以最大化第二阶段利润为目标，决定第二阶段产品定价。

（3）消费者的理性预期体现在其对企业第二阶段定价决策的预期与企业实际最优定价相符。

（4）在第一阶段，企业以最大化两阶段总利润为目标，决定第一阶段产品定价。

在下文中，我们利用逆向归纳法分别求解了两种产品创新策略下基于理性预期的子博弈完美纳什均衡，即企业基于对消费者购买行为的理性预期进行第一阶段的定价决策，而消费者基于对企业第二阶段定价的理性预期决策进行第一阶段的购买决策。然后，在此基础上，通过对两种创新策略下企业的收益表现进行对比，得到企业的最优产品创新策略及其适用条件。表 6-1 所示为本章涉及符号及其含义，总结了本章中涉及的符号及其具体含义，其中，上角标“I”和“R”分别表示渐进式创新策略与突破式创新策略。

表 6-1　本章涉及符号及其含义

符号	含义
c	两种产品之间的成本差异
θ	产品 H 相对于产品 L 的创新提升水平

续表

符号	含义
δ	消费者策略性程度
N	市场规模
v	消费者对于产品 L 的支付意愿
p_L^I	在第一阶段发布的产品 L 价格
p_H^I	在第二阶段发布的产品 H 价格
p_H^R	在第一阶段发布的产品 H 价格
$p_{H'}^R$	在第二阶段降价销售的产品 H 价格
π_2^I，π_2^R	企业在第二阶段的利润
π^I，π^R	企业在两阶段的总利润

6.3 模型分析

本节分别分析了企业采用渐进式创新策略与突破式创新策略时，与策略型消费者之间的博弈，并求解了相应的均衡问题：消费者决策是否购买以及购买何种产品，企业决策如何定价。

6.3.1 渐进式创新策略下的均衡分析

在渐进式创新策略下，用 $\bar{v}^I$ 表示在第一阶段选择购买 L 或等待无差异的临界消费者的支付意愿，用 $\bar{\bar{v}}^I$ 表示在第二阶段选择购买 H 或不购买无差异的临界消费者支付意愿。对于任意一个消费者 v，当 $v \geq \bar{v}^I$ 时会选择在第一阶段购买 L，当 $\bar{\bar{v}}^I \leq v < \bar{v}^I$ 时会选择等待第二阶段购买 H，当 $v < \bar{\bar{v}}^I$ 时会选择不购买。因此，在渐进式创新策略下基于理性预期的子博弈完美纳什均衡的表达式为

$$p_H^{I*}(\bar{v}^I) = \underset{p_H^I}{\arg\max}\,\pi_2^I(p_H^I, \bar{v}^I) \tag{6-1}$$

$$\bar{v}^I(p_L^I) = \inf\{v：u_1^I(v，p_L^I) \geq \max[u_2^I(v，p_H^I)，0]\} \tag{6-2}$$

$$p_L^{I*} = \underset{p_L^I}{\arg\max}\,\pi^I(p_L^I) \tag{6-3}$$

其中，$u_1^I(v, p_L^I)$、$u_2^I(v, p_H^I)$ 分别为消费者选择在第一阶段购买 L 或在第二阶段购买 H 的消费者剩余，$\pi_2^I(p_H^I, \bar{v}^I)$、$\pi^I(p_L^I)$ 分别为企业在第二阶段利润、两阶段总利润，其表达式为

$$u_1^I(v,\ p_L^I)=(1+\delta)v-p_L^I \tag{6-4}$$

$$u_2^I(v,\ p_H^I)=\delta(1+\theta)v-\delta p_H^I \tag{6-5}$$

$$\pi_2^I(p_H^I,\bar{v}^I)=(p_H^I-c)(\bar{v}^I-\bar{\bar{v}}^I)^+ \tag{6-6}$$

$$\pi^I(p_L^I)=p_L^I(1-\bar{v}^I)^+ +\pi_2^I\{p_H^{I*}[\bar{v}^I(p_L^I)],\bar{v}^I(p_L^I)\} \tag{6-7}$$

根据逆向归纳法，首先，求解企业在第二阶段的最优定价决策，以便从 $v\in[0,\ \bar{v}^I)$ 的消费者群体中得到更多的收益。在第二阶段，消费者不再具有策略性等待行为，所有 $v\geqslant\bar{\bar{v}}^I$ 的消费者都会购买 H，其中 $\bar{\bar{v}}^I=\dfrac{p_H^I}{1+\theta}$。因此，企业第二阶段的最优定价决策如引理 1 所示。

引理 1　在渐进式创新策略下，

（1）若 $\bar{v}^I\geqslant\dfrac{c}{1+\theta}$，则企业在第二阶段发布 H，定价为 $p_H^I(\bar{v}^I)=\dfrac{(1+\theta)\bar{v}^I+c}{2}$。

（2）若 $\bar{v}^I<\dfrac{c}{1+\theta}$，则企业在第二阶段不销售任何产品。

接下来，分析消费者在第一阶段的最优购买决策。对于临界消费者 $\bar{v}^I$ 而言，基于对企业第二阶段定价行为的理性预期，其在第一阶段选择购买或等待可以带来相同的消费者剩余，即满足：

$$u_1^I(\bar{v}^I,\ p_L^I)=\max\{u_2^I[\bar{v}^I,\ p_H^{I*}(\bar{v}^I)],\ 0\} \tag{6-8}$$

因此，消费者在第一阶段的最优购买决策如引理 2 所示。

引理 2　在渐进式创新策略下，

（1）若 $p_L^I\geqslant\dfrac{c(1+\delta)}{1+\theta}$，则 $\bar{v}^I=\dfrac{2p_L^I-c\delta}{2+\delta-\delta\theta}$。

（2）若 $p_L^I<\dfrac{c(1+\delta)}{1+\theta}$，则 $\bar{v}^I=\dfrac{p_L^I}{1+\delta}$。

最后，求解企业在第一阶段的最优定价决策，从而得到渐进式创新策略下基于理性预期的子博弈完美纳什均衡，如命题 1 所示。

命题 1　在渐进式创新策略下，存在唯一的子博弈完美纳什均衡：

（1）当 $c<\widetilde{c}_1$ 时，企业在第一阶段销售 L，在第二阶段销售 H，此时均衡定价为：$p_L^{I*}=\frac{[2+\delta(1-\theta)]^2-c[2-\delta^2(1-\theta)]}{2[3+2\delta(1-\theta)-\theta]}$，$p_H^{I*}=\frac{2+\delta+2\theta-\delta\theta^2+c(2+\delta-2\theta-3\delta\theta)}{2[3+2\delta(1-\theta)-\theta]}$；均衡销量为：$q_L^{I*}=\frac{(1+\delta)(1+c-\theta)}{3+2\delta(1-\theta)-\theta}$，$q_H^{I*}=\frac{[2+\delta(1-\theta)](1+\theta)-c[4-\delta(3-\theta)]}{2(1+\theta)[3+2\delta(1-\theta)-\theta]}$；均衡利润为：$\pi^{I*}=\frac{[2+\delta(1-\theta)]^2(1+\theta)-2c[2-\delta^2(1-\theta)](1+\theta)+c^2[4+4\delta+\delta^2(1+\theta)]}{4(1+\theta)[3+2\delta(1-\theta)-\theta]}$。

（2）当 $\widetilde{c}_1\leqslant c<\widetilde{c}_2$ 时，企业在第一阶段销售 L，在第二阶段销售 H（但本质上无人购买），此时均衡定价为：$p_L^{I*}=\frac{c(1+\delta)}{1+\theta}$，$p_H^{I*}=c$；均衡销量为：$q_L^{I*}=\frac{1+\theta-c}{1+\theta}$，$q_H^{I*}=0$；均衡利润为：$\pi^{I*}=\frac{c(1+\delta)(1+\theta-c)}{(1+\theta)^2}$。

（3）当 $c\geqslant\widetilde{c}_2$ 时，企业仅在第一阶段销售 L，此时均衡定价为：$p_L^{I*}=\frac{1+\delta}{2}$，均衡销量为：$q_L^{I*}=\frac{1}{2}$，均衡利润为：$\pi^{I*}=\frac{1+\delta}{4}$。

其中，$\widetilde{c}_1\equiv\frac{[2+\delta(1-\theta)](1+\theta)}{4+\delta(3-\theta)}$，$\widetilde{c}_2\equiv\frac{1+\theta}{2}$，且 $0<\widetilde{c}_1<\widetilde{c}_2<1$。

从命题 1 中我们可以看出，在渐进式创新策略下，只有当两种产品成本差异有限时，企业才有动机为消费者提供两种产品，否则，企业仅推出产品 L。此外，通过分析边界 $\widetilde{c}_1$ 和 $\widetilde{c}_2$ 随各参数变化规律可以发现，随着产品 H 相对创新提升水平 θ 的增加，$\widetilde{c}_1$ 和 $\widetilde{c}_2$ 均增加，说明产品 H 创新优势越大，产品 H 有被销售且被购买的可能越大。随着消费者机会成本 δ 的增加，$\widetilde{c}_1$ 减少，$\widetilde{c}_2$ 不变，说明消费者策略性程度增加，使产品 H 被购买的可能减小。当 θ 取极值 1 时，$\widetilde{c}_2=1$，说明若产品 H 的创新提升水平是 L 的两倍时，企业总是会选择销售 H。当 δ 取极值零时，$\widetilde{c}_1=\widetilde{c}_2$，说明若消费者极度短视（只考虑眼前收益），则无论何时只要企业在第二阶段推出产品 H 总会有人购买。

6.3.2　突破式创新策略下的均衡分析

在突破式创新策略下，用 $\bar{v}^R$ 表示在第一阶段选择购买 H 或等待无差异的临界消费者的支付意愿，用 $\overline{\overline{v}}^R$ 表示在第二阶段选择购买 H 或不购买无差异的临界消费者支付意愿。对于任意一个消费者 v，当 $v \geq \overline{v}^R$ 时会选择在第一阶段购买 H，当 $\overline{\overline{v}}^R \leq v < \overline{v}^R$ 时会选择等待第二阶段降价购买 H，当 $v < \overline{\overline{v}}^R$ 时会选择不购买。因此，在突破式创新策略下基于理性预期的子博弈完美纳什均衡的表达式为

$$p_{H'}^{R*}(\overline{v}^R) = \underset{p_{H'}^R}{\arg\max}\, \pi_2^R(p_{H'}^R, \overline{v}^R) \tag{6-9}$$

$$\overline{v}^R(p_H^R) = \inf\{v: u_1^R(v, p_H^R) \geq \max[u_2^R(v, p_{H'}^R), 0]\} \tag{6-10}$$

$$p_H^{R*} = \underset{p_H^R}{\arg\max}\, \pi^R(p_H^R) \tag{6-11}$$

其中，$u_1^R(v, p_H^R)$、$u_2^R(v, p_{H'}^R)$ 分别为消费者选择在第一阶段购买 H 或在第二阶段降价购买 H 的消费者剩余，$\pi_2^R(p_{H'}^R, \overline{v}^R)$、$\pi^R(p_H^R)$ 分别为企业在第二阶段利润、两阶段总利润，其表达式为

$$u_1^R(v, p_H^R) = (1+\delta)(1+\theta)v - p_H^R \tag{6-12}$$

$$u_2^R(v, p_{H'}^R) = \delta(1+\theta)v - \delta p_{H'}^R \tag{6-13}$$

$$\pi_2^R(p_{H'}^R, \overline{v}^R) = (p_{H'}^R - c)(\overline{v}^R - \overline{\overline{v}}^R)^+ \tag{6-14}$$

$$\pi^R(p_H^R) = (p_H^R - c)(1 - \overline{v}^R)^+ + \pi_2^R\{p_{H'}^{R*}[\overline{v}^R(p_H^R)], \overline{v}^R(p_H^R)\} \tag{6-15}$$

首先，求解企业在第二阶段的最优定价决策。在第二阶段，消费者不再具有策略性等待行为，所有 $v \geq \overline{\overline{v}}^R$ 的消费者都会购买 H，其中 $\overline{\overline{v}}^R = \frac{p_{H'}^R}{1+\theta}$。因此，企业第二阶段的最优定价决策如引理 3 所示。

引理 3 在突破式创新策略下，

（1）若 $\overline{v}^R \geq \frac{c}{1+\theta}$，则企业在第二阶段仍销售 H，定价为 $p_{H'}^R(\overline{v}^R) = \frac{(1+\theta)\ \overline{v}^R + c}{2}$。

（2）若 $\overline{v}^R < \frac{c}{1+\theta}$，则企业在第二阶段不销售任何产品。

接下来，分析消费者在第一阶段的最优购买决策。对于临界消费者 $\overline{v}^R$ 而言，基于对企业第二阶段定价行为的理性预期，其在第一阶段选择购买或等待可以带来相同的消费者剩余，即满足如下表达式

$$u_1^R(\overline{v}^R, p_H^R) = \max\{u_2^R[\overline{v}^R, p_{H'}^{R*}(\overline{v}^R)], 0\} \tag{6-16}$$

因此，消费者在第一阶段的最优购买决策如引理 4 所示。

引理 4　在突破式创新策略下，

（1）若 $p_H^R \geqslant c(1+\delta)$，则 $\bar{v}^R = \dfrac{2p_H^R - c\delta}{(2+\delta)(1+\theta)}$。

（2）若 $p_H^R < c(1+\delta)$，则 $\bar{v}^R = \dfrac{p_H^R}{(1+\delta)(1+\theta)}$。

最后，求解企业在第一阶段的最优定价决策，从而得到突破式创新策略下基于理性预期的子博弈完美纳什均衡，如命题 2 所示。

命题 2　在突破式创新策略下，存在唯一的子博弈完美纳什均衡：

（1）当 $c<\tilde{c}_3$ 时，企业在第一阶段销售 H，在第二阶段降价销售 H，此时均衡定价为：$p_H^{R*} = \dfrac{c(2+2\delta+\delta^2)+(2+\delta)^2(1+\theta)}{6+4\delta}$，$p_{H'}^{R*} = \dfrac{c(4+\delta)+(2+\delta)(1+\theta)}{6+4\delta}$；均衡销量为：$q_H^{R*} = \dfrac{(1+\delta)(1+\theta)-c(1-\delta)}{(3+2\delta)(1+\theta)}$，$q_{H'}^{R*} = \dfrac{2-2c+\delta-3c\delta+2\theta+\delta\theta}{6+4\delta+6\theta+4\delta\theta}$；均衡利润为：$\pi^{R*} = \dfrac{c^2(4+\delta^2)+2c(-4-2\delta+\delta^2)(1+\theta)+(2+\delta)^2(1+\theta)^2}{4(3+2\delta)(1+\theta)}$。

（2）当 $\tilde{c}_3 \leqslant c < \tilde{c}_4$ 时，企业在第一阶段销售 H，在第二阶段降价销售 H（但本质上无人购买），此时均衡定价为：$p_H^{R*} = c+c\delta$，$p_{H'}^{R*} = c$；均衡销量为：$q_H^{R*} = \dfrac{1+\theta-c}{1+\theta}$，$q_{H'}^{R*} = 0$；均衡利润为：$\pi^{R*} = \dfrac{c\delta(1+\theta-c)}{1+\theta}$。

（3）当 $c \geqslant \tilde{c}_4$ 时，企业仅在第一阶段销售 H，此时均衡定价为：$p_H^{R*} = \dfrac{1}{2}(1+c+\delta+\theta+\delta\theta)$，均衡销量为：$q_L^{R*} = \dfrac{1-c+\delta+\theta+\delta\theta}{2+2\delta+2\theta+2\delta\theta}$，均衡利润为：$\pi^{R*} = \dfrac{(1-c+\delta+\theta+\delta\theta)^2}{4(1+\delta)(1+\theta)}$。

其中，$\tilde{c}_3 \equiv \dfrac{(2+\delta)(1+\theta)}{2+3\delta}$，$\tilde{c}_4 \equiv \dfrac{(1+\delta)(1+\theta)}{1+2\delta}$，且 $\tilde{c}_2 < \tilde{c}_3 < \tilde{c}_4$，当 $\theta < \dfrac{2\delta}{2+\delta}$ 时，$\tilde{c}_3 < 1$；当 $\theta < \dfrac{\delta}{2+\delta}$ 时，$\tilde{c}_4 < 1$。

从命题 2 中我们可以看出，在突破式创新策略下，只有当产品 H 高出产品 L 成本有限时，企业才有动机在两阶段均为消费者提供两种产品 H，否则，企业仅在第一阶段销售产品 H。此外，通过分析边界 $\widetilde{c}_3$ 和 $\widetilde{c}_4$ 随各参数变化规律可以发现，随着产品 H 相对创新提升水平 θ 的增加，$\widetilde{c}_3$ 和 $\widetilde{c}_4$ 均增加，说明产品 H 创新优势越大，产品 H 有被销售且被购买的可能越大。随着消费者机会成本 δ 的增加，$\widetilde{c}_3$ 和 $\widetilde{c}_4$ 均减少，说明消费者策略性的增强则使产品 H 被购买的可能减小。当 θ 增加到一定程度或 δ 减小到一定程度时 $\left(\theta>\frac{2\delta}{2+\delta}\right)$，都有 $\widetilde{c}_4>\widetilde{c}_3>1$，说明若产品 H 的创新提升水平相比 L 足够高或消费者极度短视时，企业在两阶段均会选择销售 H，且总有消费者购买。

6.4 最优产品创新策略

对比命题 1 和命题 2 中两种创新策略下的企业利润，可以得到不同情形下企业的最优产品创新策略，如命题 3 所示。两种创新策略下的均衡边界条件均满足 $\widetilde{c}_1<\widetilde{c}_2<\widetilde{c}_3<\widetilde{c}_4$，因此按照不同区域分别讨论企业的最优产品创新策略。

命题 3

（1）当 $0<c<\widetilde{c}_1$ 时，存在 $\widetilde{c}_5>0$，使 $c<\min\{\widetilde{c}_5, \widetilde{c}_1\}$ 时，企业选择突破式创新策略；当 $\min\{\widetilde{c}_5, \widetilde{c}_1\}<c<\widetilde{c}_1$ 时，企业选择渐进式创新策略。

（2）当 $\widetilde{c}_1<c<\widetilde{c}_2$ 时，企业选择渐进式创新策略。

（3）当 $\widetilde{c}_2<c<\widetilde{c}_3$ 时，存在 $\widetilde{c}_6>0$，使 $\widetilde{c}_2<c<\max\{\widetilde{c}_2, \widetilde{c}_6\}$ 时，企业选择突破式创新策略；当 $\max\{\widetilde{c}_2, \widetilde{c}_6\}<c<\widetilde{c}_3$ 时，企业选择渐进式创新策略。

（4）当 $\widetilde{c}_3<c<1$ 时，企业选择渐进式创新策略。

其中，

$$\widetilde{c}_5\equiv\frac{-3-\theta+2\theta^2+\sqrt{(1+\delta)^2(3+2\delta)(1+\theta)[3+2\delta(1-\theta)+\theta](1+\delta\theta)^2}-5\delta(1-\theta^2)-\delta^2(2-\theta-3\theta^2)}{2[\theta+\delta^3\theta+\delta^2(2+\theta)+\delta(3+2\theta)]},$$

$$\widetilde{c}_6\equiv\frac{4+4\theta+2\delta(1+\theta)-\delta^2(1+\theta)-\sqrt{(3+2\delta)[4(1+\theta)+4\delta(1+\theta)+\delta^3(1+\theta)-\delta^2(3+7\theta+4\theta^2)]}}{4+\delta^2}。$$

命题 3 表明，企业的最优产品创新策略取决于产品 H 相对于产品 L 的创

新提升水平 θ、产品 H 与产品 L 的成本差异 c，以及消费者的策略性程度 δ。总体而言，当成本差异 c 不大时，突破式创新策略的优势更强。图 6-2 直观呈现了企业在不同参数情形下的最优产品创新策略。图 6-2（a）表明，当产品 H 相对于产品 L 的创新提升水平 θ 较小时，突破式创新策略仅在成本差异 c 极小时优于渐进式创新策略；而随着产品 H 相对于产品 L 的创新提升水平 θ 的提高，即使产品 L 具有相对更大的成本优势，对于企业而言选择突破式创新策略直接推出新产品也要优于渐进式创新策略。图 6-2（b）表明，消费者的策略性程度对于企业最优产品创新策略的影响不是太大，无论消费者的策略性程度如何，仅当产品 L 的成本优势极为明显时，渐进式创新策略能给企业带来更高利润。本质上而言，两种创新策略之间的选择是产品 L 相对产品 H 带来的成本优势效应与竞食效应之间的平衡。当产品 H 的创新水平远高于产品 L，而成本差异不是太大时，竞食效应强于成本优势效应，尽管从研发和生产成本角度考虑先推出产品 L 更为划算，但其带来的“竞食效应”减少了等待购买产品 H 的消费者数量，从而削弱了产品 H 由于其高创新水平带来的潜在盈利能力，因此突破式创新策略更优。反之，当产品 H 的创新优势不足，而产品 L 的成本优势明显时，成本优势效应强于竞食效应，此时先推出的产品 L 在给企业带来更高利润的同时，对下一期产品 H 的潜在盈利能力影响较小，因此渐进式创新策略更优。

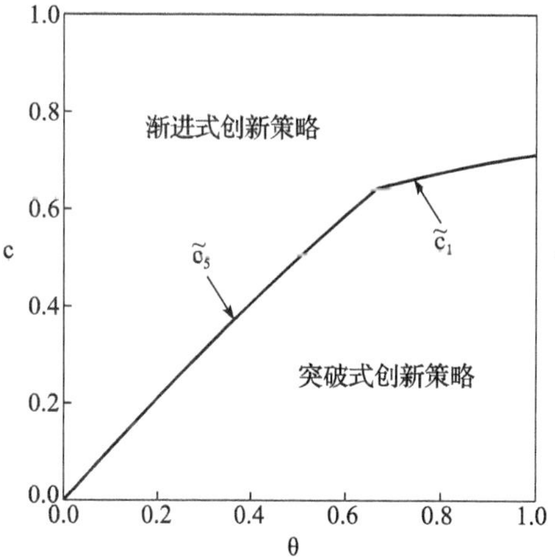

（a）c–θ图（δ=0.8）

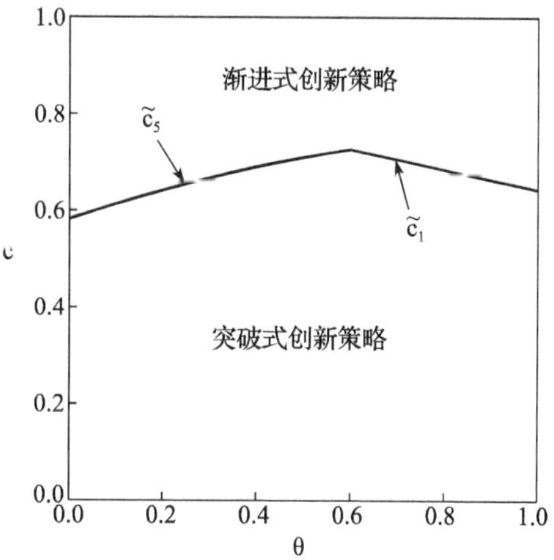

（b）c–δ图（θ=0.8）

图 6-2　最优产品创新策略

除了利润之外，销量也是企业关注的经营绩效指标之一。对比命题 1 和命题 2 中两种创新策略下的总销量得到命题 4。其中，$q^{I*}=q_L^{I*}+q_H^{I*}$ 和 $q^{R*}=q_H^{R*}+q_{H'}^{R*}$ 分别表示均衡时两种创新策略下的产品总销量。

命题 4 存在 $\tilde{c}_7\equiv\frac{(1+\delta)\theta(1+\theta)}{3+\theta+2\delta^2\theta+2\delta(1+\theta)}>0$，使当 $c\leqslant\tilde{c}_7$ 时，$q^{I*}\leqslant q^{R*}$；当 $c>\tilde{c}_7$ 时，$q^{I*}>q^{R*}$。

命题 4 表明，当两种产品成本差异 c 较小时，直接推出产品 H 反而比先后推出产品 L 与产品 H 能吸引更多的消费者购买产品。除此之外，由于 $\tilde{c}_7<\tilde{c}_5$，结合命题 3 的结论我们可以看出，当 $c\leqslant\tilde{c}_7$ 时，突破式创新策略的优势不仅体现在能为企业提供更高的利润，其还能占据更大的市场份额。这进一步说明了考虑策略型消费者购买行为时，在一定情况下少推出产品、直接推出高创新水平的产品反而是企业的不二选择。

6.5 数值分析

在前文中，我们分析了企业面对策略型消费者时的产品创新策略，并且是基于企业对未来收益不做折现同等看待的假设。然而现实中，企业可能会由于迫切收回投资资金等需求，导致对当期收益更为重视。Shum 等（2017）在研究中用 $\beta(0\leqslant\beta\leqslant1)$ 表示企业的折现因子，也可解释为企业的策略性程度，即 β 越小，企业越看重当期收益；而 $\beta=1$ 时，代表企业对两期收益的重视程度相同。由于加入 β 后直接对两种创新策略进行比较变得更为复杂，因此在本节中，我们利用数值分析研究企业策略性程度的变化对于其最优产品创新策略的影响。

模型参数假设如下：$\beta\in\{0.3,\ 0.5,\ 0.7,\ 0.9\}$，$\delta\in\{0.3,\ 0.5,\ 0.7,\ 0.9\}$，$\theta\in\{0.3,\ 0.5,\ 0.7,\ 0.9\}$，$c\in\{0.1,\ 0.2,\ 0.3,\ 0.4\}$。参数 β 和 δ 的不同取值分别代表企业与消费者的策略性程度的高低，每种策略性程度组合下有 16 个实例，共有 16 种组合，合计 256 个实例。本节数值分析的参数选择保证了 $c<\tilde{c}_1$ 的假设，即企业在两阶段均有产品销售且均有消费者购买，此外，

$c<\tilde{c}_1$ 也符合现实中不同创新水平产品在生产成本上差异有限的情况。表 6-2 所示为不同的策略性程度组合下两种产品创新策略分别最优的百分比。

表 6-2　不同的策略性程度组合下两种产品创新策略分别最优的百分比

单位：%

	δ=0.3		δ=0.5		δ=0.7		δ=0.9		汇总	
	渐进式	突破式	渐进式	突破式	渐进式	突破式	渐进式	突破式	渐进式	突破式
β=0.3	18.8	81.3	12.5	87.5	12.5	87.5	12.5	87.5	14.1	85.9
β=0.5	18.8	81.3	12.5	87.5	12.5	87.5	6.3	93.8	12.5	87.5
β=0.7	18.8	81.3	12.5	87.5	12.5	87.5	6.3	93.8	12.5	87.5
β=0.9	12.5	87.5	12.5	87.5	12.5	87.5	6.3	93.8	10.9	89.1

表 6-2 的分析结果表明，无论消费者与企业的策略性程度如何以及其他参数如何设定，突破式创新策略在大多数情况下显著优于渐进式创新策略。此外，固定 β 取值不变而增加 δ，我们发现突破式创新最优的比例略有增加。这说明，随着消费者策略性的增强，突破式创新策略由于竞食效应弱于渐进式创新策略导致其优势更为明显。而固定 δ 取值不变而增加 β，我们发现突破式创新最优的比例不变或略有增加。这说明，随着企业的策略性程度的增加，突破式创新策略的优势在一定情况下略有增长但变化不大。本节数值分析的结果更为直观地阐释了对于企业而言，面对策略型消费者，在有能力推出高创新水平的产品时，应当选择少推出产品、直接推出高创新水平的产品，如此能为企业带来更大的总收益。

6.6　结论与展望

无论是在现实中还是在学界，消费者的策略性等待与购买行为对于企业定价、库存、新产品发布等运营策略的影响不容小觑，而忽视消费者的策略性则会给企业带来巨大的经济损失。本章通过构建两阶段动态博弈模型，研究面对策略型消费者时企业的最优产品创新策略，并利用数值分析研究了企业和消费者的策略性程度对于最优产品创新策略的影响。具体而言，在渐进式创新策略下，企业在第一阶段先发布创新程度较低的产品，随后在第二阶段发布创新程度较高的产品。而在突破式创新策略下，企业在第一阶段直接发布创新程度较高的产品，随后在第二阶段降价继续销售该产品。在每种创新方式下，企业都可以根据实际情况选择是否在两阶段均销售产品以及对应的产品定价决策。消费者的策略性体现在，基于对企业未来产品销售与否以及相应定价决策的理性预期，决策自身第一阶段的购买行为。

本章分析得到的主要结论如下。第一，无论企业采用渐进式创新还是突破式创新，当且仅当两种产品成本差异有限时，企业会在两阶段均销售产品并且有消费者购买。第二，企业的最优产品创新策略受到高创新产品相对于低创新产品的创新提升水平、二者成本差异，以及消费者的策略性程度的共同影响。第三，在考虑策略型消费者购买行为的背景下，当高创新产品的创新提升水平足够高，或者二者成本差异有限时，突破式创新策略对于企业而言不仅能提供更高的利润，还能占据更大的市场份额。第四，消费者与企业策略性程度的增加，均在一定程度上提高了突破式创新相比渐进式创新的优势。本章研究结果表明，面对策略型消费者，企业在已有研发创新水平已经足以推出高创新产品时，在一定情况下应当选择少推出产品、直接推出高创新水平的产品，如此能为企业带来更大的总收益。

本章的研究可以从如下几个方面拓展。首先，本章考虑的是两阶段动态博弈，并且尚未考虑各阶段长度对于企业产品创新与新产品发布的影响。虽然以苹果公司为例，几乎始终保持每年推出一款新产品的速度，但现实中企业还是可以改变新产品的发布周期。因此，将来可以考虑拓展为多周期博弈模型，甚至考虑在连续时间内消费者陆续到达对于企业产品创新策略的影响。其次，本章假设高创新产品的创新水平是外生参数，将来可以考虑通过研发投资决策将高创新产品的创新水平内生化这一角度进行拓展。在这一假设下，企业不仅可以选择是否应该陆续发布创新水平不同的产品，还可以决策各代产品的创新水平，以平衡短期用于研发的资金投入与未来的产品销售收益。

本章附录

引理 1 证明：

在渐进式创新策略下，企业第二阶段面临的最优化定价问题的表达式为

$$\max_{p_H^I}\pi_2^I(p_H^I,\bar{v}^I)=(p_H^I-c)\left(\bar{v}^I-\frac{p_H^I}{1+\theta}\right)^+$$

$$\text{s.t. } p_H^I\geqslant c$$

由于目标函数二阶导数为负，目标函数为凹函数，可利用一阶条件求得无约束下的最优解为：$p_H^{I*}=\frac{(1+\theta)\bar{v}^I+c}{2}$。为了满足第二阶段最优化定价问题的约束条件，我们可知：若 $\bar{v}^I\geqslant\frac{c}{1+\theta}$，则 $p_H^{I*}=\frac{(1+\theta)\bar{v}^I+c}{2}$；若 $\bar{v}^I<\frac{c}{1+\theta}$，则第二阶段不销售 H 产品。

引理 2 证明：

在渐进式创新策略下，第二阶段的临界消费者支付意愿 $\bar{v}^I$ 满足 $u_1^I(\bar{v}^I,p_L^I)=\max\{u_2^I[\bar{v}^I,p_H^{I*}(\bar{v}^I)],0\}$，其中，$u_1^I(v,p_L^I)=(1+\delta)v-p_L^I$，$u_2^I(v,p_H^I)=\delta(1+\theta)v-\delta p_H^I$。根据引理 1 中的划分条件可知：若 $p_L^I\geqslant\frac{c(1+\delta)}{1+\theta}$，$p_H^{I*}(\bar{v}^I)=\frac{(1+\theta)\bar{v}^I+c}{2}$，$u_1^I(\bar{v}^I,p_L^I)=u_2^I[\bar{v}^I,p_H^{I*}(\bar{v}^I)]$，可以求解得到 $\bar{v}^I=\frac{2p_L^I-c\delta}{2+\delta-\delta\theta}$；若 $p_L^I<\frac{c(1+\delta)}{1+\theta}$，$u_1^I(\bar{v}^I,p_L^I)=0$，可以求解得到 $\bar{v}^I=\frac{p_L^I}{1+\delta}$。

命题 1 证明：

在渐进式创新策略下，企业第一阶段面临的最优化定价问题的表达式为

$$\max_{p_L^I}\pi^I(p_L^I)=p_L^I[1-\bar{v}^I(p_L^I)]^++\{p_H^{I*}[\bar{v}^I(p_L^I)]-c\}\left\{\bar{v}^I(p_L^I)-\frac{p_H^{I*}[\bar{v}^I(p_L^I)]}{1+\theta}\right\}^+$$

其中，$p_H^{I*}[\bar{v}^I(p_L^I)]$ 由引理 1 给出，$\bar{v}^I(p_L^I)$ 由引理 2 给出。根据引理 2 中的划分条件，将 $\bar{v}^I(p_L^I)$ 和 $p_H^{I*}[\bar{v}^I(p_L^I)]$ 代入 $\pi^I(p_L^I)$，我们可以证明，在各划

分条件下均有由于目标函数二阶导数为负，目标函数为凹函数，因此可利用一阶条件求得无约束下的最优解。定义两个阈值 $\tilde{c}_1 \equiv \frac{[2+\delta(1-\theta)](1+\theta)}{4+\delta(3-\theta)}$，$\tilde{c}_2 \equiv \frac{1+\theta}{2}$，且 $0<\tilde{c}_1<\tilde{c}_2<1$。

当 $c<\tilde{c}_1$ 时，均衡定价和销量为 $p_L^{I*}=\frac{[2+\delta(1-\theta)]^2-c[2-\delta^2(1-\theta)]}{2[3+2\delta(1-\theta)-\theta]}$，$p_H^{I*}=\frac{2+\delta+2\theta-\delta\theta^2+c(2+\delta-2\theta-3\delta\theta)}{2[3+2\delta(1-\theta)-\theta]}$，$q_L^{I*}=\frac{(1+\delta)(1+c-\theta)}{3+2\delta(1-\theta)-\theta}$，

$q_H^{I*}=\frac{[2+\delta(1-\theta)](1+\theta)-c[4-\delta(3-\theta)]}{2(1+\theta)[3+2\delta(1-\theta)-\theta]}$；均衡利润为

$\pi^{I*}=\frac{[2+\delta(1-\theta)]^2(1+\theta)-2c[2-\delta^2(1-\theta)](1+\theta)+c^2[4+4\delta+\delta^2(1+\theta)]}{4(1+\theta)[3+2\delta(1-\theta)-\theta]}$。

当 $\tilde{c}_1\leqslant c<\tilde{c}_2$ 时，均衡定价和销量为 $p_L^{I*}=\frac{c(1+\delta)}{1+\theta}$，$p_H^{I*}=c$，$q_L^{I*}=\frac{1+\theta-c}{1+\theta}$，$q_H^{I*}=0$；均衡利润为 $\pi^{I*}=\frac{c(1+\delta)(1+\theta-c)}{(1+\theta)^2}$。

当 $c\geqslant\tilde{c}_2$ 时，均衡定价和销量为 $p_L^{I*}=\frac{1+\delta}{2}$，$q_L^{I*}=\frac{1}{2}$；均衡利润为 $\pi^{I*}=\frac{1+\delta}{4}$。

引理 3 证明：

在突破式创新策略下，企业第二阶段面临的最优化定价问题的表达式为

$$\max_{p_{H'}^R}\pi_2^R(p_{H'}^R,\bar{v}^R)=(p_{H'}^R-c)\left(\bar{v}^R-\frac{p_{H'}^R}{1+\theta}\right)^+$$

$$\text{s. t. } p_{H'}^R\geqslant c$$

由于目标函数二阶导数为负，目标函数为凹函数，可利用一阶条件求得无约束下的最优解为：$p_{H'}^{R*}=\frac{(1+\theta)\bar{v}^R+c}{2}$。为了满足第二阶段最优化定价问题的约束条件，我们可知：若 $\bar{v}^R\geqslant\frac{c}{1+\theta}$，则 $p_{H'}^{R*}=\frac{(1+\theta)\bar{v}^R+c}{2}$；若 $\bar{v}^R<\frac{c}{1+\theta}$，则第二阶段不销售 H 产品。

引理 4 证明：

在突破式创新策略下，第二阶段的临界消费者支付意愿 $\bar{v}^R$ 满足 $u_1^R(\bar{v}^R, p_H^R) = \max\{u_2^R[\bar{v}^R, p_{H'}^{R*}(\bar{v}^R)], 0\}$，其中，$u_1^R(v, p_H^R) = (1+\delta)(1+\theta)v - p_H^R$，$u_2^R(v, p_{H'}^R) = \delta(1+\theta)v - \delta p_{H'}^R$。根据引理 3 中的划分条件可知：若 $p_H^R \geqslant c(1+\delta)$，$p_{H'}^{R*}(\bar{v}^R) = \dfrac{(1+\theta)\bar{v}^R + c}{2}$，$u_1^R(\bar{v}^R, p_H^R) = u_2^R[\bar{v}^R, p_{H'}^{R*}(\bar{v}^R)]$，可以求解得到 $\bar{v}^R = \dfrac{2p_H^R - c\delta}{(2+\delta)(1+\theta)}$；若 $p_H^R < c(1+\delta)$，$u_1^R(\bar{v}^R, p_H^R) = 0$，可以求解得到 $\bar{v}^R = \dfrac{p_H^R}{(1+\delta)(1+\theta)}$。

命题 2 证明：

在突破式创新策略下，企业第一阶段面临的最优化定价问题的表达式为

$$\max_{p_L^I} \pi^R(p_H^R) = (p_H^R - c)(1-\bar{v}^R)^+ + \{p_{H'}^{R*}[\bar{v}^R(p_H^R)] - c\}\left\{\bar{v}^R(p_H^R) - \frac{p_{H'}^{R*}[\bar{v}^R(p_H^R)]}{1+\theta}\right\}^+$$

其中，$p_{H'}^{R*}[\bar{v}^R(p_H^R)]$ 由引理 3 给出，$\bar{v}^R(p_H^R)$ 由引理 4 给出。根据引理 4 中的划分条件，将 $\bar{v}^R(p_H^R)$ 和 $p_{H'}^{R*}[\bar{v}^R(p_H^R)]$ 代入 $\pi^R(p_H^R)$，我们可以证明，在各划分条件下均有由于目标函数二阶导数为负，目标函数为凹函数，因此可利用一阶条件求得无约束下的最优解。定义两个阈值 $\tilde{c}_3 \equiv \dfrac{(2+\delta)(1+\theta)}{2+3\delta}$，$\tilde{c}_4 \equiv \dfrac{(1+\delta)(1+\theta)}{1+2\delta}$，且 $\tilde{c}_2 < \tilde{c}_3 < \tilde{c}_4$，当 $\theta < \dfrac{2\delta}{2+\delta}$ 时，$\tilde{c}_3 < 1$；当 $\theta < \dfrac{\delta}{2+\delta}$ 时，$\tilde{c}_4 < 1$。

当 $c < \tilde{c}_3$ 时，均衡定价和销量为：$p_H^{R*} = \dfrac{c(2+2\delta+\delta^2) + (2+\delta)^2(1+\theta)}{6+4\delta}$，$p_{H'}^{R*} = \dfrac{c(4+\delta) + (2+\delta)(1+\theta)}{6+4\delta}$，$q_H^{R*} = \dfrac{(1+\delta)(1+\theta) - c(1-\delta)}{(3+2\delta)(1+\theta)}$，$q_{H'}^{R*} = \dfrac{2-2c+\delta-3c\delta+2\theta+\delta\theta}{6+4\delta+6\theta+4\delta\theta}$；均衡利润为：$\pi^{R*} = \dfrac{c^2(4+\delta^2) + 2c(-4-2\delta+\delta^2)(1+\theta) + (2+\delta)^2(1+\theta)^2}{4(3+2\delta)(1+\theta)}$。

当 $\tilde{c}_3 \leqslant c < \tilde{c}_4$ 时，均衡定价和销量为：$p_H^{R*} = c + c\delta$，$p_{H'}^{R*} = c$，$q_H^{R*} = \dfrac{1+\theta-c}{1+\theta}$，$q_{H'}^{R*} = 0$；均衡利润为：$\pi^{R*} = \dfrac{c\delta(1+\theta-c)}{1+\theta}$。

当 $c \geqslant \tilde{c}_4$ 时，均衡定价和销量为：$p_H^{R*} = \frac{1}{2}(1+c+\delta+\theta+\delta\theta)$，$q_L^{R*} = \frac{1-c+\delta+\theta+\delta\theta}{2+2\delta+2\theta+2\delta\theta}$；均衡利润为：$\pi^{R*} = \frac{(1-c+\delta+\theta+\delta\theta)^2}{4(1+\delta)(1+\theta)}$。

命题 3 证明：

对比命题 1 和命题 2 得到的企业最优利润，定义两个阈值 $\tilde{c}_5 \equiv \frac{-3-\theta+2\theta^2+\sqrt{(1+\delta)^2(3+2\delta)(1+\theta)[3+2\delta(1-\theta)+\theta](1+\delta\theta)^2}-5\delta(1-\theta^2)-\delta^2(2-\theta-3\theta^2)}{2[\theta+\delta^3\theta+\delta^2(2+\theta)+\delta(3+2\theta)]}$，

$\tilde{c}_6 \equiv \frac{4+4\theta+2\delta(1+\theta)-\delta^2(1+\theta)-\sqrt{(3+2\delta)[4(1+\theta)+4\delta(1+\theta)+\delta^3(1+\theta)-\delta^2(3+7\theta+4\theta^2)]}}{4+\delta^2}$。

我们可以得到：

（1）当 $0<c<\tilde{c}_1$ 时，存在 $\tilde{c}_5>0$，使 $c<\min\{\tilde{c}_5, \tilde{c}_1\}$ 时，$\pi^{I*}<\pi^{R*}$；当 $\min\{\tilde{c}_5, \tilde{c}_1\}<c<\tilde{c}_1$ 时，$\pi^{I*}>\pi^{R*}$。

（2）当 $\tilde{c}_1<c<\tilde{c}_2$ 时，$\pi^{I*}>\pi^{R*}$。

（3）当 $\tilde{c}_2<c<\tilde{c}_3$ 时，存在 $\tilde{c}_6>0$，使 $\tilde{c}_2<c<\max\{\tilde{c}_2, \tilde{c}_6\}$ 时，$\pi^{I*}<\pi^{R*}$；当 $\max\{\tilde{c}_2, \tilde{c}_6\}<c<\tilde{c}_3$ 时，$\pi^{I*}>\pi^{R*}$。

（4）当 $\tilde{c}_3<c<1$ 时，$\pi^{I*}>\pi^{R*}$。

命题 4 证明：

根据命题 1 和命题 2 中的企业均衡销量，我们可以求得均衡时两种创新策略下的产品总销量，分别为：$q^{I*}=q_L^{I*}+q_H^{I*}$ 和 $q^{R*}=q_H^{R*}+q_{H'}^{R*}$。定义阈值 $\tilde{c}_7 \equiv \frac{(1+\delta)\theta(1+\theta)}{3+\theta+2\delta^2\theta+2\delta(1+\theta)}>0$，我们可知：当 $c \leqslant \tilde{c}_7$ 时，$q^{I*} \leqslant q^{R*}$；当 $c>\tilde{c}_7$ 时，$q^{I*}>q^{R*}$。

第7章

面对竞争者时的企业最优以旧换新策略

7.1 引言

以旧换新作为一种促销手段，越来越被广大消费者熟知。为了提升自身销量与利润，许多企业试图通过对拥有旧产品的老消费者提供以旧换新补贴，促使其返还老产品并以一定折扣购买新一代产品（Yin，等，2015；Yin 和 Tang，2014）。例如，苹果公司陆续在世界各地上线了官方名为“苹果重复使用及循环利用计划”的以旧换新业务。华为、三星等多家企业也推出了类似的以旧换新服务。除了手机、平板电脑等智能产品外，以旧换新在家电、汽车等行业也颇为常见。事实上，以旧换新除了可以拉动消费者需求、提高销量从而使企业受益之外，也可以降低消费者的购买成本、增加其购买的频率与效用。此外，以旧换新还可以促进旧产品回收、资源重复利用，从而保护环境、降低碳排放。

在学界，越来越多的学者将关注点投向以旧换新。Ray 等（2005）利用单阶段博弈模型研究了垄断企业若仅销售同一产品，并通过以旧换新折扣对于首次购买消费者和以旧换新消费者进行价格歧视时应如何定价。Van Ackere 和 Reyniers（1995）通过构建两阶段动态博弈模型，并考虑了消费者的不同理性程度，研究垄断企业若在两阶段销售同一产品应如何定价以及以旧换新策略的影响。也有一些学者在考虑企业两代产品，并且假设新产品在创新程度或质量水平上优于老产品的背景下，研究以旧换新对于定价、库存、新产品推出等决策的影响（Yin，等，2015；Fudenberg 和 Tirole，1998；Yin 和 Tang，2014）。

而国内学者在近几年中，也陆续研究了企业应如何在以旧换新定价策略与单一定价策略中进行选择（吴鹏，2014），新、老消费者比例不同时以旧换新对于闭环供应链的影响（马卫民和赵璋，2014），以及以旧换新补贴对于闭环供应链的影响等（马卫民和赵璋，2012，2013；汪欣和赵林，2015）。

然而，上述文献均以垄断企业为研究对象，目前少有学者关注竞争环境下以旧换新策略的影响。Heese 等（2005），Ferrer 和 Swaminathan（2006）虽然以双寡头企业竞争为背景，研究了企业对回收产品再制造并与新产品一同销售下应如何定价，但并未关注竞争环境下企业应该如何决策是否提供以旧换新以及竞争对以旧换新博弈的影响。本章通过构建博弈模型，分析先后进入市场的双寡头竞争企业面临的以旧换新与定价均衡策略，并分析了竞争存在与否对于企业以旧换新策略产生的影响。吴鹏等（2014）虽然研究了双寡头竞争环境下企业的以旧换新策略，但关注的是同时进入市场的两个销售耐用品的竞争企业，因此市场中同时存在两个企业各自的老消费者与新消费者，并且假设老消费者只可能选择原有企业的新产品。与该研究不同的是，本章以先后进入市场的两个创新型企业作为研究对象。一方面，两家企业推出的新产品创新程度存在差异，且新产品相比老产品有质量与功能上的改进；另一方面，先进入市场的企业具有消费者群体与产品研发水平上的双重优势，更便于分析竞争对于企业采取以旧换新策略的影响。

家电、智能手机、平板电脑、笔记本电脑等高科技产品与传统的耐用品不同。近年来，随着企业创新的加速，产品更新换代越来越频繁，消费类高科技产品等在易逝性方面的特征更加凸显。Bulow（1986）将这类产品称为中等耐用品（Intermediate Durable Goods）。在此背景下，国内外学者通过不同的建模手段，对中等耐用品市场中企业与消费者的博弈进行了理论分析：Lim 和 Tang（2006）直接假设随价格递减的需求函数；Fudenberg 和 Tirole（1998）、Van Ackere 和 Reyniers（1995）则考虑双阶段模型，使企业可以通过第一阶段的销量控制第二阶段以旧换新的需求。然而，与上述文献不同，本章研究的是在相对成熟的市场中，潜在进入者的竞争因素对于已经存在于市场中的企业而言，将会如何影响其以旧换新策略。此时，按照以旧换新的性质，将消费者群体分为已经拥有产品的老消费者和尚未拥有产品的新消费者两种类型。近年来，也有不少国内外学者采用了类似的建模方式，譬如 Ray 等（2005）、吴鹏（2014）、马卫民和赵璋（2012，2013，2014）。

本章之后的章节安排如下。第7.2小节介绍模型描述与假设。第7.3小节求解存在竞争时的四种情形下的最优定价与以旧换新补贴。接着，第7.4小节分析存在竞争时企业间的以旧换新博弈均衡。随后，第7.5小节求解不存在竞争时的企业定价与以旧换新策略，并分析竞争的影响。最后，第7.6小节对本章的主要结论进行了总结，并对未来的研究方向进行了展望。

7.2　模型描述与假设

7.2.1　企业

本章研究在双寡头竞争环境下，两个先、后进入市场的企业 A 和企业 B 各自面临以旧换新决策的情形。老企业 A 先进入市场中，并且已经向消费者提供了产品 V_1，假设其创新水平为 1，新企业 B 随后进入市场。现在，老企业 A 向市场推出升级产品 V_2，其创新水平为 $1+\theta(0<\theta<1)$（Liang，等，2014）。新企业 B 向市场推出产品 V_B 进行竞争，假设其创新水平为 $1+\beta(0<\beta<\theta)$。新企业 B 后进入市场，我们假设其相比老企业 A 而言在研发上不具有优势，因而产品 V_B 创新水平不如产品 V_2（$\beta<\theta$），然而，β 的大小反映了竞争新企业 B 的竞争力，β 越大，说明新企业 B 的竞争力越强。在现实中，以旧换新主要出现于家电、智能手机、平板电脑、笔记本电脑等高科技产品行业，假设两家企业的新产品 V_2 和 V_B 具有相同的边际生产成本，且不失一般性地将其假设为零，该假设适用于高科技产品研发成本相对较高而生产成本相近且相对较低的现实特点（Kornish，2001；Bala 和 Carr，2009）。近年来，不少国内外学者在建模时采用了类似的研究假设，譬如，Joshi 等（2016）、Amaldoss 和 Jain（2015）、张新鑫等（2016）、杨道箭和白寅（2015）、朱亚芹等（2015）、吴春旭等（2015）假设两家竞争企业的单位产品生产成本相同且（或）同时一

般化为零；而 Liang 等（2014）、Zhou 等（2015）、巩天啸等（2015）在高科技产品背景下，假设企业生产的不同代产品单位生产成本相同且（或）同时一般化为零。

7.2.2 消费者

市场中共有 N 个消费者，其中，$\alpha(0<\alpha<1)$ 比例的消费者已经持有老企业 A 的产品 V_1，而剩下的 $1-\alpha$ 比例消费者未持有任何产品（吴鹏，2014；马卫民和赵璋，2012，2013，2014）。不失一般性，本章假设 N=1。无论消费者是新消费者还是老消费者，本章假设在产品 V_1 刚推出时其支付意愿均为随机变量 v，并且对其进行归一化处理，假设 v 服从 [0，1] 上的均匀分布（Kornish，2001；Bala 和 Carr，2009；马卫民和赵璋，2012，2013，2014）。消费者使用产品 V_2 的支付意愿为 $(1+\theta)v$，使用产品 V_B 的支付意愿为 $(1+\beta)v$。假设每个消费者最多拥有一件产品即可满足自身需求（吴鹏，2014；吴鹏，等，2014）。已经持有老产品 V_1 的消费者在新产品推出后继续使用 V_1 的支付意愿为 $\delta v(0<\delta<1)$ （Ferrer 和 Swaminathan，2006；马卫民和赵璋，2012，2013）。与 Ray 等（2005）、吴鹏（2014）、马卫民和赵璋（2012，2013，2014）等人的研究模型类似，这样假设的主要目的是刻画新、老产品对于消费者的不同价值（Fudenberg 和 Tirole，1998；吴鹏，2014）。

两家企业为了吸引老消费者购买产品并提高自身利润，分别决策是否提供以旧换新。因此存在四个子博弈：两家企业均提供以旧换新（表示为 TT）、两家企业均不提供以旧换新（表示为 NN）、老企业 A 提供以旧换新而新企业 B 不提供以旧换新（表示为 TN）、老企业 A 不提供以旧换新而新企业 B 提供以旧换新（表示为 NT）。在每一种子博弈下，老企业 A 都需要决策产品 V_2 定价 p_2，若提供以旧换新则还需要决策以旧换新补贴 t_A；新企业 B 都需要决策产品 V_B 定价 p_B，若提供以旧换新则还需要决策以旧换新补贴 t_B。为了便于分析，下文利用上角标“TT”“NN”“TN”“NT”分别表示四种情形下的定价、销量与利润。

7.2.3　博弈结构

两家企业的博弈顺序为：首先，两家企业同时决策各自是否提供以旧换新；其次决策产品定价与以旧换新补贴，以最大化自身期望收益。根据两家企业的以旧换新与定价决策，已持有 V_1 的老消费者决策是购买产品 V_2、V_B 还是继续使用 V_1，未持有 V_1 的新消费者决策是购买产品 V_2、V_B 还是不购买任何产品，以最大化自身的消费者剩余。

7.3　模型分析

7.3.1　两家企业均提供以旧换新的均衡分析

当两家企业均向老消费者提供以旧换新补贴时，对于已持有 V_1 的老消费者而言，选择购买 V_2、V_B 或继续使用 V_1 的消费者剩余分别为：$u_1^{TT}=(1+\theta)v-p_2^{TT}+t_A^{TT}$，$u_2^{TT}=(1+\beta)v-p_B^{TT}+t_B^{TT}$，$u_3^{TT}=\delta v$。由于斜率大小关系为 $u_1^{TT}>u_2^{TT}>u_3^{TT}$，所以我们可知，支付意愿 v 最高的消费者选择购买 V_2，v 次高的消费者选择购买 V_B，v 最低的消费者选择继续使用 V_1。因此，求解无差异条件得到：满足 $v\geqslant\frac{p_2^{TT}-p_B^{TT}-t_A^{TT}+t_B^{TT}}{\theta-\beta}$的消费者将通过以旧换新购买老企业 A 的升级产品 V_2，对应的购买比例为$\left(1-\frac{p_2^{TT}-p_B^{TT}-t_A^{TT}+t_B^{TT}}{\theta-\beta}\right)^+$；满足$\frac{p_B^{TT}-t_B^{TT}}{1+\beta-\delta}\leqslant v<\frac{p_2^{TT}-p_B^{TT}-t_A^{TT}+t_B^{TT}}{\theta-\beta}$的消费者将购买新企业 B 的产品 V_B，对应的购买比例为$\left(\frac{p_2^{TT}-p_B^{TT}-t_A^{TT}+t_B^{TT}}{\theta-\beta}-\frac{p_B^{TT}-t_B^{TT}}{1+\beta-\delta}\right)^+$。对于未持有 V_1 的消费者而言，选择购买 V_2、V_B 或不购买任何产品的消费者剩余分别为：$u_4^{TT}=(1+\theta)v-p_2^{TT}$，$u_5^{TT}=(1+\beta)v-p_B^{TT}$，$u_6^{TT}=0$。由于斜率大小关系为 $u_4^{TT}>u_5^{TT}>u_6^{TT}$，所以支付意愿 v 最高的消费者选择购买 V_2，v 次高的消费者选择购买 V_B，v 最低的消费者选择不购买任何产品。因此，求解无差异条件得到：满足 $v\geqslant\frac{p_2^{TT}-p_B^{TT}}{\theta-\beta}$的消费者将购买老企业 A 的升级产品 V_2，对应的购买比例为

$\left(1-\frac{p_2^{TT}-p_B^{TT}}{\theta-\beta}\right)^+$；满足$\frac{p_B^{TT}}{1+\beta}\leqslant v<\frac{p_2^{TT}-p_B^{TT}}{\theta-\beta}$的消费者将购买新企业 B 的产品 V_B，对应的购买比例为$\left(\frac{p_2^{TT}-p_B^{TT}}{\theta-\beta}-\frac{p_B^{TT}}{1+\beta}\right)^+$。

由此可得到老企业 A 和新企业 B 的最优化问题的表达式分别为

$$\max_{p_2^{TT},t_A^{TT}}\pi_A^{TT}=(p_2^{TT}-t_A^{TT})\left(1-\frac{p_2^{TT}-p_B^{TT}-t_A^{TT}+t_B^{TT}}{\theta-\beta}\right)^+\alpha+p_2^{TT}\left(1-\frac{p_2^{TT}-p_B^{TT}}{\theta-\beta}\right)^+(1-\alpha)\quad(7\text{-}1)$$

$$\max_{p_B^{TT},t_B^{TT}}\pi_B^{TT}=(p_B^{TT}-t_B^{TT})\left(\frac{p_2^{TT}-p_B^{TT}-t_A^{TT}+t_B^{TT}}{\theta-\beta}-\frac{p_B^{TT}-t_B^{TT}}{1+\beta-\delta}\right)^+\alpha+p_B^{TT}\left(\frac{p_2^{TT}-p_B^{TT}}{\theta-\beta}-\frac{p_B^{TT}}{1+\beta}\right)^+(1-\alpha)$$

(7-2)

由于 Hessian 矩阵是负定的，两家企业的目标函数均为联合凹函数，可利用一阶条件求得均衡定价，如命题 1 所示。

命题 1 若两家企业均提供以旧换新，则均衡定价为：$p_2^{TT*}=\frac{2(\theta-\beta)(1+\theta)}{3+4\theta-\beta}$，$t_A^{TT*}=\frac{2\delta(\theta-\beta)^2}{(3+4\theta-\beta)(3+4\theta-\beta+3\delta)}$，$p_B^{TT*}=\frac{(\theta-\beta)(1+\beta)}{3+4\theta-\beta}$，$t_B^{TT*}=\frac{4\delta(\theta-\beta)^2}{(3+4\theta-\beta)(3+4\theta-\beta+3\delta)}$。

在上述均衡定价下，两家企业在新、老消费者市场中的销量均为正，各自总销量分别为：$q_2^{TT*}=\frac{2[3-\beta(1-\alpha\delta+\theta)+7\theta+4\theta^2-\delta(3+3\theta+\alpha\theta)]}{(3+4\theta-\beta)(3+4\theta-\beta+3\delta)}$，$q_B^{TT*}=\frac{3-\beta(1-\alpha\delta+\theta)+7\theta+4\theta^2-\delta(3+3\theta+\alpha\theta)}{(3+4\theta-\beta)(3+4\theta-\beta+3\delta)}$。命题 1 表明，两家企业均提供以旧换新时，都会选择同时覆盖新、老消费者的销售市场。此外，两家企业的最优定价均与市场中的老消费者比例 α 无关，只受到产品 V_2 创新提升水平 θ、产品 V_B 创新提升水平 β、产品 V_1 使用残值 δ 的影响。对比两家企业的均衡定价、销量与利润可得到推论 1。

推论 1 $p_2^{TT*}>p_B^{TT*}$，$q_2^{TT*}>q_B^{TT*}$，$t_A^{TT*}=\frac{1}{2}t_B^{TT*}<t_B^{TT*}$，$\pi_A^{TT*}>\pi_B^{TT*}$。

由于先进入市场的老企业 A 产品研发水平更高，在定价上更具有优势，给予老消费者的以旧换新补贴也更低，仅为新企业 B 补贴的一半，因而老企业 A 的总销量仍高于新企业 B，其获利高于新企业 B。

7.3.2 两家企业均不提供以旧换新的均衡分析

当两家企业均不向老消费者提供以旧换新补贴时，对于已持有 V_1 的老消费者而言，满足 $v \geqslant \frac{p_2^{NN}-p_B^{NN}}{\theta-\beta}$ 的消费者将通过以旧换新购买老企业 A 的升级产品 V_2，对应的购买比例为 $\left(1-\frac{p_2^{NN}-p_B^{NN}}{\theta-\beta}\right)^+$；满足 $\frac{p_B^{NN}}{1+\beta-\delta} \leqslant v < \frac{p_2^{NN}-p_B^{NN}}{\theta-\beta}$ 的消费者将购买新企业 B 的产品 V_B，对应的购买比例为 $\left(\frac{p_2^{NN}-p_B^{NN}}{\theta-\beta}-\frac{p_B^{NN}}{1+\beta-\delta}\right)^+$。对于未持有 V_1 的消费者而言，满足 $v \geqslant \frac{p_2^{NN}-p_B^{NN}}{\theta-\beta}$ 的消费者将购买老企业 A 的升级产品 V_2，对应的购买比例为 $\left(1-\frac{p_2^{NN}-p_B^{NN}}{\theta-\beta}\right)^+$；满足 $\frac{p_B^{NN}}{1+\beta} \leqslant v < \frac{p_2^{NN}-p_B^{NN}}{\theta-\beta}$ 的消费者将购买新企业 B 的产品 V_B，对应的购买比例为 $\left(\frac{p_2^{NN}-p_B^{NN}}{\theta-\beta}-\frac{p_B^{NN}}{1+\beta}\right)^+$。

由此可得到老企业 A 和新企业 B 的最优化问题的表达式分别为

$$\max_{p_2^{NN}} \pi_A^{NN} = p_2^{NN}\left(1-\frac{p_2^{NN}-p_B^{NN}}{\theta-\beta}\right)^+ \alpha + p_2^{NN}\left(1-\frac{p_2^{NN}-p_B^{NN}}{\theta-\beta}\right)^+ (1-\alpha) \tag{7-3}$$

$$\max_{p_B^{NN}} \pi_B^{NN} = p_B^{NN}\left(\frac{p_2^{NN}-p_B^{NN}}{\theta-\beta}-\frac{p_B^{NN}}{1+\beta-\delta}\right)^+ \alpha + p_B^{NN}\left(\frac{p_2^{NN}-p_B^{NN}}{\theta-\beta}-\frac{p_B^{NN}}{1+\beta}\right)^+ (1-\alpha) \tag{7-4}$$

由于 Hessian 矩阵是负定的，两家企业的目标函数均为联合凹函数，可利用一阶条件求得均衡定价为：$p_2^{NN1*} = \frac{2(\theta-\beta)[1+\theta+\beta(1+\theta-\alpha\delta)-\delta(1+\theta-\alpha\theta)]}{3-\beta^2+\beta(2+\delta-4\alpha\delta+4\theta)+4\theta-\delta(3+4\theta-4\alpha\theta)}$，$p_B^{NN1*} = \frac{(\theta-\beta)(1+\beta)(1+\beta-\delta)}{3-\beta^2+\beta(2+\delta-4\alpha\delta+4\theta)+4\theta-\delta(3+4\theta-4\alpha\theta)}$。在上述均衡定价下，当 $\alpha > \widetilde{\alpha}_1$ 时，两家企业在新、老消费者市场中的销量均为正，两家企业各自总销量分别为：$q_2^{NN1*} = \frac{2[1+\theta+\beta(1+\theta-\alpha\delta)-\delta(1+\theta-\alpha\theta)]}{3+4\theta-\beta^2+\beta(2+\delta-4\alpha\delta+4\theta)-\delta(3+4\theta-4\alpha\theta)}$，$q_B^{NN1*} = \frac{1+\theta+\beta(1+\theta-\alpha\delta)-\delta(1+\theta-\alpha\theta)}{3+4\theta-\beta^2+\beta(2+\delta-4\alpha\delta+4\theta)-\delta(3+4\theta-4\alpha\theta)}$，其中，$\widetilde{\alpha}_1 \equiv \frac{1+\beta-\delta+\beta\delta+\theta+\beta\theta-2\delta\theta}{2\delta(\beta-\theta)}$。

当 $\alpha \leqslant \widetilde{\alpha}_1$ 时，新企业 B 对老消费者的销量减少到零，此时均衡定价为：$p_2^{NN2*}=\frac{2(\theta-\beta)(1+\theta)}{3+4\theta-\beta}$，$p_B^{NN2*}=\frac{(\theta-\beta)(1+\beta)}{3+4\theta-\beta}$，两家企业各自总销量分别为：$q_2^{NN2*}=\frac{2(1+\theta)}{3+4\theta-\beta}$，$q_B^{NN2*}=\frac{(1-\alpha)(1+\theta)}{3+4\theta-\beta}$。由此得到命题 2。

命题 2 若两家企业均不提供以旧换新，当 $0<\delta\leqslant\frac{1}{2}$ 时，存在阈值 $\widetilde{\beta}_1$ 和 $\widetilde{\alpha}_1$，若 $\beta<\widetilde{\beta}_1$ 且 $\alpha<\widetilde{\alpha}_1$，则均衡定价为 p_2^{NN2*} 和 p_B^{NN2*}，否则均衡定价为 p_2^{NN1*} 和 p_B^{NN1*}；当 $\frac{1}{2}<\delta\leqslant\frac{2}{3}$ 时，存在阈值 $\widetilde{\theta}_1$、$\widetilde{\beta}_1$ 和 $\widetilde{\alpha}_1$，若 $\theta>\widetilde{\theta}_1$、$\beta<\widetilde{\beta}_1$ 且 $\alpha<\widetilde{\alpha}_1$，则均衡定价为 p_2^{NN2*} 和 p_B^{NN2*}，否则均衡定价为 p_2^{NN1*} 和 p_B^{NN1*}；当 $\frac{2}{3}<\delta\leqslant 1$ 时，均衡定价为 p_2^{NN1*} 和 p_B^{NN1*}。其中，$\widetilde{\theta}_1\equiv\frac{1-\delta}{2\delta-1}$，$\widetilde{\beta}_1\equiv\frac{\delta-\theta+2\delta\theta-1}{1+\delta+\theta}$，$\widetilde{\alpha}_1\equiv\frac{1+\beta-\delta+\beta\delta+\theta+\beta\theta-2\delta\theta}{2\delta(\beta-\theta)}$。

命题 2 表明，两家企业均不提供以旧换新时，老企业 A 总是同时面向新、老消费者进行销售，而新企业 B 有可能放弃老消费者只针对新消费者进行销售。此外，两家企业的最优定价均受到市场中的老消费者比例 α、产品 V_2 创新提升水平 θ、产品 V_B 创新提升水平 β、产品 V_1 使用残值 δ 的影响。对比两家企业的均衡定价、销量与利润可得到推论 2。

推论 2 $p_2^{NN*}>p_B^{NN*}$，$q_2^{NN*}>q_B^{NN*}$，$\pi_A^{NN*}>\pi_B^{NN*}$。

由于先进入市场的老企业 A 产品研发水平更高，在定价上更具有优势，因而老企业 A 的总销量仍高于新企业 B，其获利高于新企业 B。

7.3.3 老企业提供以旧换新而新企业不提供以旧换新的均衡分析

当老企业 A 提供以旧换新而新企业 B 不提供以旧换新时，对于已持有 V_1 的老消费者而言，满足 $v\geqslant\frac{p_2^{TN}-p_B^{TN}-t_A^{TN}}{\theta-\beta}$ 的消费者将通过以旧换新购买老企业 A

的升级产品 V_2，对应的购买比例为 $\left(1-\frac{p_2^{TN}-p_B^{TN}-t_A^{TN}}{\theta-\beta}\right)^+$；满足 $\frac{p_B^{TN}}{1+\beta-\delta}\leqslant v<\frac{p_2^{TN}-p_B^{TN}-t_A^{TN}}{\theta-\beta}$ 的消费者将购买新企业 B 的产品 V_B，对应的购买比例为 $\left(\frac{p_2^{TN}-p_B^{TN}-t_A^{TN}}{\theta-\beta}-\frac{p_B^{TN}}{1+\beta-\delta}\right)^+$。对于未持有 V_1 的消费者而言，满足 $v\geqslant\frac{p_2^{TN}-p_B^{TN}}{\theta-\beta}$ 的消费者将购买老企业 A 的升级产品 V_2，对应的购买比例为 $\left(1-\frac{p_2^{TN}-p_B^{TN}}{\theta-\beta}\right)^+$；满足 $\frac{p_B^{TN}}{1+\beta}\leqslant v<\frac{p_2^{TN}-p_B^{TN}}{\theta-\beta}$ 的消费者将购买新企业 B 的产品 V_B，对应的购买比例为 $\left(\frac{p_2^{TN}-p_B^{TN}}{\theta-\beta}-\frac{p_B^{TN}}{1+\beta}\right)^+$。

由此可得到老企业 A 和新企业 B 的最优化问题的表达式分别为：

$$\max_{p_2^{TN},t_A^{TN}}\pi_A^{TN}=(p_2^{TN}-t_A^{TN})\left(1-\frac{p_2^{TN}-p_B^{TN}-t_A^{TN}}{\theta-\beta}\right)^+\alpha+p_2^{TN}\left(1-\frac{p_2^{TN}-p_B^{TN}}{\theta-\beta}\right)^+(1-\alpha) \quad (7\text{-}5)$$

$$\max_{p_B^{TN}}\pi_B^{TN}=p_B^{TN}\left(\frac{p_2^{TN}-p_B^{TN}-t_A^{TN}}{\theta-\beta}-\frac{p_B^{TN}}{1+\beta-\delta}\right)^+\alpha+p_B^{TN}\left(\frac{p_2^{TN}-p_B^{TN}}{\theta-\beta}-\frac{p_B^{TN}}{1+\beta}\right)^+(1-\alpha) \quad (7\text{-}6)$$

由于 Hessian 矩阵是负定的，两家企业的目标函数均为联合凹函数，可利用一阶条件求得均衡定价为：$p_2^{TN1*}=\frac{2(\theta-\beta)[1+\theta+\beta(1+\theta-\alpha\delta)-\delta(1+\theta-\alpha\theta)]}{3-\beta^2+\beta(2+\delta-4\alpha\delta+4\theta)+4\theta-\delta(3+4\theta-4\alpha\theta)}$，$t_A^{TN1*}=0$，$p_B^{TN1*}=\frac{(\theta-\beta)(1+\beta)(1+\beta-\delta)}{3-\beta^2+\beta(2+\delta-4\alpha\delta+4\theta)+4\theta-\delta(3+4\theta-4\alpha\theta)}$。在上述均衡定价下，当 $\alpha>\alpha_1$ 时，两家企业在新、老消费者市场中的销量均为正，两家企业各自总销量分别为：$q_2^{TN1*}=\frac{2[1+\theta+\beta(1+\theta-\alpha\delta)-\delta(1+\theta-\alpha\theta)]}{3+4\theta-\beta^2+\beta(2+\delta-4\alpha\delta+4\theta)-\delta(3+4\theta-4\alpha\theta)}$，$q_B^{TN1*}=\frac{1+\theta+\beta(1+\theta-\alpha\delta)-\delta(1+\theta-\alpha\theta)}{3+4\theta-\beta^2+\beta(2+\delta-4\alpha\delta+4\theta)-\delta(3+4\theta-4\alpha\theta)}$，其中，$\tilde{\alpha}_1\equiv\frac{1+\beta-\delta+\beta\delta+\theta+\beta\theta-2\delta\theta}{2\delta(\beta-\theta)}$。当 $\alpha\leqslant\tilde{\alpha}_1$ 时，新企业 B 对老消费者的销量减少到零，此时均衡定价为：$p_2^{TN2*}=\frac{2(\theta-\beta)(1+\theta)}{3+4\theta-\beta}$，$t_A^{TN2*}=0$，$p_B^{TN2*}=\frac{(\theta-\beta)(1+\beta)}{3+4\theta-\beta}$；两家企业各自总销量

分别为：$q_2^{TN2*}=\frac{2(1+\theta)}{3+4\theta-\beta}$，$q_B^{TN2*}=\frac{(1-\alpha)(1+\theta)}{3+4\theta-\beta}$。由此得到命题3。

命题3 若老企业A提供以旧换新而新企业B不提供以旧换新，当 $0<\delta\leqslant\frac{1}{2}$ 时，存在阈值 $\widetilde{\beta}_1$ 和 $\widetilde{\alpha}_1$，若 $\beta<\widetilde{\beta}_1$ 且 $\alpha<\widetilde{\alpha}_1$，则均衡定价为 p_2^{TN2*}、t_A^{TN2*} 和 p_B^{TN2*}，否则均衡定价为 p_2^{TN1*}、t_A^{TN1*} 和 p_B^{TN1*}；当 $\frac{1}{2}<\delta<\frac{2}{3}$ 时，存在阈值 $\widetilde{\theta}_1$、$\widetilde{\beta}_1$ 和 $\widetilde{\alpha}_1$，若 $\theta>\widetilde{\theta}_1$、$\beta<\widetilde{\beta}_1$ 且 $\alpha<\widetilde{\alpha}_1$，则均衡定价为 p_2^{TN2*}、t_A^{TN2*} 和 p_B^{TN2*}，否则均衡定价为 p_2^{TN1*}、t_A^{TN1*} 和 p_B^{TN1*}；当 $\frac{2}{3}\leqslant\delta\leqslant 1$ 时，均衡定价为 p_2^{TN1*}、t_A^{TN1*} 和 p_B^{TN1*}。其中，$\widetilde{\theta}_1\equiv\frac{1-\delta}{2\delta-1}$，$\widetilde{\beta}_1\equiv\frac{\delta-\theta+2\delta\theta-1}{1+\delta+\theta}$，$\widetilde{\alpha}_1\equiv\frac{1+\beta-\delta+\beta\delta+\theta+\beta\theta-2\delta\theta}{2\delta(\beta-\theta)}$。

命题3表明，老企业A提供以旧换新而新企业B不提供以旧换新时，TN情形退化为NN情形。此时老企业A总是同时面向新、老消费者进行销售，而新企业B有可能放弃老消费者只针对新消费者进行销售。此外，两家企业的最优定价均受到市场中的老消费者比例 α、产品 V_2 创新提升水平 θ、产品 V_B 创新提升水平 β、产品 V_1 使用残值 δ 的影响。对比两家企业的均衡定价、销量与利润可得到推论3。

推论3 $p_2^{TN*}>p_B^{TN*}$，$q_2^{TN*}>q_B^{TN*}$，$t_A^{TN*}=0$，$\pi_A^{TN*}>\pi_B^{TN*}$。

由于先进入市场的老企业A产品研发水平更高，在定价上更具有优势，因而老企业A的总销量仍高于新企业B，其获利高于新企业B。另外，当新企业B不提供以旧换新时，老企业A没有动机单独为老消费者提供以旧换新补贴。

7.3.4 老企业不提供以旧换新而新企业提供以旧换新的均衡分析

当老企业A不提供以旧换新而新企业B提供以旧换新时，对于已持有 V_1 的老消费者而言，满足 $v\geqslant\frac{p_2^{NT}-p_B^{NT}+t_B^{NT}}{\theta-\beta}$ 的消费者将通过以旧换新购买老企业A的升级产品 V_2，对应的购买比例为 $\left(1-\frac{p_2^{NT}-p_B^{NT}+t_B^{NT}}{\theta-\beta}\right)^+$；满足 $\frac{p_B^{NT}-t_B^{NT}}{1+\beta-\delta}\leqslant v<$

$\frac{p_2^{NT}-p_B^{NT}+t_B^{NT}}{\theta-\beta}$的消费者将购买新企业 B 的产品 V_B，对应的购买比例为 $\left(\frac{p_2^{NT}-p_B^{NT}+t_B^{NT}}{\theta-\beta}-\frac{p_B^{NT}-t_B^{NT}}{1+\beta-\delta}\right)^+$。对于未持有 V_1 的消费者而言，满足 $v\geqslant\frac{p_2^{NT}-p_B^{NT}}{\theta-\beta}$的消费者将购买老企业 A 的升级产品 V_2，对应的购买比例为$\left(1-\frac{p_2^{NT}-p_B^{NT}}{\theta-\beta}\right)^+$；满足 $\frac{p_B^{NT}}{1+\beta}\leqslant v<\frac{p_2^{NT}-p_B^{NT}}{\theta-\beta}$的消费者将购买新企业 B 的产品 V_B，对应的购买比例为$\left(\frac{p_2^{NT}-p_B^{NT}}{\theta-\beta}-\frac{p_B^{NT}}{1+\beta}\right)^+$。

由此可得到老企业 A 和新企业 B 的最优化问题的表达式分别为：

$$\max_{p_2^{NT}}\pi_A^{NT}=p_2^{NT}\left(1-\frac{p_2^{NT}-p_B^{NT}+t_B^{NT}}{\theta-\beta}\right)^+\alpha+p_2^{NT}\left(1-\frac{p_2^{NT}-p_B^{NT}}{\theta-\beta}\right)^+(1-\alpha) \tag{7-7}$$

$$\max_{p_B^{NT},t_B^{NT}}\pi_B^{NT}=(p_B^{NT}-t_B^{NT})\left(\frac{p_2^{NT}-p_B^{NT}+t_B^{NT}}{\theta-\beta}-\frac{p_B^{NT}-t_B^{NT}}{1+\beta-\delta}\right)^+\alpha+p_B^{NT}\left(\frac{p_2^{NT}-p_B^{NT}}{\theta-\beta}-\frac{p_B^{NT}}{1+\beta}\right)^+(1-\alpha) \tag{7-8}$$

由于 Hessian 矩阵是负定的，两家企业的目标函数均为联合凹函数，可利用一阶条件求得均衡定价，如命题 4 所示。

命题 4　若老企业 A 不提供以旧换新而新企业 B 提供以旧换新，则均衡定价为：

$$p_2^{NT*}=\frac{2(\theta-\beta)(1+\theta)(1-\delta+\theta)}{3+7\theta+4\theta^2-\beta(1-\delta+\alpha\delta+\theta)-\delta(3+4\theta-\alpha\theta)},$$

$$p_B^{NT*}=\frac{(\theta-\beta)(1+\beta)(1-\delta+\theta)}{3+7\theta+4\theta^2-\beta(1-\delta+\alpha\delta+\theta)-\delta(3+4\theta-\alpha\theta)},$$

$$t_B^{NT*}=\frac{\delta(\theta-\beta)^2}{3+7\theta+4\theta^2-\beta(1-\delta+\alpha\delta+\theta)-\delta(3+4\theta-\alpha\theta)}。$$

在上述均衡定价下，两家企业在新、老消费者市场中的销量均为正，各自总销量分别为：$q_2^{NT*}=\frac{2(1+\theta-\delta)(1+\theta)}{3+7\theta+4\theta^2-\beta(1-\delta+\alpha\delta+\theta)-\delta[3+(4-\alpha)\theta]}$，$q_B^{NT*}=$

$\frac{(1+\theta-\delta)(1+\theta)}{3+7\theta+4\theta^2-\beta(1-\delta+\alpha\delta+\theta)-\delta(3+4\theta-\alpha\theta)}$。命题 4 表明，老企业 A 不提供以旧换新而新企业 B 提供以旧换新时，两家企业都会选择同时覆盖新、老消费者的销售市场。此外，两家企业的最优定价均受到市场中的老消费者比例 α、产品 V_2 创新提升水平 θ、产品 V_B 创新提升水平 β、产品 V_1 使用残值 δ 的影响。对比两家企业的均衡定价、销量与利润可得到推论 4。

推论 4 $p_2^{NT*}>p_B^{NT*}$，$q_2^{NT*}>q_B^{NT*}$，$t_B^{NT*}>0$，$\pi_A^{NT*}>\pi_B^{NT*}$。

由于先进入市场的老企业 A 产品研发水平更高，在定价上更具有优势，因而老企业 A 的总销量仍高于新企业 B，其获利高于新企业 B。另外，与 TN 情形不同的是，当老企业 A 不提供以旧换新时，新企业 B 仍旧有动机单独为老消费者提供以旧换新补贴。

7.4 竞争下的以旧换新博弈均衡

综合第 7.3 小节的结论我们发现，第一，只有当两家企业同时选择提供以旧换新策略时，企业的最优定价和补贴均与老消费者比例 α 无关，而其他三种情形下企业的最优定价均受到老消费者比例 α、产品 V_2 创新提升水平 θ、产品 V_B 创新提升水平 β、产品 V_1 使用残值 δ 这四个因素的共同影响。第二，无论在哪种情形下，老企业 A 在定价、销量以及总利润上都高于新企业 B，而对消费者进行以旧换新补贴的力度却更小。第三，老企业 A 在任何情况下都会同时销售新产品给新、老消费者；而新企业 B 若不提供以旧换新，则会在市场中老消费者比例不足时放弃销售新产品给老消费者。接下来，对比两家企业在不同情形下的利润，由此得到有竞争时的以旧换新博弈均衡，如命题 5 所示。

命题 5 当面临竞争时，存在阈值 $\widetilde{\delta}_1$、$\widetilde{\alpha}_1$ 和 $\widetilde{\alpha}_2$，若 $0<\delta<\widetilde{\delta}_1$ 且 $\widetilde{\alpha}_1<\alpha<\widetilde{\alpha}_2$，则存在两个纳什均衡，分别为两家企业均提供以旧换新和两家企业均不提供以旧换新；否则存在唯一的纳什均衡，为两家企业均提供以旧换新。

其中，$\widetilde{\delta}_1 \equiv \frac{(1+\theta)(1+\beta)(5+8\theta-3\beta)^2}{25-43\beta-\beta^2+3\beta^3+118\theta-84\beta\theta-10\beta^2\theta+160\theta^2-32\beta\theta^2+64\theta^3}$，$\widetilde{\alpha}_1 \equiv$

$\frac{1+\beta-\delta+\beta\delta+\theta+\beta\theta-2\delta\theta}{2\delta(\beta-\theta)}$，$\tilde{\alpha}_2 \equiv \frac{A+\sqrt{1+\beta}\,\delta^{3/2}(\beta-\theta)^{3/2}\sqrt{B}}{2(\beta^2\delta^2+\beta^3\delta^2-2\beta\delta^2\theta-2\beta^2\delta^2\theta+\delta^2\theta^2+\beta\delta^2\theta^2)}$。①

命题 5 表明，两家企业的以旧换新决策会受到对方策略的影响。一方面，对于老企业 A 而言，竞争对手新企业 B 提供以旧换新是老企业 A 自身提供以旧换新的必要不充分条件，先进入的老企业 A 没有动机单独为消费者提供以旧换新补贴。另一方面，对于新企业 B 而言，若老企业 A 选择以旧换新，则新企业 B 自身一定会通过提供以旧换新来吸引老消费者群体；而若老企业 A 选择不提供以旧换新，则新企业 B 的选择取决于产品 V_1 的残值的高低以及市场中老消费者数量的多少。只有在老产品残值相对较低而市场中老消费者数量适中时，两家企业均不提供以旧换新可能成为博弈均衡。而在大多数情况下，处于竞争环境的两家企业都提供以旧换新是博弈的唯一均衡，这也解释了为什么现实中越来越多的手机品牌商都陆续提供了以旧换新服务，并且允许消费者利用多种品牌的手机来以旧换新自家品牌的新产品。这一发现与吴鹏等（2014）的研究结果不同，吴鹏等（2014）认为，在双寡头竞争环境下，质量水平低的企业没有动机单独提供以旧换新。这可能与其假设老消费者只会选择购买自身企业新产品有关。

除此之外，对比不同情形下的定价我们发现，以旧换新策略的采用使两家企业均提高了自身的定价与补贴，并且随着提供以旧换新的企业数量增加，价格与补贴增加的幅度越大。然而，从销量角度分析以旧换新策略的影响则不同。只有当市场中的老消费者比例足够高时（$\alpha>\tilde{\alpha}_1$），以旧换新策略的采用才会提高竞争双方企业的总销量，否则，对于老企业 A 而言，以旧换新会降低其面临的总销量。这是因为，当市场中的老消费者比例较低时（$\alpha\leqslant\tilde{\alpha}_1$），新企业 B 若不采用以旧换新，则会放弃向老消费者销售产品，此时市场中支付意愿足够高的老消费者均会选择从老企业 A 处购买新产品，因此这种情况下即使老企业 A 采用以旧换新对老消费者群体中销量的提升空间也不大，反而会

---

① $A\equiv 6\beta\delta+4\beta^2\delta-2\beta^3\delta-6\beta\delta^2-3\beta^2\delta^2+3\beta^3\delta^2-6\delta\theta+10\beta\delta\theta+14\beta^2\delta\theta-2\beta^3\delta\theta+6\delta^2\theta-6\beta\delta^2\theta-12\beta^2\delta^2\theta-14\delta\theta^2-4\beta\delta\theta^2+10\beta^2\delta\theta^2+9\delta^2\theta^2+9\beta\delta^2\theta^2-8\delta\theta^3-8\beta\delta\theta^3$，$B\equiv -48+16\beta+48\delta-15\beta\delta+\beta^2\delta-160\theta+32\beta\theta+111\delta\theta-17\beta\delta\theta-176\theta^2+16\beta\theta^2+64\delta\theta^2-64\theta^3$。

由于价格的提升损失新消费者群体的销量。

7.5 竞争对以旧换新策略的影响

本节通过分析若市场中只有老企业 A 存在，没有竞争对手进入时，老企业 A 将如何进行以旧换新以及相应的定价决策。通过比对前文结论，揭示竞争对手的存在对企业自身以旧换新决策与定价决策的影响。

7.5.1 老企业 A 提供以旧换新的均衡分析

当老企业 A 向老消费者提供以旧换新补贴时，对于已持有 V_1 的老消费者而言，满足 $v \geqslant \frac{p_2^T - t_A^T}{1+\theta-\delta}$ 的消费者将通过以旧换新购买升级产品 V_2，对应的购买比例为 $\left(1-\frac{p_2^T - t_A^T}{1+\theta-\delta}\right)^+$。而对于未持有 V_1 的新消费者而言，满足 $v \geqslant \frac{p_2^T}{1+\theta}$ 的消费者将购买升级产品 V_2，对应的购买比例为 $\left(1-\frac{p_2^T}{1+\theta}\right)^+$。为了保证产品销售数量的非负性以及企业利润的非负性，产品定价应满足 $p_2^T \in (0, 1+\theta)$，以旧换新补贴应满足 $t_A^T \in (0, p_2)$。

由此可得到老企业 A 的最优化问题的表达式为

$$\max_{p_2^T, t_A^T} \pi_A^T = (p_2^T - t_A^T)\left(1-\frac{p_2^T - t_A^T}{1+\theta-\delta}\right)^+ \alpha + p_2^T\left(1-\frac{p_2^T}{1+\theta}\right)^+ (1-\alpha) \tag{7-9}$$

由于 Hessian 矩阵是负定的，目标函数为联合凹函数，可利用一阶条件求得均衡定价，如命题 6 所示。

命题 6 若老企业 A 提供以旧换新，则均衡定价为：$p_2^{T*} = \frac{1+\theta}{2}$，$t_A^{T*} = \frac{\delta}{2}$。

在上述均衡定价下，老企业 A 在新、老消费者市场中的销量均为正，对应的总销量为 $q_2^{T*} = \frac{1}{2}$，总利润为 $\pi_A^{T*} = \frac{1}{4}(1+\theta-\alpha\delta)$。命题 6 表明，当不存在竞争时，老企业 A 若提供以旧换新，则会选择同时覆盖新、老消费者的销售市场。最优定价与市场中的老消费者比例 α 无关，只受到新产品创新提升水平 θ 与老产品残值系数 δ 的影响。这一特点与 TT 情形类似。

7.5.2 老企业 A 不提供以旧换新的均衡分析

当老企业 A 不向老消费者提供以旧换新补贴，即对新、老消费者统一定价时，对于已持有 V_1 的老消费者而言，满足 $v \geqslant \frac{p_2^N}{1+\theta-\delta}$ 的消费者将购买升级产品 V_2，对应的购买比例为 $\left(1-\frac{p_2^N}{1+\theta-\delta}\right)^+$。而对于未持有 V_1 的新消费者而言，满足 $v \geqslant \frac{p_2^N}{1+\theta}$ 的消费者将购买升级产品 V_2，对应的购买比例为 $\left(1-\frac{p_2^N}{1+\theta}\right)^+$。为了保证产品销售数量的非负性以及企业利润的非负性，产品定价应满足 $p_2^N \in (0, 1+\theta)$。

由此可得到老企业 A 的最优化问题的表达式为

$$\max_{p_2^N} \pi_A^N = p_2^N\left(1-\frac{p_2^N}{1+\theta-\delta}\right)^+ \alpha + p_2^N\left(1-\frac{p_2^N}{1+\theta}\right)^+ (1-\alpha) \tag{7-10}$$

根据定价的不同范围，我们发现，老企业 A 有可能放弃老消费者只针对新消费者进行销售，因此分两种情形对企业的最优定价问题进行讨论。

情形 1：当 $p_2^N \in (0, 1+\theta-\delta)$ 时，新、老消费者均会选择购买升级产品，老企业 A 的最优化问题的表达式为

$$\max_{p_2^N} \pi_A^N = p_2^N\left(1-\frac{p_2^N}{1+\theta-\delta}\right) \alpha + p_2^N\left(1-\frac{p_2^N}{1+\theta}\right) (1-\alpha) \tag{7-11}$$

此时，由于目标函数为凹函数，可利用一阶条件求得均衡定价 $p_2^{N*} = \frac{(1+\theta)(1+\theta-\delta)}{2(1+\theta-\delta+\alpha\delta)}$，对应的总销量 $q_2^{N*} = \frac{1}{2}$，总利润 $\pi_A^{N*} = \frac{(1+\theta)(1+\theta-\delta)}{4(1+\theta-\delta+\alpha\delta)}$。由于 $p_2^{N*} \in (0, 1+\theta-\delta)$ 的条件是 $\alpha > \widetilde{\alpha}_3$，其中，$\widetilde{\alpha}_3 \equiv 1-\frac{1+\theta}{2\delta}$。因此，当 $\theta < 2\delta-1$ 且 $\alpha \leqslant \widetilde{\alpha}_3$ 时，$p_2^{N*} = 1+\theta-\delta$；否则，$p_2^{N*} = \frac{(1+\theta)(1+\theta-\delta)}{2(1+\theta-\delta+\alpha\delta)}$。

情形 2：当 $p_2^N \in (1+\theta-\delta,\ 1+\theta)$ 时，只有新消费者选择购买升级产品，老企业 A 的最优化问题的表达式为

$$\max_{p_2^N} \pi_A^N = p_2^N \left(1-\frac{p_2^N}{1+\theta}\right)(1-\alpha) \tag{7-12}$$

此时，由于目标函数为凹函数，可利用一阶条件求得均衡定价为 $p_2^{N*} = \frac{1+\theta}{2}$，对应的总销量为 $q_2^{N*} = \frac{1-\alpha}{2}$，总利润为 $\pi_A^{N*} = \frac{1}{4}(1-\alpha)(1+\theta)$。根据 $p_2^{N*} \in (1+\theta-\delta,\ 1+\theta)$ 的条件可知，当 $\theta<2\delta-1$ 时，$p_2^{N*} = \frac{1+\theta}{2}$；否则，$p_2^{N*} = 1+\theta-\delta$。

通过比较不同定价区间内的总利润，可以得到老企业 A 在不提供以旧换新时的定价策略，如命题 7 所示。

命题 7 若老企业 A 不提供以旧换新，当 $\theta \geqslant 2\delta-1$ 时，老企业 A 的最优定价为 $p_2^{N*} = \frac{(1+\theta)(1+\theta-\delta)}{2(1+\theta-\delta+\alpha\delta)}$；当 $\theta<2\delta-1$ 时，存在阈值 $\widetilde{\alpha}_3$，若 $\alpha>\widetilde{\alpha}_3$，则老企业 A 的最优定价为 $p_2^{N*} = \frac{(1+\theta)(1+\theta-\delta)}{2(1+\theta-\delta+\alpha\delta)}$；若 $\alpha \leqslant \widetilde{\alpha}_3$，则老企业 A 的最优定价为 $p_2^{N*} = \frac{1+\theta}{2}$。其中，$\widetilde{\alpha}_3 \equiv 1-\frac{1+\theta}{2\delta}$。

命题 7 表明，当不存在竞争时，老企业 A 若不提供以旧换新，则销售范围的选择取决于新产品的创新水平 θ 与老消费者的比例 α。只有同时满足新产品创新水平足够高且老消费者比例足够低这两个条件时，老企业 A 会选择放弃销售新产品给老消费者，只以较高价格将其卖给新消费者。否则，老企业 A 适当降低新产品定价以同时覆盖新、老消费者市场，此时的最优定价由市场中的老消费者比例 α、新产品创新提升水平 θ 与老产品残值系数 δ 共同决定。

7.5.3 无竞争时的以旧换新策略

对比老企业 A 提供以旧换新与否策略下的总利润，可以发现 $\pi_A^{T*} > \pi_A^{N*}$ 恒成立，由此得到无竞争时的以旧换新策略均衡，如命题 8 所示。

命题 8　当不存在竞争时，老企业 A 总是会选择提供以旧换新。

命题 8 表明，不存在竞争时，无论老消费者数量多少，老企业 A 总是有动机通过向老消费者提供以旧换新促使更多的老消费者购买升级产品，与此同时，老企业 A 可以通过提高产品定价从新消费者群体中获得更高的利润。此外，对比老企业 A 提供以旧换新与否策略下的总销量，可以发现，当 $\theta<2\delta-1$ 且 $\alpha\leqslant\widetilde{\alpha}_2$ 时，$q_2^{T*}>q_2^{N*}$，否则 $q_2^{T*}=q_2^{N*}$，说明以旧换新在一定条件下可以提升产品的销量，其条件为：新产品创新水平足够高且老消费者比例足够低。这是因为当新产品创新水平不足或老消费者数量比较多时，老企业 A 即使不提供以旧换新也无法放弃销售新产品给老消费者，这一发现与吴鹏（2014）的研究结果类似。

对比前文结论，竞争对手的存在对于老企业 A 自身的以旧换新决策与相应的定价策略都产生了显著的影响。第一，分析老企业 A 不提供以旧换新时的定价策略。当不存在竞争时，老企业 A 有可能会选择放弃销售新产品给老消费者。而存在竞争对手时，老企业 A 在任何情况下都会同时销售新产品给新、老消费者。反而是新企业 B 会在一定条件下放弃销售新产品给老消费者。第二，分析老企业 A 的以旧换新策略。当不存在竞争时，老企业 A 总会选择提供以旧换新。而存在竞争对手时则不然，老企业 A 的以旧换新决策会受到竞争企业的影响，一方面，若新企业 B 不提供以旧换新，则老企业 A 也没有动机提供以旧换新；另一方面，在一定条件下博弈的均衡导致两家企业均选择不提供以旧换新。这是因为，在没有竞争对手时，老企业 A 可以通过提高产品定价从新消费者处获得更高的边际收益，此时向老消费者提供以旧换新补贴对于企业而言仍是有利可图的。然而，竞争对手的存在导致企业无法保持定价上的垄断地位，使其不得不降低新产品定价，这导致老企业 A 在老消费者数量不够多时会选择放弃提供以旧换新。

7.6　结论与展望

本章在考虑市场中消费者支付意愿异质性的背景下，通过构建理论模型，求解了先后进入市场的双寡头竞争企业面临的以旧换新与定价博弈均衡，并分析了竞争因素的存在与否对于企业以旧换新策略产生的影响。以先后进入市场的两家创新型企业作为研究对象有以下特点。一方面，两家企业推出的新产品创新程度存在差异，且新产品相比老产品有质量与功能上的改进；另一方面，先进入市场的企业具有消费者群体与产品研发水平上的双重优势，更便于分析竞争对于企业采取以旧换新策略的影响。

本章分析得到的主要结论如下。第一，面对竞争者时企业的定价决策受到市场中老消费者比例、两家竞争企业各自新产品的创新提升水平、老产品的使用残值等因素的共同影响。第二，当老产品残值相对较低而市场中老消费者数量适中时，两家企业均不提供以旧换新可能成为博弈均衡，而在其他条件下，两家企业均提供以旧换新为博弈均衡。第三，先进入企业没有动机单独为消费者提供以旧换新补贴。第四，竞争对手的存在对于先进入企业自身的以旧换新决策与相应的定价策略都产生了显著的影响。当不存在竞争时，先进入企业总会选择提供以旧换新，并且有可能会选择放弃销售新产品给老消费者。而存在竞争对手时，先进入企业有可能选择不提供以旧换新，并且在任何情况下都会同时销售新产品给新、老消费者，反而是后进入企业会在一定条件下放弃销售新产品给老消费者。

本章的研究可以从如下几个方面拓展。首先，本章考虑的是单周期博弈，并且老消费者的比例 α 是外生给定的参数，将来可以考虑拓展为两周期甚至多周期博弈，即先进入企业在第一阶段通过其定价决策内生影响购买第一代产品的消费者比例 α，这是我们未来需要进一步研究的方向。其次，本章假设两家企业新产品的研发水平是外生参数，可以考虑拓展为两家企业通过先前的研发投资决策将新产品的质量水平内生化。此外，本章尚未考虑处理回收产品对企业带来的收益以及政府对于企业以旧换新进行补贴等因素的影响，将来也可以考虑从此方向拓展，以期得到更具现实指导意义的结论。

本章附录

命题 1 证明：

当两家企业均向老消费者提供以旧换新补贴时，老企业 A 和新企业 B 的最优化问题的表达式分别为

$$\max_{p_2^{TT},t_A^{TT}} \pi_A^{TT}=(p_2^{TT}-t_A^{TT})\left(1-\frac{p_2^{TT}-p_B^{TT}-t_A^{TT}+t_B^{TT}}{\theta-\beta}\right)^+\alpha+p_2^{TT}\left(1-\frac{p_2^{TT}-p_B^{TT}}{\theta-\beta}\right)^+(1-\alpha)$$

$$\max_{p_B^{TT},t_B^{TT}} \pi_B^{TT}=(p_B^{TT}-t_B^{TT})\left(\frac{p_2^{TT}-p_B^{TT}-t_A^{TT}+t_B^{TT}}{\theta-\beta}-\frac{p_B^{TT}-t_B^{TT}}{1+\beta-\delta}\right)^+\alpha+p_B^{TT}\left(\frac{p_2^{TT}-p_B^{TT}}{\theta-\beta}-\frac{p_B^{TT}}{1+\beta}\right)^+(1-\alpha)$$

由于两家企业目标函数的 Hessian 矩阵均为负定的，两家企业的目标函数均为联合凹函数，可利用一阶条件求得均衡定价为：$p_2^{TT*}=\frac{2(\theta-\beta)(1+\theta)}{3+4\theta-\beta}$，$t_A^{TT*}=\frac{2\delta(\theta-\beta)^2}{(3+4\theta-\beta)(3+4\theta-\beta+3\delta)}$，$p_B^{TT*}=\frac{(\theta-\beta)(1+\beta)}{3+4\theta-\beta}$，$t_B^{TT*}=\frac{4\delta(\theta-\beta)^2}{(3+4\theta-\beta)(3+4\theta-\beta+3\delta)}$。

两家企业各自总销量分别为：$q_2^{TT*}=\frac{2[3-\beta(1-\alpha\delta+\theta)+7\theta+4\theta^2-\delta(3+3\theta+\alpha\theta)]}{(3+4\theta-\beta)(3+4\theta-\beta+3\delta)}$，$q_B^{TT*}=\frac{3-\beta(1-\alpha\delta+\theta)+7\theta+4\theta^2-\delta(3+3\theta+\alpha\theta)}{(3+4\theta-\beta)(3+4\theta-\beta+3\delta)}$。

推论 1 证明：

根据命题 1，对比老企业 A 和新企业 B 的均衡定价与销量，可以得到推论 1。

命题 2 证明：

当两家企业均不向老消费者提供以旧换新补贴时，老企业 A 和新企业 B 的最优化问题的表达式分别为

$$\max_{p_2^{NN}} \pi_A^{NN}=p_2^{NN}\left(1-\frac{p_2^{NN}-p_B^{NN}}{\theta-\beta}\right)^+\alpha+p_2^{NN}\left(1-\frac{p_2^{NN}-p_B^{NN}}{\theta-\beta}\right)^+(1-\alpha)$$

$$\max_{p_B^{NN}} \pi_B^{NN}=p_B^{NN}\left(\frac{p_2^{NN}-p_B^{NN}}{\theta-\beta}-\frac{p_B^{NN}}{1+\beta-\delta}\right)^+\alpha+p_B^{NN}\left(\frac{p_2^{NN}-p_B^{NN}}{\theta-\beta}-\frac{p_B^{NN}}{1+\beta}\right)^+(1-\alpha)$$

由于两家企业目标函数的 Hessian 矩阵均为负定，两家企业的目标函数均为联合凹函数，可利用一阶条件求得均衡定价的表达式为

$$p_2^{NN1*}=\frac{2(\theta-\beta)[1+\theta+\beta(1+\theta-\alpha\delta)-\delta(1+\theta-\alpha\theta)]}{3-\beta^2+\beta(2+\delta-4\alpha\delta+4\theta)+4\theta-\delta(3+4\theta-4\alpha\theta)},$$

$$p_B^{NN1*}=\frac{(\theta-\beta)(1+\beta)(1+\beta-\delta)}{3-\beta^2+\beta(2+\delta-4\alpha\delta+4\theta)+4\theta-\delta(3+4\theta-4\alpha\theta)}。$$

当 $\alpha>\tilde{\alpha}_1$ 时，两家企业各自总销量的表达式分别为：

$$q_2^{NN1*}=\frac{2[1+\theta+\beta(1+\theta-\alpha\delta)-\delta(1+\theta-\alpha\theta)]}{3+4\theta-\beta^2+\beta(2+\delta-4\alpha\delta+4\theta)-\delta(3+4\theta-4\alpha\theta)},$$

$$q_B^{NN1*}=\frac{1+\theta+\beta(1+\theta-\alpha\delta)-\delta(1+\theta-\alpha\theta)}{3+4\theta-\beta^2+\beta(2+\delta-4\alpha\delta+4\theta)-\delta(3+4\theta-4\alpha\theta)},$$

其中，$\tilde{\alpha}_1\equiv\frac{1+\beta-\delta+\beta\delta+\theta+\beta\theta-2\delta\theta}{2\delta(\beta-\theta)}$。当 $\alpha\leqslant\tilde{\alpha}_1$ 时，新企业 B 对老消费者的销量减少到零，此时均衡定价为：$p_2^{NN2*}=\frac{2(\theta-\beta)(1+\theta)}{3+4\theta-\beta}$，$p_B^{NN2*}=\frac{(\theta-\beta)(1+\beta)}{3+4\theta-\beta}$。两家企业各自总销量分别为：$q_2^{NN2*}=\frac{2(1+\theta)}{3+4\theta-\beta}$，$q_B^{NN2*}=\frac{(1-\alpha)(1+\theta)}{3+4\theta-\beta}$。

推论 2 证明：

根据命题 2，对比老企业 A 和新企业 B 的均衡定价与销量，可以得到推论 2。

命题 3 证明：

当老企业 A 提供以旧换新而新企业 B 不提供以旧换新时，老企业 A 和新企业 B 的最优化问题的表达式分别为

$$\max_{p_2^{TN},t_A^{TN}}\pi_A^{TN}=(p_2^{TN}-t_A^{TN})\left(1-\frac{p_2^{TN}-p_B^{TN}-t_A^{TN}}{\theta-\beta}\right)^+\alpha+p_2^{TN}\left(1-\frac{p_2^{TN}-p_B^{TN}}{\theta-\beta}\right)^+(1-\alpha)$$

$$\max_{p_B^{TN}}\pi_B^{TN}=p_B^{TN}\left(\frac{p_2^{TN}-p_B^{TN}-t_A^{TN}}{\theta-\beta}-\frac{p_B^{TN}}{1+\beta-\delta}\right)^+\alpha+p_B^{TN}\left(\frac{p_2^{TN}-p_B^{TN}}{\theta-\beta}-\frac{p_B^{TN}}{1+\beta}\right)^+(1-\alpha)$$

由于两家企业目标函数的 Hessian 矩阵均为负定的，两家企业的目标函数均为联合凹函数，可利用一阶条件求得均衡定价的表达式为

$$p_2^{TN1*}=\frac{2(\theta-\beta)[1+\theta+\beta(1+\theta-\alpha\delta)-\delta(1+\theta-\alpha\theta)]}{3-\beta^2+\beta(2+\delta-4\alpha\delta+4\theta)+4\theta-\delta(3+4\theta-4\alpha\theta)},\ t_A^{TN1*}=0,$$

$$p_B^{TN1*}=\frac{(\theta-\beta)(1+\beta)(1+\beta-\delta)}{3-\beta^2+\beta(2+\delta-4\alpha\delta+4\theta)+4\theta-\delta(3+4\theta-4\alpha\theta)}。$$

当 $\alpha>\widetilde{\alpha}_1$ 时，两家企业各自总销量的表达式分别为

$$q_2^{TN1*}=\frac{2[1+\theta+\beta(1+\theta-\alpha\delta)-\delta(1+\theta-\alpha\theta)]}{3+4\theta-\beta^2+\beta(2+\delta-4\alpha\delta+4\theta)-\delta(3+4\theta-4\alpha\theta)},$$

$$q_B^{TN1*}=\frac{1+\theta+\beta(1+\theta-\alpha\delta)-\delta(1+\theta-\alpha\theta)}{3+4\theta-\beta^2+\beta(2+\delta-4\alpha\delta+4\theta)-\delta(3+4\theta-4\alpha\theta)},$$

其中，$\widetilde{\alpha}_1\equiv\frac{1+\beta-\delta+\beta\delta+\theta+\beta\theta-2\delta\theta}{2\delta(\beta-\theta)}$。当 $\alpha\leqslant\widetilde{\alpha}_1$ 时，新企业 B 对老消费者的销量减少到零，此时均衡定价为：$p_2^{TN2*}=\frac{2(\theta-\beta)(1+\theta)}{3+4\theta-\beta}$，$t_A^{TN2*}=0$，$p_B^{TN2*}=\frac{(\theta-\beta)(1+\beta)}{3+4\theta-\beta}$。两家企业各自总销量分别为：$q_2^{TN2*}=\frac{2(1+\theta)}{3+4\theta-\beta}$，$q_B^{TN2*}=\frac{(1-\alpha)(1+\theta)}{3+4\theta-\beta}$。

推论 3 证明：

根据命题 3，对比老企业 A 和新企业 B 的均衡定价与销量，可以得到推论 3。

命题 4 证明：

当老企业 A 不提供以旧换新而新企业 B 提供以旧换新时，老企业 A 和新企业 B 的最优化问题的表达式分别为

$$\max_{p_2^{NT}}\pi_A^{NT}=p_2^{NT}\left(1-\frac{p_2^{NT}-p_B^{NT}+t_B^{NT}}{\theta-\beta}\right)^+\alpha+p_2^{NT}\left(1-\frac{p_2^{NT}\quad p_B^{NT}}{\theta-\beta}\right)^+(1-\alpha)$$

$$\max_{p_B^{NT},t_B^{NT}}\pi_B^{NT}=(p_B^{NT}-t_B^{NT})\left(\frac{p_2^{NT}-p_B^{NT}+t_B^{NT}}{\theta-\beta}-\frac{p_B^{NT}-t_B^{NT}}{1+\beta-\delta}\right)^+\alpha+p_B^{NT}\left(\frac{p_2^{NT}-p_B^{NT}}{\theta-\beta}-\frac{p_B^{NT}}{1+\beta}\right)^+(1-\alpha)$$

由于两家企业目标函数的 Hessian 矩阵均是负定的，两家企业的目标函数均为联合凹函数，可利用一阶条件求得均衡定价的表达式为

$$p_2^{NT*}=\frac{2(\theta-\beta)(1+\theta)(1-\delta+\theta)}{3+7\theta+4\theta^2-\beta(1-\delta+\alpha\delta+\theta)-\delta(3+4\theta-\alpha\theta)},$$

$$p_B^{NT*}=\frac{(\theta-\beta)(1+\beta)(1-\delta+\theta)}{3+7\theta+4\theta^2-\beta(1-\delta+\alpha\delta+\theta)-\delta(3+4\theta-\alpha\theta)},$$

$$t_B^{NT*}=\frac{\delta(\theta-\beta)^2}{3+7\theta+4\theta^2-\beta(1-\delta+\alpha\delta+\theta)-\delta(3+4\theta-\alpha\theta)}。$$

两家企业各自总销量的表达式分别为

$$q_2^{NT*}=\frac{2(1+\theta-\delta)(1+\theta)}{3+7\theta+4\theta^2-\beta(1-\delta+\alpha\delta+\theta)-\delta[3+(4-\alpha)\theta]},$$

$$q_B^{NT*}=\frac{(1+\theta-\delta)(1+\theta)}{3+7\theta+4\theta^2-\beta(1-\delta+\alpha\delta+\theta)-\delta(3+4\theta-\alpha\theta)}。$$

推论 4 证明：

根据命题 4，对比老企业 A 和新企业 B 的均衡定价与销量，可以得到推论 4。

命题 5 证明：

根据命题 1~命题 4，分别对比老企业 A 在 4 种情形下的利润以及新企业 B 在 4 种情形下的利润，可以得到命题 5。

命题 6 证明：

当老企业 A 向老消费者提供以旧换新补贴时，其最优化问题的表达式为

$$\max_{p_2^T,t_A^T}\pi_A^T=(p_2^T-t_A^T)\left(1-\frac{p_2^T-t_A^T}{1+\theta-\delta}\right)^+\alpha+p_2^T\left(1-\frac{p_2^T}{1+\theta}\right)^+(1-\alpha)$$

由于目标函数的 Hessian 矩阵均为负定的，目标函数均为联合凹函数，可利用一阶条件求得均衡定价为：$p_2^{T*}=\frac{1+\theta}{2}$，$t_A^{T*}=\frac{\delta}{2}$。企业总销量为：$q_2^{T*}=\frac{1}{2}$，总利润为：$\pi_A^{T*}=\frac{1}{4}(1+\theta-\alpha\delta)$。

命题 7 证明：

当老企业 A 不向老消费者提供以旧换新补贴，即对新、老消费者统一定价时，其最优化问题的表达式为

$$\max_{p_2^N}\pi_A^N=p_2^N\left(1-\frac{p_2^N}{1+\theta-\delta}\right)^+\alpha+p_2^N\left(1-\frac{p_2^N}{1+\theta}\right)^+(1-\alpha)$$

下面分两种情形对企业的最优定价问题进行讨论。

情形 1：当 $p_2^N \in (0, 1+\theta-\delta)$ 时，新、老消费者均会选择购买升级产品，老企业 A 的最优化问题的表达式为

$$\max_{p_2^N} \pi_A^N = p_2^N\left(1-\frac{p_2^N}{1+\theta-\delta}\right)\alpha+p_2^N\left(1-\frac{p_2^N}{1+\theta}\right)(1-\alpha)$$

此时，由于目标函数为凹函数，可利用一阶条件求得均衡定价为 $p_2^{N*}=\frac{(1+\theta)(1+\theta-\delta)}{2(1+\theta-\delta+\alpha\delta)}$，对应的总销量为 $q_2^{N*}=\frac{1}{2}$，总利润为 $\pi_A^{N*}=\frac{(1+\theta)(1+\theta-\delta)}{4(1+\theta-\delta+\alpha\delta)}$。由于 $p_2^{N*}\in(0, 1+\theta-\delta)$ 的条件是 $\alpha>\tilde{\alpha}_3$，其中，$\tilde{\alpha}_3\equiv 1-\frac{1+\theta}{2\delta}$。因此，当 $\theta<2\delta-1$ 且 $\alpha\leqslant\tilde{\alpha}_3$ 时，$p_2^{N*}=1+\theta-\delta$；否则，$p_2^{N*}=\frac{(1+\theta)(1+\theta-\delta)}{2(1+\theta-\delta+\alpha\delta)}$。

情形 2：当 $p_2^N\in(1+\theta-\delta, 1+\theta)$ 时，只有新消费者选择购买升级产品，老企业 A 的最优化问题的表达式为

$$\max_{p_2^N} \pi_A^N = p_2^N\left(1-\frac{p_2^N}{1+\theta}\right)(1-\alpha)$$

此时，由于目标函数为凹函数，可利用一阶条件求得均衡定价为：$p_2^{N*}=\frac{1+\theta}{2}$，对应的总销量为：$q_2^{N*}=\frac{1-\alpha}{2}$，总利润为：$\pi_A^{N*}=\frac{1}{4}(1-\alpha)(1+\theta)$。根据 $p_2^{N*}\in(1+\theta-\delta, 1+\theta)$ 的条件可知，当 $\theta<2\delta-1$ 时，$p_2^{N*}=\frac{1+\theta}{2}$；否则，$p_2^{N*}=1+\theta-\delta$。

命题 8 证明：

根据命题 6～命题 7，对比老企业 A 提供以旧换新与否策略下的总利润，发现 $\pi_A^{T*}>\pi_A^{N*}$ 恒成立，由此得到命题 8。

第8章 结论与展望

8.1 研究结论

本书主要研究了考虑策略型消费者背景下的企业产品迭代运营策略。总体来看，基于本文对产品迭代运营策略的定义，可以分为产品迭代前、产品迭代中、产品迭代后这三个时间段的决策。具体而言，产品创新策略和以旧换新策略属于产品迭代前的决策，产品定价策略和更新换代策略属于产品迭代中的决策，灵活持续时间团购策略属于产品迭代后的决策。其中，第3章研究了面对策略型消费者考虑以旧换新时的最优产品换代策略，主要结论见3.7小节；第4章研究了面对策略型消费者考虑以旧换新时的最优产品定价策略，主要结论见4.6小节；第5章研究了面对策略型消费者的灵活持续时间团购策略，主要结论见5.6小节；第6章研究了面对策略型消费者的最优产品创新策略，主要结论见6.6小节；第7章研究了面对竞争者时的企业最优以旧换新策略，主要结论见7.6小节。

8.2 研究局限性与展望

为了突出相关研究问题中的主要影响因素，并简化模型的分析与求解过程，本书做了一些合理的假设。未来的研究中可以尝试放松或改变部分假设，从而进一步完善与丰富本书的研究结论。除此之外，其他基于本书的研究内容值得进一步深入探索的问题，包括但不限于以下几个方面。

第一，新商业模式。近年来，随着人们生活水平的不断提高，消费者购买力也有了显著提高。在此背景下，为了吸引消费者、维持其有力竞争地位，创新企业不断尝试推出新的商业模式。例如，苹果公司为自身产品提供了“AppleCare+全方位服务计划保修服务”，以供消费者在购买 iPhone 后自由选择。具体而言，不选择购买该附加服务的消费者只能在有限保修期内享有 1 年的硬件保修服务和为期 90 天的免费电话技术支持；而选择购买该附加服务的消费者不仅可以享受为期 2 年的维修服务，还包括两次意外损坏的保修服务。另外，与之类似的将产品与服务自由捆绑进行销售的例子并不罕见。而这些新的商业模式是否能有效提高企业总体销量与利润则值得未来进一步研究。

第二，多周期动态决策。一方面，在现实生活中，随着消费者远视程度的不断提高，创新企业与策略型消费者之间的博弈可能会持续多期，并对当前决策产生显著影响。企业在考虑当期的产品迭代策略，决策当期产品的价格、创新水平、换代方式时，不仅要考虑消费者在未来一期的反应，甚至还需要对消费者在未来几期内的反应进行合理预期。另一方面，企业在产品上的创新投资往往是逐期投入的，所以创新相关决策也需要持续多期进行，并且是一个动态优化和不断调整的过程。因此，在多周期环境下创新企业应该怎样进行运营决策来优化自身的总体收益值得进一步分析，从而形成对企业创新与运营战略的有效支撑。

第三，供应链结构。本书研究的供应链结构中，着重分析了垄断企业与消费者进行博弈的情形。而随着企业研发投入的不断累积，企业间技术创新水平的差异不再如前些年那样显著。不同企业之间的创新产品在相同的消费者群体中也日益形成了有效竞争。而竞争对手的存在、数量以及强弱很有可能改变创新企业的产品迭代策略。除此之外，消费者端的差异性也不仅仅体现在消费者对同样产品支付意愿的高低上。企业同时面对的消费者群体中可能存在策略性水平高低的差异、存在对品牌忠诚度的差异、存在等待耐心高低的差异。因此，在未来进一步探讨创新企业在面对不同水平的竞争对手以及更为差异化的消费者群体时应该如何应对，有着重要的现实意义和理论价值。

第四，信息结构。为了理论模型分析的需要，本书假设博弈为完全信息结构，即模型涉及的关键外生参数均为企业和消费者的公共知识。然而，在现实中，这些信息有可能是企业或消费者的私有信息，而企业和消费者之间的博弈关系很可能因为信息结构的改变而显著不同。一方面，在大数据和互联网时代，企业对于新、老消费者的信息结构可能不同，企业对于老消费者的支付意愿、产品偏好掌握程度更高。而另一方面，消费者也能通过网络等渠道更清楚地了解企业的创新、生产和运营情况。此外，企业甚至可以通过有意泄露产品创新信息的方式来更为有效地管理消费者对新产品的预期。因此，在未来的研究中，可以在信息不对称环境下对创新企业的产品运营迭代策略进行进一步的探索，并探讨信息结构对企业策略和博弈结果的影响。

第五，不确定因素。本书的研究假设了一个确定性的技术与创新环境。然而，在现实中，产品研发相关的不确定性因素广泛存在。一方面，创新研发项目存在失败的风险；另一方面，创新研发后的新产品能否得到消费者群体的广泛认可也具有一定的未知性。因此，在未来的研究中可以考虑结合产品创新研发中的不确定因素，进一步完善该背景下的创新企业的产品运营迭代策略。

第六，实证研究。本书在研究创新企业的产品运营迭代策略时都是基于构建博弈模型进行理论分析。然而，现实中影响企业决策的因素繁多，可以考虑通过收集企业的运营数据展开实证分析，对本书理论模型的研究结论进行验证和拓展，从而进一步解释现实环境中多方面因素对创新企业的产品运营迭代策略的影响。

参考文献

[1] 巩天啸，王玮，陈丽华，等. 面对策略型消费者的产品创新换代策略 [J]. 管理科学学报，2015，18 (9).

[2] 官振中，李伟. 存在投机商和策略型消费者的零售商定价研究 [J]. 系统工程理论与实践，2015，35 (2).

[3] 李贺，张玉林，仲伟俊. 考虑战略消费者行为风险的动态定价策略 [J]. 管理科学学报，2012，15 (10).

[4] 李娟，黄培清，顾锋. 基于顾客战略行为下的供应链系统的绩效研究 [J]. 中国管理科学，2007，15 (4).

[5] 李四杰，邵灵芝. 考虑消费者策略行为的供应商产品升级策略 [J]. 中国管理科学，2018，26 (4).

[6] 刘晓峰，黄沛. 基于策略型消费者的最优动态定价与库存决策 [J]. 管理科学学报，2009，12 (5).

[7] 刘晓峰，徐贤浩. 消费者策略行为视角下短生命周期产品的定价机制研究 [J]. 中国管理科学，2011，19 (4).

[8] 马卫民，赵璋. 以旧换新补贴对不同模式闭环供应链的影响 [J]. 系统工程理论与实践，2012，32 (9).

[9] 马卫民，赵璋. 以旧换新补贴对具有不同等级产品闭环供应链的影响研究 [J]. 中国管理科学，2013，21 (3).

[10] 马卫民，赵璋. 以旧换新消费比例对闭环供应链的影响 [J]. 运筹与管理，2014，23 (4).

[11] 盛光华，张志远. 补贴方式对创新模式选择影响的演化博弈研究 [J]. 管理科学学报，2015，18 (9).

[12] 孙永风，李垣，廖貅武. 基于不同战略导向的创新选择与控制方式研究 [J]. 管理工程学报，2007，21 (4).

[13] 孙永风，李垣．转型经济下中国企业创新选择的实证研究：环境与组织因素［J］．管理工程学报，2007，21（1）．

[14] 汪欣，赵林．政府补贴下的以旧换新策略研究［J］．华东经济管理，2015，29（6）．

[15] 吴春旭，王琴，许传永．基于预期网络规模的双寡头质量竞争［J］．中国管理科学，2015，23（3）．

[16] 吴鹏，刘静，王冕晨．竞争环境下考虑以旧换新的定价策略及优化模型［J］．吉林大学社会科学学报，2014，54（6）．

[17] 吴鹏．考虑以旧换新的定价策略优化模型［J］．系统工程理论与实践，2014，34（5）．

[18] 杨道箭，白寅．基于 Hotelling 模型的供应链间核心企业竞争与分散式［J］．系统工程理论与实践，2015，35（12）．

[19] 杨建君，张峰，孙丰文．企业内部信任与技术创新模式选择的关系［J］．科学学与科学技术管理，2014，35（10）．

[20] 约瑟夫·阿洛伊斯·熊彼特．经济发展理论：对利润、资本、信贷、利息和经济周期的探究［M］．叶华，译．北京：中国社会科学出版社，2009．

[21] 张新鑫，申成霖，侯文华．考虑竞争者进入威胁的易逝品动态定价机制［J］．管理科学学报，2016，19（10）．

[22] 朱亚芹，许传永，梁樑．基于顾客忠诚的两期定价竞争模型［J］．系统工程学报，2015，30（1）．

[23] Amaldoss, Wilfred, Jain, et al. Branding Conspicuous Goods: An Analysis of the Effects of Social Influence and Competition [J]. Management Science, 2015, 61 (9).

[24] Anand, Aron. Group-buying on the Web: A Comparison of Price Discovery Mechanisms [J]. Management Science, 2003, 49 (11).

[25] Anderson C K, Wilson J G. Wait or Buy? The Strategic Cansumer Pricing and Profit Implications [J]. Journal of the Operational Research Society, 2003, 54 (3).

[26] Apple. Recycling an Apple Product should be as Easy as Using One [EB/OL]. 2016-7-28.

[27] Apple. The Easiest Way to Upgrade to the Latest iPhone [EB/OL]. 2016-7-28.

[28] Araman V F, Caldentey R. Crowdvoting the Timing of New Product Introduction [D]. Chicago: Booth School of Business, University of Chicago, 2016.

[29] Arslan H, S Kachani, Shmatov K. Optimal Product Introduction and Life Cycle Pricing Policies for Multiple Product Generations Under Competition [J]. Journal of Revenue and Pricing Management, 2008, 8 (5).

[30] Atallah G. Vertical R&D Spillovers, Cooperation, Market Structure, and Innovation [J]. Economics of Innovation and New Technology, 2002, 11 (3).

[31] Aviv Y, Pazgal A. Optimal Pricing of Seasonal Products in the Presence of Forward-looking Consumers [J]. Manufacturing & Service Operations Management, 2008, 10 (3).

[32] Aviv Y, Wei M M, Zhang F. Responsive Pricing of Fashion Products: The Effects of Demand Learning and Strategic Consumer Behavior [D]. St. Louis: John M. Olin Business School, Washington University in St. Louis, 2018.

[33] Bala R, Carr S. Pricing Software Upgrades: The Role of Product Improvement and User Costs [J]. Production and Operations Management, 2009, 18 (5).

[34] Battigalli P, Fumagalli C, Polo M. Buyer Power and Quality Improvements [J]. Research in Economics, 2007, 61 (2).

[35] Bellos I, Ferguson M, Toktay L B. The Car Sharing Economy: Interaction of Business Model Choice and Product Line Design [J]. Manufacturing & Service Operations Management, 2017, 19 (2).

[36] Besanko D, Winston W L. Optimal Price Skimming by a Monopolist Facing Rational Consumers [J]. Management Science, 1990, 36 (5).

[37] Besbes O, Lobel I. Intertemporal Price Discrimination: Structure and Computation of Optimal Policies [J]. Management Science, 2015, 61 (1).

[38] Board S, Skrzypacz A. Revenue Management with Forward-looking Buyers [J]. Journal of Political Economy, 2016, 124 (4).

[39] Boncompagni T. Social Media Breathes Life into Shelved Products [N]. New York Times, 2017-6-24.

[40] Brumberg E. Save Your Money, Save Your Face: What Every Cosmetics Buyer Needs to Know [M]. New York: Facts on File Publisher, 1986.

[41] Bulow J. An Economic Theory of Planned Obsolescence [J]. Quarterly Journal of Economics, 1986, 101 (4).

[42] Burke S. GoPro CEO: We're "absolutely" Open to Selling Company [N]. CNN Tech News, 2018-1-11.

[43] Cachon G P, Feldman P. Is Advance Selling Desirable with Competition? [J]. Marketing Science, 2017, 36 (2).

[44] Cachon G P, Feldman P. Price Commitments with Strategic Consumers: Why it can be Optimal to Discount more Frequently than Optimal [J]. Manufacturing & Service Operations Management, 2015, 17 (3).

[45] Cachon G P, Swinney R. Purchasing, Pricing, and Quick Response in the Presence of Strategic Consumers [J]. Management Science, 2009, 55 (3).

[46] Cachon G P, Swinney R. The Value of Fast Fashion: Quick Response, Enhanced Design, and Strategic Consumer Behavior [J]. Management Science, 2011, 57 (4).

[47] Chen H, Hu M, Wu J. Intertemporal Discrimination via Randomized Pricing [D]. Toronto: Rotman School of Management, University of Toronto, 2018.

[48] Chen J M, Hsu Y T. Revenue Management for Durable Goods Using Trade-ins with Certified Pre-owned Options [J]. International Journal of Production Economics, 2017, 186 (1).

[49] Chen J, Chen X, Song X. Comparison of the Group-buying Auction and the Fixed Pricing Mechanism [J]. Decision Support Systems, 2007, 43 (2).

[50] Chen M, Chen Z. Recent Developments in Dynamic Pricing Research: Multiple Products, Competition, and Limited Demand Information [J]. Production and Operations Management, 2015, 24 (5).

[51] Chen R R, Roma P. Group Buying of Competing Retailers [J]. Production and Operations Management, 2011, 20 (2).

[52] Chen Y J, Dai T, Korpeoglu C G, et al. Innovative Online Platforms: Research Opportunities [D]. Hong Kong: Department of Information Systems, Hong Kong University of Science and Technology, 2018.

[53] Chen Y, Farias V F, Trichakis N K. On the Efficacy of Static Prices for Revenue Management in the Face of Strategic Customers [J]. Management Science, 2018 (1).

[54] Chen Y, Farias V F. Robust Dynamic Pricing with Strategic Customers [J]. Mathematics of Operations Research, 2018 (1).

[55] Chen Y, Zhang T. Interpersonal Bundling [J]. Management Science, 2015, 61 (6).

[56] Chen Z, Liang X, Wang H, et al. Inventory Rationing with Multiple Demand Classes: The Case of Group Buying [J]. Operations Research Letters, 2012, 40 (5).

[57] Chevalier J, Goolsbee A. Are Durable Goods Consumers Forward-looking? Evidence from College Textbooks [J]. The Quarterly Journal of Economics, 2009, 124 (4).

[58] Christensen C M. The Innovator's Dilemma: When New Technologies Cause Great Firms to Fail [M]. Boston: Harvard Business School Press, 1997.

[59] Correa J R, Montoya R, Thraves C. Contingent Preannounced Pricing Policies with Strategic Consumers [J]. Operations Research, 2016, 64 (1).

[60] Cui Y, Duenyas I, Sahin O. Pricing of Conditional Upgrades in the Presence of Strategic Consumers [J]. Management Science, 2018, 64 (7).

[61] Dasu S, Tong C. Dynamic Pricing when Consumers are Strategic: Analysis of Posted and Contingent Pricing Schemes [J]. European Journal of Operational Research, 2010, 204 (3).

[62] Van de Ven, A H. Central Problems in the Management of Innovation [J]. Management Science, 1986, 32 (5).

[63] Desai P S. Quality Segmentation in Spatial Markets: When does Cannibalization Affect Product Line Design? [J]. Marketing Science, 2001, 20 (3).

[64] Dhebar A. Durable-goods Monopolists, Rational Consumers, and Improving Products [J]. Marketing Science, 1994, 13 (1).

[65] Du P, Chen Q. Skimming or Penetration: Optimal Pricing of New Fashion Products in the Presence of Strategic Consumers [J]. Annals of Operations Research, 2014, 1 (21).

[66] Edelman B, Jaffe S, Kominers S D. To Groupon or not to Groupon: The Profitability of Deep Discounts [J]. Marketing Letters, 2016, 27 (1).

[67] Elmaghraby W, Gulcu A, Keskinocak P. Designing Optimal Preannounced Markdowns in the Presence of Rational Customers with Multiunit Demands [J]. Manufacturing & Service Operations Management, 2008, 10 (1).

[68] Elmaghraby W, Keskinocak P. Dynamic Pricing in the Presence of Inventory Considerations: Research Overview, Current Practices, and Future Directions [J]. Management Science, 2003, 49 (10).

[69] Elmaghraby W, Lippman S A, Tang C S, et al. Will more Purchasing Options Benefit Customers [J]. Production and Operations Management, 2009, 18 (4).

[70] Esteve A. Open Versus Closed Innovation: A Model of Discovery and Divergence [J]. Academy of Management Review, 2010, 35 (1).

[71] Farias V F, van Roy B. Dynamic Pricing with a Prior on Market Response [J]. Operations Research, 2010, 58 (1).

[72] Feldman P, Papanastasiou Y, Segev E. Social Learning and the Design of New Experience Goods [J]. Management Science, 2019 (1).

[73] Ferguson M, Koenigsberg O. How should a Firm Manage Deteriorating Inventory? [J]. Production and Operations Management, 2007, 16 (3).

[74] Ferrer G, Swaminathan J M. Managing New and Remanufactured Products [J]. Management Science, 2006, 52 (1).

[75] Frambach R T, Schillewaert N. Organizational Innovation Adoption: A Multi-level Framework of Determinants and Opportunities for Future Research [J]. Journal of Business Research, 2012, 55 (2).

[76] Fudenberg D, Tirole J. Upgrades, Tradeins, and Buybacks [J]. The RAND Journal of Economics, 1998, 29 (2).

[77] Gattis L. Now there's Hope for Your Favorite Discontinued Makeup Shades [N]. Popsugar, 2017-6-24.

[78] Girotra K, Marinesi S, Netessine S. Can Groupon Save its Business Model [N]. Harvard Business Review, 2018-1-16.

[79] Gönsch J, Klein R, Neugebauer M, et al. Dynamic Pricing with Strategic Customers [J]. Journal of Business Economics, 2013, 83 (5).

[80] Haruvy E, Li T, Sethi S. Two-stage Pricing for Custom-made Products [J]. European Journal of Operational Research, 2012, 219 (2).

[81] He Y, Ray S, Yin S. Group Selling, Product Durability, and Consumer Behavior [J]. Production and Operations Management, 2016, 25 (11).

[82] Heese H S, Cattani K, Ferrer G, et al. Competitive Advantage Through Take-back of Used Products [J]. European Journal of Operational Research, 2005, 164 (1).

[83] Hiltzik M. Steve Jobs: More than a Turnaround Artist [N]. Los Angeles Times, 2018-9-20.

[84] Hu M, Li X, Shi M. Product and Pricing Decisions in Crowdfunding [J]. Marketing Science, 2015, 34 (3).

[85] Hu M, Shi M, Wu J. Simultaneous vs Sequential Group-buying Mechanisms [J]. Management Science, 2013, 59 (12).

[86] Hu M, Wang Z, Feng Y. Secrecy Versus Transparency in Sales of Network Goods [R]. Toronto: Rotman School of Management, University of Toronto, 2016.

[87] Huang X, Boyacı T, Gümüş M, et al. United We Stand or Divided We Stand? Strategic Supplier Alliances Under Order Default Risk [J]. Management Science, 2016, 62 (5).

[88] Jing X, Xie J. Group Buying: A New Mechanism for Selling Through Social Interactions [J]. Management Science, 2011, 57 (8).

[89] Joshi Y V, Reibstein D J, Zhang Z J. Turf Wars: Product Line Strategies in Competitive Markets [J]. Marketing Science, 2016, 35 (1).

[90] Kahn B E. Global Brand Power: Leveraging Branding for Long-term Growth [M]. Philadelphia: Wharton Digital Press, 2013.

[91] Kamien M I, Muller E, Zang I. Research Joint Ventures and R&D Cartels [J]. The American Economic Review, 1992 (1).

[92] Kan M. Apple's iPhone Trade-in Program in China could Boost Sales [N]. Pcworld, 2016-9-20.

[93] Koca E, Souza G C, Druehl C T. Managing Product Rollovers [J]. Decision Science, 2010, 41 (2).

[94] Kornish L J. Pricing for a Durable-goods Monopolist Under Rapid Sequential Innovation [J]. Management Science, 2001, 47 (11).

[95] Kortum S, Lerner J. Stronger Protection or Technological Revolution: What is Behind the Recent Surge in Patenting? [J]. Journal of Monetary Economics, 1997, 48 (1).

[96] Krishnan V, Ramachandran K. Integrated Product Architecture and Pricing for Managing Sequential Innovation [J]. Management Science, 2011, 57 (11).

[97] Lai G, Debo L G, Sycara K. Buy Now and Match Later: Impact of Posterior Price Matching on Profit with Strategic Consumers [J]. Manufacturing & Service Operations Management, 2010, 12 (1).

[98] Landsberger M, Meilijson I. Intertemporal Price Discrimination and Sales Strategy Under In-

complete Information [J]. The RAND Journal of Economics, 1985, 16 (3).

[99] Lee C. Apple Resumes Trade-in Program in China [N]. ZDNet News, 2016-2-3.

[100] Lee C. Apple's Trade-in Program Meets Lukewarm Response in China [N]. ZDNet News, 2015-4-1.

[101] Levin Y, McGill J, Nediak M. Optimal Dynamic Pricing of Perishable Items by a Monopolist Facing Strategic Consumers [J]. Production and Operations Management, 2010, 19 (1).

[102] Levinthal D A, Purohit D. Durable Goods and Product Obsolescence [J]. Marketing Science, 1989, 8 (1).

[103] Li J, Granados N, Netessine S. Are Consumers Strategic? Structural Estimation from the Air-travel Industry [J]. Management Science, 2014, 60 (9).

[104] Liang C, Çakanyildirim M, Sethi S P. Can Strategic Customer Behavior Speed up Product Innovation? [J]. Production and Operations Management, 2018, 27 (8).

[105] Liang C, Cakanyildirim M, Sethi S. Analysis of Product Rollover Strategies in the Presence of Strategic Customers [J]. Management Science, 2014, 60 (4).

[106] Liang X, Ma L, Xie L, et al. The Informational Aspect of the Group-buying Mechanism [J]. European Journal of Operational Research, 2014, 234 (1).

[107] Lim W S, Tang C S. Optimal Product Rollover Strategies [J]. European Journal of Operational Research, 2006, 174 (2).

[108] Lin Y, Parlakturk A, Swaminathan J. Are Strategic Customers Bad for a Supply Chain? [J]. Manufacturing & Service Operations Management, 2018, 20 (3).

[109] Liu M, Tunca T I. Consumer Equilibrium, Pricing, and Efficiency in Group Buying: Theory and Evidence [R]. College Park: Robert H Smith School of Business, University of Maryland, 2016.

[110] Liu Q, Van Ryzin G. Strategic Capacity Rationing to Induce Early Purchases [J]. Management Science, 2008, 54 (6).

[111] Liu Q, van Ryzin G. Strategic Capacity Rationing when Customers Learn [J]. Manufacturing & Service Operations Management, 2011, 13 (1).

[112] Liu Q, Zhang D. Dynamic Pricing Competition with Strategic Customers Under Vertical Product Differentiation [J]. Management Science, 2013, 59 (1).

[113] Liu Y, Cooper W L. Optimal Dynamic Pricing with Patient Customers [J]. Operations Re-

search, 2015, 63 (6).

[114] Liu Y, Fry M J, Raturi A S. Retail Price Markup Commitment in Decentralized Supply Chains [J]. European Journal of Operational Research, 2009, 192 (1).

[115] Liu Y, Qin F, Fry M J, et al. Multi-period Modeling of Two-way Price Commitment Under Price-dependent Demand [J]. European Journal of Operational Research, 2012, 221 (3).

[116] Lobel I, Patel J, Vulcano G, et al. Optimizing Product Launches in the Presence of Strategic Consumers [J]. Management Science, 2016, 62 (6).

[117] Lucas Jr R E. Expectations and the Neutrality of Money [J]. Journal of Economic Theory, 1972, 4 (2).

[118] Mantena R, Tilson V, Zheng X. Literature Survey: Mathematical Models in the Analysis of Durable Goods with Emphasis on Information Systems and Operations Management Issues [J]. Decision Support System, 2012, 53 (2).

[119] Marinesi S, Girotra K, Netessine S. The Operational Advantages of Threshold Discounting Offers [J]. Management Science, 2018, 64 (6).

[120] Marinesi S, Girotra K. Information Acquisition Through Customer Voting Systems [R]. Philadelphia: The Wharton School, University of Pennsylvania, 2013.

[121] Mersereau A J, Zhang D. Markdown Pricing with Unknown Fraction of Strategic Customers [J]. Manufacturing & Service Operations Management, 2012, 14 (3).

[122] Milner J M, Kouvelis P. Order Quantity and Timing Flexibility in Supply Chains: The Role of Demand Characteristics [J]. Management Science, 2005, 51 (6).

[123] Mogg T. Chinese Buyers Think Apple's New Trade-in Program Might be Lowballing Them [N]. Digitaltrends, 2016-9-20.

[124] Moorthy K S, Png I P L. Market Segmentation, Cannibalization, and the Timing of Product Introductions [J]. Management Science, 1992, 38 (3).

[125] Moorthy K S. Market Segmentation, Self-selection, and Product Line Design [J]. Marketing Science, 1984, 3 (4).

[126] Moorthy K S. Product and Price Competition in a Duopoly [J]. Marketing Science, 1988, 7 (2).

[127] Muth J F. Rational Expectations and the Theory of Price Movements [J]. Econometrica, 1961, 29 (3).

[128] Nair H. Intertemporal Price Discrimination with Forward-looking Consumers: Application to the US Market for Console Video-games [J]. Quantitative Marketing and Economics, 2007, 5 (3).

[129] Netessine S, Taylor T A. Product Line Design and Production Technology [J]. Marketing Science, 2007, 26 (1).

[130] Niu E. GoPro's New Products are too Much, too Late [N]. The Motley Fool News, 2017-9-29.

[131] Okada E M. Trade-ins, Mental Accounting, and Product Replacement Decisions [J]. Journal of Consumer Research, 2001, 27 (4).

[132] Öry A. Consumers on a Leash: Advertised Sales and Intertemporal Price Discrimination [R]. New Haven: Yale School of Management, Yale University, 2017.

[133] Papanastasiou Y, Savva N. Dynamic Pricing in the Presence of Social Learning and Strategic Consumers [J]. Management Science, 2017, 63 (4).

[134] Parlaktürk A K. The Value of Product Variety when Selling to Strategic Consumers [J]. Manufacturing & Service Operations Management, 2012, 14 (3).

[135] Qi L, Chu L Y, Chen R R. Quality Provision with Heterogeneous Consumer Reservation Utilities [J]. Production and Operations Management, 2016, 25 (5).

[136] Ramachandran K. Design Architecture and Introduction Timing for Rapidly Improving Industrial Products [J]. Manufacturing & Service Operations Management, 2007, 10 (1).

[137] Ray S, Boyaci T, Aras N. Optimal Prices and Trade-in Rebates for Durable, Remanufacturable Products [J]. Manufacturing & Service Operations Management, 2005, 7 (3).

[138] Roth A E, Ockenfels A. Last-minute Bidding and the Rules for Ending Second-price Auctions: Evidence from eBay and Amazon Auctions on the Internet [J]. American Economic Review, 2002, 92 (4).

[139] Saengchote K, Nakavachara V. Are Consumers forward Looking? Evidence from used iPhones [J]. Applied Economics Letters, 2018, 25 (13).

[140] Sargent T J, Wallace N. "Rational" Expectations, the Optimal Monetary Instrument, and the Optimal Money Supply Rule [J]. Journal of Political Economy, 1975, 83 (2).

[141] Sargent T J, Wallace N. Rational Expectations and the Theory of Economic Policy [J]. Journal of Monetary Economics, 1976, 2 (2).

[142] Sargent T J. Interpreting Economic Time Series [J]. Journal of Political Economy, 1981, 89 (2).

[143] Schankerman M. How Valuable is Patent Protection: Estimates by Technology Fields [J]. The RAND Journal of Economics, 1998, 29 (1).

[144] Shen Z M, Su X. Customer Behavior Modeling in Revenue Management and Auctions: A Review and New Research Opportunities [J]. Production and Operations Management, 2007, 16 (6).

[145] Shi T, Gu W, Chhajed D, et al. Effects of Remanufacturable Product Design on Market Segmentation and the Environment [J]. Decision Sciences, 2016, 47 (2).

[146] Shum S, Tong S, Xiao T. On the Impact of Uncertain Cost Reduction when Selling to Strategic Customers [J]. Management Science, 2017, 62 (3).

[147] Stokey N L. Intertemporal Price Discrimination [J]. The Quarterly Journal of Economics, 1979, 98 (3).

[148] Stokey N L. Rational Expectations and Durable Goods Pricing [J]. Bell Journal of Economics, 1981, 12 (1).

[149] Su X, Zhang F. On the Value of Commitment and Availability Guarantees when Selling to Strategic Consumers [J]. Management Science, 2009, 55 (5).

[150] Su X, Zhang F. Strategic Customer Behavior, Commitment, and Supply Chain Performance [J]. Management Science, 2008, 54 (10).

[151] Su X. Intertemporal Pricing with Strategic Customer Behavior [J]. Management Science, 2007, 53 (5).

[152] Subramanian U, Rao R C. Leveraging Experienced Consumers to Attract New Consumers: An Equilibrium Analysis of Displaying Deal Sales by Daily Deal Websites [J]. Management Science, 2016, 62 (12).

[153] Surasvadi N, Tang C, Vulcano G. Using Contingent Markdown with Reservation to Profit from Strategic Consumer [J]. Production and Operations Management, 2017, 26 (12).

[154] Swinney R. Selling to Strategic Consumers when Product Value is Uncertain: The Value of Matching Supply and Demand [J]. Management Science, 2011, 57 (10).

[155] Talluri K T, van Ryzin G J. The Theory and Practice of Revenue Management [M]. Berlin: Springer Science & Business Media, 2004.

[156] Tang C S. United We may Stand [N]. Wall Street Journal, 2008-1-12.

[157] Tanrısever F, Erzurumlu S S, Joglekar N. Production, Process Investment, and the Survival of Debt-financed Startup Firms [J]. Production and Operations Management, 2012, 21 (4).

[158] Todayonline. Apple Upgrade Program Seen Driving Demand for New iPhones [N]. Todayonline, 2016-7-28.

[159] Van Ackere A, Reyniers D J. Trade-ins and Introductory Offers in a Monopoly [J]. RAND Journal of Economics, 1995, 26 (1).

[160] Villas-Boas J M. Communication Strategies and Product Line Design [J]. Marketing Science, 2004, 23 (3).

[161] Wang J, Shin H. Impact of Downstream Competition on Innovation in a Supply Chain [R]. Chicago: Kellogg School of Management, Northwestern University, 2012.

[162] Wang Z. Intertemporal Price Discrimination via Reference Price Effects [J]. Operations Research, 2016, 64 (2).

[163] Wei M M, Zhang. Recent Research Developments of Strategic Consumer Behavior in Operations Management [J]. Computers & Operations Research, 2018, 93 (1).

[164] Wei M M, Zhang F. Advance Selling to Strategic Consumers: Preorder Contingent Production Strategy with Advance Selling Target [J]. Production and Operations Management, 2018, 27 (7).

[165] Whang. Demand Uncertainty and the Bayesian Effect in Mark-down Pricing with Strategic Customers [J]. Manufacturing & Service Operations Management, 2015, 17 (1).

[166] Wu C, Chiu H. Price Discrimination Through Group Buying [J]. Hitotsubashi Journal of Economics, 2016, 57 (1).

[167] Wu J, Shi M, Hu M. Threshold Effects in Online Group Buying [J]. Management Science, 2015, 61 (9).

[168] Yan Y, Zhao R, Lan Y. Asymmetric Retailers with Different Moving Sequences: Group Buying vs Individual Purchasing [J]. European Journal of Operational Research, 2017, 261 (3).

[169] Yin R, Aviv Y, Pazgal A, et al. Optimal Mark-down Pricing: Implications of Inventory Display Formats in the Presence of Strategic Customers [J]. Management Science, 2009, 55 (8).

[170] Yin R, Li H, Tang C S. Optimal Pricing of Two Successive-generation Products with Trade-in Options Under Uncertainty [J]. Decision Sciences, 2015, 46 (3).

[171] Yin R, Tang C S. Optimal Temporal Customer Purchasing Decisions Under Trade-in Programs with Up-front Fees [J]. Decision Sciences, 2014, 45 (3).

[172] Yu M, Debo L G, Kapuscinski R. Strategic Waiting for Consumer-generated Quality Information: Dynamic Pricing of New Experience Goods [J]. Management Science, 2016, 62 (2).

[173] Zhang G, Shang J, Yildirim P. Optimal Pricing for Group Buying with Network Effects [J]. Omega, 2016, 63 (1).

[174] Zhou E, Zhang J, Gou Q, et al. A Two Period Pricing Model for New Fashion Style Launching Strategy [J]. International Journal of Production Economics, 2015, 160 (1).